成语说

成语说史系列

刘娟◎著

资治通鉴

6 南北对峙

人民文学出版社

图书在版编目(CIP)数据

成语说《资治通鉴》.6，南北对峙/刘娟著. —
北京：人民文学出版社，2023
（成语说史系列）
ISBN 978-7-02-017973-2

Ⅰ.①成…　Ⅱ.①刘…　Ⅲ.①《资治通鉴》-少儿读
物　Ⅳ.①K204.3-49

中国国家版本馆CIP数据核字(2023)第079815号

责任编辑　胡司棋　邱小群
装帧设计　李苗苗

出版发行　人民文学出版社
社　　址　北京市朝内大街166号
邮政编码　100705

印　　制　上海盛通时代印刷有限公司
经　　销　全国新华书店等

字　　数　290千字
开　　本　720毫米×1000毫米　1/16
印　　张　24
版　　次　2023年7月北京第1版
印　　次　2023年7月第1次印刷

书　　号　978-7-02-017973-2
定　　价　90.00元

如有印装质量问题,请与本社图书销售中心调换。电话:010－65233595

　　为响应国家关于"传承发展中华优秀传统文化,增强国家文化软实力"的伟大战略,将博大精深的中华传统文化普及到少年儿童群体中,我们倾力打造"成语说史"系列图书,最先推出的便是这套《成语说〈资治通鉴〉》。

　　《资治通鉴》是中国第一部编年体通史,共 294 卷,300 多万字,与《史记》合称"史学双璧",是了解中国古代历史的必读书,虽已经司马光之手,"删削冗长,举撮机要",但仍"网罗宏富,体大思精",令人望而生畏。而成语是中国独有的语言资源,是连通文史的钥匙,短小精悍的形式承载着丰厚的历史文化内涵,体现了中华民族积淀千年的智慧和核心价值观。为了让孩子们读懂并喜欢上《资治通鉴》,了解成语背后的历史语境,从而更好地掌握和运用成语,我们精心制作了这套《成语说〈资治通鉴〉》。

　　《成语说〈资治通鉴〉》共 8 册,是一套连续的历史故事集,通过成语这个载体把卷帙浩繁的大部头史书变成 358 个引人入胜的故事，鲜活地演绎了从周威烈王二十三年（公元前403年）到后周世宗显德六年（公元959年）共1362年的朝代更替、历史兴衰、人事沧桑。

考虑到少年儿童的认知水平和阅读特点，在尊重历史的大前提下，这套书对史料进行了科学的剪裁，用通俗易懂的语言，通过大量的人物对话，模拟事件发生的场景，把历史上的重要人物和重大事件生动地呈现出来。在这里，历史不是一个个事件和人名组成的，而是有着丰富的细节。

为了避免让整个历史读起来碎片化，这套书尤其注重历史事件的连续性和系统性，按照时间的顺序，讲究由小故事串起大事件，用大事件演绎大时代。故事与故事之间，相互承传、次序分明，有条不紊地把历史推向纵深，帮助少年儿童真实、立体地感知历史发展的脉络，进而树立"通史"意识：历史是连贯的，有继承，有发展。

一千多个成语既是帮助读者打开厚重"通史"之门的钥匙，也是记录历史故事的载体，甚至是历史故事本身。"成语+通史"的组合，无疑是一种全新的探索，为中华优秀传统文化的传承提供了一种新颖的形式。

此外，这套书还针对重要的历史地名做了相应的注释，帮助少年儿童从空间坐标上更好地理解时间坐标上的历史。

简言之，这套《成语说〈资治通鉴〉》采用"点—线"结合的呈现方式，以成语为媒介，循序渐进地展现了中国古代历史的整体面貌。"点"是具体、生动的历史事实，"线"是历史发展的基本线索，以"线"穿"点"，以"点"连"线"，让孩子们在掌握历史事实的基础上，通过史事之间的相互关系，建立时序意识和时空观念，获得对历史发展的整体性认识。

历史不仅是一门学科，一类知识，更是一种定义，了解历史对个人乃至国家都具有重要意义。历史学家钱穆先生曾经说过这样的话："任何一国之国民，尤其是自称知识在水平线以上之国民，对其本国已往历史，应该略有所知。否则最多只算一有知识的人，不能算一有知识的国民。"

有鉴于此，我们希望通过这套《成语说〈资治通鉴〉》，帮助我们的孩子更好地了解中国历史，学习中国传统文化，做一个真正的中国人。

目录

一 名闻遐迩「毛德祖誓守虎牢关」 …… 1/2

二 欲加之罪，何患无辞「刘义隆为兄复仇」 …… 9/10

三 以逸待劳「拓跋焘智取统万城」 …… 17/18

四 唱筹量沙「檀道济造假退敌」 …… 24/25

五 悲不自胜「只恨车子不读书」 …… 32/33

六 免冠徒跣「不要招惹笔头公」 …… 39/40

七 死生荣辱「一部史书引发灭族」 …… 46/47

八 转祸为福「佛狸小子的口水战」 …… 54/55

九 大逆不道「一个疯狂的宦官」 …… 63/64

十 当断不断，反受其乱「刘义隆自食恶果」 …… 70/71

十一 乘风破浪「沈庆之强攻广陵」 …… 78/79

十二 朝不保夕『猪王』因祸得福」 …… 86/87

十三 赏罚严明「十八岁做太上皇」 …… 95/96

十四 折节下士「萧道成入朝辅政」 …… 102/103

十五 目光如电「肚皮当箭靶」 …… 110/111

十六 先驱蝼蚁「谢朏揣着明白装糊涂」 …… 118/119

十七 秘而不言「萧子响莽撞送命」 …… 126/127

十八 任贤使能「这个太后不简单」 …… 133/134

十九　移风易俗「孝文帝妙计迁都」……140/141

二十　家累千金「当皇帝靠演技」……147/148

二十一　膏粱子弟「太子站错队伍」……154/155

二十二　步步莲花「不爱江山只爱财」……162/163

二十三　昼伏夜行「梁魏义阳之战」……170/171

二十四　知难而退「『萧娘』去哪儿了?」……177/178

二十五　手不释卷「一道密折捅了马蜂窝」……185/186

二十六　地广人稀「北魏六镇叛乱」……192/193

二十七　掩目捕雀「尔朱荣大开杀戒」……201/202

二十八　养虺成蛇「千兵万马避白袍」……208/209

二十九　不以为意「天子秒变刺客」……215/216

三十　如汤沃雪「尔朱家的莽夫」……223/224

三十一　穷兵黩武「北魏大分裂」……232/233

三十二　彼众我寡「宇文泰渭曲种柳」……240/241

三十三　严阵以待「彭乐立功挨揍」……247/248

三十四　昼夜不息「关西汉子韦孝宽」……255/256

三十五　飞扬跋扈「高欢留下秘密武器」……264/265

三十六　狼子野心「侯景祸乱南梁」……272/273

三十七 锦衣玉食「活活饿死了老皇帝」……………………………… 280/281

三十八 鞠躬屏气「从此天子姓了高」…………………………………… 289/290

三十九 偃旗息鼓「恶魔的末日」………………………………………… 296/297

四十 罪不容诛「亡国都怪万卷书」……………………………………… 304/305

四十一 报仇雪耻「陈霸先开创陈朝」…………………………………… 313/314

四十二 唯命是听「宇文护连杀三帝」…………………………………… 320/321

四十三 犹豫不决「王琳兵败降北齐」…………………………………… 328/329

四十四 宁为玉碎，不为瓦全「疯子皇帝高洋」………………………… 335/336

四十五 肠肥脑满「高俨为国锄奸」……………………………………… 343/344

四十六 言必有中「聪明的傀儡皇帝」…………………………………… 351/352

四十七 贵极人臣「名将死于一首歌谣」………………………………… 360/361

四十八 誓同生死「'无愁天子'的忧愁」………………………………… 367/368

〖 名闻遐迩 〗

《资治通鉴·宋纪一》

帝避居西宫，时隐而窥之，听其决断，大悦，谓侍臣曰："嵩宿德旧臣，历事四世，功存社稷；斤辩捷智谋，名闻遐迩；同晓解俗情，明练于事；观达于政要，识吾旨趣；浩博闻强识，精察天人；堆虽无大用，然在公专谨。以此六人辅相太子，吾与汝曹巡行四境，伐叛柔服，足以得志于天下矣。"

译 文

拓跋嗣则避居西宫，但也不时从旁窥视，观察太子和辅臣如何裁断政事，听了一段时间后，他高兴地对侍臣们说："长孙嵩是德高望重的老臣，曾经侍奉过四代皇帝，对国家有大功；奚斤足智多谋，能言善辩，名声传扬到远近各地；安同了解民间疾苦，处事干练；穆观深通政务，能领悟我的旨意；崔浩博闻强记，精于观察天象和民情；丘堆虽无大才，但他一心为公，做事谨慎。用这六个人来辅佐太子，我跟你们只要巡视四方边境，讨伐叛逆，安抚臣服者，就足以称霸天下了。"

毛德祖誓守虎牢关

东晋末年，刘裕对内平定孙恩、卢循起义，铲除桓玄等割据势力，使混乱的南方重归统一；对外消灭南燕、后秦，收复山东、河南等大片失地，立下巨大的军功，在朝中的地位也越发显赫。接下来，这个小名"寄奴"的寒门子弟野心迅速膨胀，他悄悄地派人杀死晋安帝，另立琅邪王司马德文为皇帝，即晋恭帝。

恭帝立即投桃报李，封刘裕为宋王，给了他二十个郡的土地，以及皇帝才能享受的一系列特殊礼遇。

然而，成为一人之下万人之上的宋王，并不是刘裕的终极目标，虽然他在朝廷说一不二，可名义上的皇帝还是恭帝。刘裕希望恭帝能够把帝位禅让给自己，但一直不好意思说出口。不过，他已经快六十岁了，不能一直等下去呀。

这年正月，刘裕在府中摆下宴席，召集心腹部将们一起喝酒聊天。喝着喝着，他装作若无其事的样子，说："当年桓玄篡夺皇位，国家危在旦夕，是我首先起兵讨伐他，后来又南征北伐，晋朝的国运才得以延续到今天。现在我年纪大啦，却获得这样尊崇的地位，实在让人不安。我打算把爵位还给朝廷，回京师养老，在这里先和诸位打声招呼。"

在场的人都没有明白刘裕话中的深意，还以为他故作谦恭，便争着拍马屁，赞美他的功德，说什么"多亏有宋王力挽狂澜""普天之下宋王功劳最大呀"，说完继续喝酒聊天。

刘裕本来以为自己一说要辞职告老，大家就会明白他的弦外之音，进而劝他称帝，没想到这帮人一点儿都不懂他的心思。他不禁在心里叹息："要是刘穆之还活着就好了，他一定能将事情办得妥妥帖帖。

酒过数巡，夜色已深，众人尽兴离开。中书令傅亮也走出宋王府，他喝了不少酒，头有点儿昏沉沉的。走着走着，迎面吹来一阵寒风，让他清醒了不少。他顿住脚步，仔细咀嚼刘裕的话，才恍然大悟："啊！原来宋王是以退为进哪！"他马上折回宋王府。刘裕见他回来，真是喜出望外。

两人都是明白人，这场谈话就异常简短。傅亮开门见山地说："我应该马上返回京城。"刘裕知道他要为自己称帝的事奔走，便也直截了当地问："需要多少人护送？"傅亮想了想，说："人多嘴杂，给我几十个人就足够了。"

傅亮走后，刘裕难以入睡，静静地站在窗前远眺，恰好一颗彗星划过夜空，长长的彗尾扫过天际，留下一道耀眼的光。刘裕想："古人常说彗星不吉利，大概是替司马氏的江山送行吧。"

几天后，傅亮到了京城建康，委婉地劝恭帝把皇位禅让给刘裕。恭帝大概早就料到有这么一天，爽快地说："当年桓玄叛乱，晋朝已经失掉了天下，多亏宋王才得以延续国祚近二十年。我今天将帝位禅让给他，是心甘情愿的。"说完，照着傅亮草拟的退位诏书，认认真真地抄写起来。

公元420年，刘裕在建康称帝，历时一百零四年的东晋灭亡了，中国历史进入南北朝时期。刘裕改国号为宋，史称刘宋或南朝宋。刘裕即宋武帝。

刘裕即位后，吸取东晋灭亡的教训，削弱强藩，限制地方，将权力集中到中央，并积极发展农业生产，颁布了许多有利于百姓的法令。他虽然识字不多，却十分重视教育，兴办学校，竭力改善社会风气。

经过精心治理，刘宋的经济渐渐复苏。可是由于长年征战，刘裕的身体落下不少毛病，只当了两年皇帝就病逝了。临终前，他向司空徐羡之、尚书仆射傅亮、领军将军^①谢晦（huì）、护军将军檀道济托孤，要他们辅佐太子刘义符登基。随后，他单独召见刘义符，叮嘱道："檀道济虽然才能出众，但是没有私心；徐羡之、傅亮也没问题；谢晦随我南北征战，机变百出，将来如果有谁出问题，一定是他。"

几天后，年仅十七岁的刘义符即位，他就是宋少帝。

消息很快传到北方。此时北方只剩下北魏、西秦、北凉、大夏、北燕等政权，其中北魏在拓跋珪、拓跋嗣父子的苦心经营下，国土面积最大，国力也最强盛。拓跋嗣因为长期服用寒食散^②，身体越来越差，就对白马公崔浩说："刘裕那么厉害的一个人，说没就没了。这些年，我的病老是不好，而皇子们都还小，一旦发生不测，国家该怎么办哪？"

崔浩安慰道："陛下正当壮年，您的病马上就会好的。如果您一定要听我的建议，那么我认为应当赶紧立太子。皇子拓跋焘（tāo）快十二岁了，聪明睿智，胆识过人，是合适的人选。"

拓跋嗣便立拓跋焘为太子，让他学习处理朝政大事，又任命大臣长孙嵩、奚斤、安同为左辅官，崔浩、穆观、丘堆为右辅官，共同辅佐太子。

自那以后，拓跋嗣避居西宫，时不时地观察太子和辅臣们如何

---

① 南朝宋时掌禁卫军及京师诸军。
② 古代药名。服后宜吃冷食，故名。配剂中主要有紫石英、白石英、赤石脂、钟乳石、硫黄等五种矿石，因此又称五石散。相传其方始于汉代，魏晋南北朝的名士服用此药，成为一时的风气。但因药性毒，服后残废致死的不计其数。

裁断政事。听了一段时间后，他高兴地对侍臣们说："长孙嵩是德高望重的老臣，曾经侍奉过四代皇帝，对国家有大功；奚斤足智多谋，能言善辩，名闻遐迩；安同了解民间疾苦，处事干练；穆观深通政务，能领悟我的旨意；崔浩博闻强记，精于观察天象和民情；丘堆虽然没有大才，但他一心为公，办事谨慎。有他们辅佐太子，我跟你们只要巡视四方，讨伐叛逆，安抚臣服者，就足以称霸天下了。"

解决了继承人的问题，拓跋嗣没了后顾之忧，就命奚斤为主帅，统率周几、公孙表等将领南征刘宋，计划夺取洛阳、滑台、虎牢等军事重镇。第一次宋魏之战就此打响。

很快，奚斤就带着两万步骑兵渡过黄河，攻克了滑台，乘胜进逼虎牢。只要拿下虎牢，北魏就能将洛阳收入囊中。

虎牢守将毛德祖面对强敌，冷静地排兵布阵，多次击退魏军的进攻。拓跋嗣见形势不容乐观，就派黑将军于栗磾绕过虎牢去夺洛阳。毛德祖察觉后，让部将窦晃率军沿黄河阻击。奚斤与于栗磾合兵打败窦晃，随即夺下洛阳。与此同时，魏将叔孙建也攻下临淄，直逼军事重镇——东阳城。

刘宋朝廷闻讯，火速派檀道济率军北上救援毛德祖。但是，援军到达彭城时，东阳城就快要陷落了。东阳一丢，不仅山东不保，淮北地区也会失去屏障。檀道济考虑到自己带的兵太少，无法分兵救援两地，便和徐州刺史王仲德日夜兼程，先赶去救援东阳。

毛德祖苦等数日，不见救兵，便决定依仗地势抵御魏军。虎牢南连嵩山，北濒黄河，山岭交错，自成天险。毛德祖命人在虎牢城内挖了六条深达七丈的地道，直通魏军的包围圈外，然后又招募了四百名死士，由参军范道基率领，从六条地道中爬出，成功偷袭了魏军，斩杀了几百人，又烧毁了他们的攻城器械。

魏军虽然暂时落了下风，但是公孙表又集结起军队，向虎牢发起更猛烈的进攻。毛德祖也不含糊，亲自出城与公孙表大战。双方正杀得酣畅淋漓，奚斤率部赶来，与公孙表合力杀死一千多名宋兵。毛德祖不敢恋战，立即退守城池。

奚斤骁悍善战，公孙表极有权谋，这个威力强大的组合让毛德祖非常头痛。思来想去，他打算利用和公孙表的旧交情，实施反间计先除掉公孙表。于是，毛德祖给公孙表写了封问候信，还故意在信中涂涂改改。

公孙表读了信，念在以往的情分上，客客气气地回了一封。毛德祖就悄悄让人对奚斤说："公孙表和毛德祖相互勾结，密谋叛乱。"奚斤便去责问公孙表。公孙表觉得自己身正不怕影子斜，就主动将毛德祖的信拿给奚斤看。奚斤见信中多处涂改，更加怀疑，就将信呈给了拓跋嗣。

拓跋嗣正翻来覆去地琢磨这封信，与公孙表有矛盾的太史令王亮趁机说道："公孙表太可疑了，他把军营安扎在虎牢的东边，这个方向对我军不利，却有利于保全敌人。"

拓跋嗣勃然大怒："怪不得虎牢一直攻不下来，原来是这小子在捣鬼！"他连夜派人把公孙表绞死了。

毛德祖本以为除掉公孙表，虎牢城的压力会大大减轻。没想到，叔孙建久攻东阳不下，又听说檀道济要来，就率军返回，配合奚斤攻打虎牢。而檀道济等将领苦于兵力弱小，魏军兵势强盛，都不敢前来救援，虎牢就成为一座岌岌可危的孤城。毛德祖只好随机应变，率军顽强击退魏军的一次次进攻。

一转眼，虎牢被魏军围困了二百多天，每天大仗小仗没有停过，守城的精锐士兵所剩无几。拓跋嗣于是调集几乎所有兵力围攻虎牢。魏军摧毁了虎牢的外城，毛德祖便修筑了三层内城抵御。魏军攻陷了其中两城，毛德祖便固守最后一城。宋军将士日夜奋战，连续几天没合过眼，眼睛里布满了血丝，有的甚至长了疮，但是没有一个人退缩。

奚斤试图通过断绝城外水源逼宋军投降，结果失败了。他一打听，得知城内还有一口深达四十多丈的水井，就命人深挖地道，将井水引出城外。由于山势陡峭，宋军无法阻止，城内就开始缺水，加上军粮告急，将士们干渴疲惫，全都奄奄一息。魏军趁机发起强攻，终于攻破虎牢。

范道基见情形危急，对毛德祖说："我带着勇士们保护您突围吧，现在还来得及！"毛德祖流着泪说："大义所在，我誓与虎牢共存亡。"最终，毛德祖战败被俘，一同被俘的还有不少宋军将领，唯独范道基率领两百勇士成功突围，辗转返回江南。

虎牢关之战后，北魏完全占领了原属刘宋的司州、兖州、豫州治下的各郡县。

成语学习①

名闻遐迩

遐，远；迩，近。形容名声很大，远近都知道。也作"闻名遐迩"。

造　句：	万里长城名闻遐迩，吸引了全
	世界的参观者，它如崇山峻岭
	中的一条巨龙，蜿蜒起伏，气
	势磅礴，令人叹为观止。
近义词：	名噪一时、家喻户晓
反义词：	默默无闻、不见经传

---

① 这个故事的原文里还有成语"南征北伐"（形容转战南北，经历了许多战斗）、"博闻强识"（形容知识丰富，记忆力强）。

【 欲加之罪，何患无辞 】

上遣中书舍人以诏书示亮，并谓曰："以公江陵之诚，当使诸子无恙。"亮读诏书讫（qì），曰："亮受先帝布衣之眷，遂蒙顾托。黜昏立明，社稷之计也。欲加之罪，其无辞乎！"

译 文

宋文帝派中书舍人拿诏书给傅亮看，并对他说："你当初在江陵迎驾，态度至为诚恳，因此饶恕你的儿子们。"傅亮读了诏书，说："我出身平民，蒙先帝垂爱，赋予托孤大任。废黜昏君，迎立明主，全是为了国家大计。你现在想要加罪于人，就不愁找不到借口！"

刘义隆为兄复仇

虽然刘宋丢了大片领土，可是少帝刘义符一点儿也不放在心上。他整日与左右侍从嬉戏游乐，还在皇家宫苑华林园建了一排商店，自己穿着小衫，一身短打，买进卖出，讨价还价，玩得不亦乐乎。

辅政大臣徐羡之、谢晦、傅亮见少帝这个德行，担心江山毁在他手中，就想废黜他。可是，一旦废黜少帝，按长幼顺序，继位的就是刘裕的次子刘义真。

刘义真相貌俊美，聪睿敏捷，受到刘裕的宠爱，封为庐陵王。可是，他恃宠而骄，镇守历阳期间不断向朝廷索要物资，徐羡之等人每次都相应裁减。刘义真很恼火，扬言道："有朝一日我当上皇帝，就让谢灵运、颜延之当宰相，慧琳道人担任西豫州^①都督。"谢灵运是东晋名将谢玄的孙子，性情旷达，不受约束；颜延之也出身名门，放荡不羁；慧琳道人则是名僧。徐羡之等人对此十分厌恶，就把谢灵运贬到永嘉^②当太守，颜延之也被贬到始安^③。谢灵运愤愤不平，到任后索性游山玩水，吟诗作赋，有时一连十几天都不回去，州里的公务一概不管，一年后，干脆告病回家隐居。

徐羡之等人担心刘义真当上皇帝后会报复自己，就想让刘裕的第三子、宜都王刘义隆继承皇位。为了扫清障碍，他们利用刘义真与少帝之间早已存在的矛盾，上疏弹劾刘义真，将他废为平民，放

---

① 治所在广陵城（今河南息县）。
② 治所在永宁县（今浙江温州市）。
③ 治所在今四川宣汉县西南。

逐到新安。因为征北将军檀道济也是托孤大臣，徐羡之等人怕他阻挠废立计划，便找了一个借口召他入朝。檀道济到了建康，才清楚他们的意图，本来不想卷入其中，迫于形势又不得不答应。

景平二年（公元424年）五月，谢晦宣称要修缮领军将军府，让家人全部迁出，秘密在府中聚集禁军将士。到了行动前一天晚上，谢晦与檀道济睡在一个屋子里。想到即将发动的政变，谢晦的心怦怦怦跳个不停，整夜没能合眼，檀道济却倒头大睡，不一会儿就鼾声如雷。

第二天凌晨，檀道济引兵开路，徐羡之等人紧随其后，冲进皇宫。宿醉未醒的少帝还没明白怎么回事，两名贴身侍卫就被砍翻在地。少帝大惊，叫道："有刺客！"徐羡之冷冷地扫了他一眼，一一历数其过失与罪恶，宣称奉皇太后之命，废他为营阳王，送到吴郡居住。随后，傅亮率文武百官前往江陵，迎立宜都王刘义隆。

迎驾的队伍走到寻阳时，祠部尚书①蔡廓因为患病，不能继续前行，就在辞别时对傅亮说："你们可要善待营阳王啊，万一发生不幸，你们几人就犯下弑君之罪。那样的话，你们还能活命吗！"蔡廓为人方正刚直，在朝中很有威望，傅亮听了他的话直冒冷汗。

原来傅亮早就与徐羡之商量好，要杀死刘义符。他急忙写信给徐羡之，试图阻止，但是为时已晚。

徐羡之读了信，怒道："一起说好的事情，怎么你转身就改主意！"为了根除后患，他又派人杀死了刘义真。

不过，徐羡之还是不踏实，就趁刘义隆还没入京，让领军将军谢晦代理荆州刺史，并为他配备了精锐部队，打算一旦朝中发生变故，他在外地可以声援。

---

① 东晋始置，南北朝沿置，掌宗庙礼仪。隋朝时改名为礼部尚书。

这年七月，傅亮一行到达江陵，向刘义隆呈上奏章和皇帝玉玺。此时，刘义符兄弟先后被杀的消息已经传开，宜都王府的属官怀疑傅亮此行别有用心，劝刘义隆不要去建康，只有王华、王昙首、到彦之等亲信支持刘义隆动身。刘义隆就命王华留守荆州，到彦之镇守襄阳，他自己则乘船随傅亮东下。

路上，刘义隆问傅亮自己的两位哥哥被废及被杀的经过。结果，傅亮还没讲完，刘义隆就已经泣不成声，两旁的侍从都紧张得不敢抬头。傅亮也吓得汗流浃背，话都说不利索。此后二十多天，刘义隆命令他的州府军队加强保护，严密戒备。参军朱容子怀抱佩刀守在他的舱房外，不允许朝廷的人靠近一步。

八月八日，刘义隆抵达建康，百官赶赴新亭迎接。徐羡之悄悄问傅亮："你觉得宜都王怎么样？"

傅亮说："宜都王虽然才十八岁，看上去比晋文帝司马昭、景帝司马师还要高明。"

徐羡之心里"咯噔"一下，司马昭与司马师都沉着坚定，有雄才大略。他不安地对傅亮说："他一定能明白我们的苦心。"

傅亮面露愁色，答道："未必。"

八月九日，刘义隆正式登基，改年号为元嘉。刘义隆就是宋文帝。

徐羡之等人担心文帝记恨两位哥哥被杀的事情，说话做事十分小心。可是文帝就跟没事人似的，给徐羡之、傅亮、谢晦、檀道济都升了官，见了面也恭恭敬敬的。

文帝越是这样，徐羡之就越担心，他生怕文帝不让谢晦去荆州，因为荆州历来重要，刘裕生前曾经说过，只有皇室近亲才能够出镇。没想到，登基才三天，文帝就下诏让代理荆州刺史谢晦改为实任。

谢晦见事情这么顺利，倒不安起来了。他向蔡廓辞行时，屏退左右，悄悄地问："您觉得我能幸免于难吗？"

蔡廓说："你们接受先帝托孤大事，后来为了国家大计，才废昏立明，从道义上挑不出什么毛病。可是，你们杀害人家的两个哥哥，再向他北面称臣，这就有震主之威了。现在您又掌控军事重镇荆州，依我看，您在劫难逃了。"

谢晦这才开始害怕，好不容易挨到船离岸，回望逐渐远去的石头城，他按捺不住内心的喜悦，对随从说："总算逃过一劫！"

徐羡之却担心谢晦一走，文帝会把到彦之调到京城任中领军，就请求让到彦之当雍州刺史。文帝果断拒绝了，心想："我已经在荆州一事上让步，禁军的兵权无论如何也不能放手。"于是任命到彦之为中领军，王华为骁骑将军，王昙首为右卫将军，朱容子为右军将军。

这样，禁军就掌握在了文帝手中。没过多久，他又让刘义恭、刘义宣和刘义季等同姓王镇守各军事要地，间接地削弱了檀道济的权力。

徐羡之和傅亮感到巨大的压力，便上奏说："我们年纪大了，想回家养老。"一连上书三次，文帝才勉强答应，但没过几天，又让他们回到朝廷。这引起了王华等人的不满，就日夜在文帝面前诽谤徐、傅等人。

之前，文帝虽然恨他们杀死两位哥哥，但考虑到自己根基太浅，一直隐忍不发。经过这段时间的韬光养晦，他觉得复仇的时机已经成熟，打算诛杀徐、傅二人，讨伐谢晦。为免打草惊蛇，他对外宣称要攻打北魏，还说要到京口祭拜祖母的陵墓，让人整理好一大堆行装，放到战舰上。

傅亮嗅到异常的气息，写信提醒谢晦："朝廷马上要北伐了，但是我认为这件事不简单，你还是早做防备。"

谢晦问参军何承天："你认为我该怎么办呢？"

何承天迟疑道："一旦朝廷要用军法制裁您，我恐怕……"

谢晦惊恐地问："难道你想让我自杀吗？"

何承天说："还没到这个地步。如果朝廷以全国之力对付荆州，结果不言自明。现在最好的办法是您直接逃到国外，或者派心腹将领驻军义阳①，您亲自率军与朝廷决战，如果战败，还可以从义阳北上，投奔魏国。"

谢晦想了好一会儿，才说："我不甘心就这样逃走，还是先打一仗，失败了再走也不迟。"于是下令竖起大旗，全城戒严。

元嘉三年（公元426年），文帝下诏公布徐羡之、傅亮、谢晦的罪行，命有关部门将他们逮捕诛杀。徐羡之知道自己难逃一死，干脆上吊自杀。傅亮被捕后，文帝特地下诏给他说："念在当初你来江陵迎驾时态度诚恳的分上，这次可以饶恕你的儿子们。"傅亮说："我出身平民，受到先帝垂爱，承担托孤大任。后来废黜昏君，另立明君，所做的一切都是为了国家。现在您真是欲加之罪，何患无辞啊！"

徐羡之和傅亮容易解决，可谢晦机智多变，又手握重兵，不容易对付。文帝打算请檀道济出马。王华等人大惊，说："檀道济和谢晦是一伙的，怎么能让他统兵呢？"

文帝却说："檀道济对朝廷还是忠心的，当初他是迫于无奈才参与废立，而且谋杀两位哥哥的事与他无关。只要安抚、利用好这个人，平定谢晦就不在话下。"于是召见檀道济，并虚心地向他请教："你觉得应当怎么对付谢晦？"

檀道济诚恳地说："当年谢晦与我一起北伐，我们朝夕相处，彼

此都很了解。谢晦的优点是精明老到，缺点是从来没有单独带兵打过胜仗。我了解他的聪明才智，他也深知我的勇敢忠直。这次我奉旨讨伐他，可以趁他还没摆开阵势就一举擒获。"

谢晦得知檀道济要来，十分惶恐，只好硬着头皮带兵迎战。

没多久，檀道济就与到彦之合兵一处，将战舰泊在岸边。谢晦见战船不多，稍稍安心，也不马上发动攻击。

到了晚上，东风大起，后续官军的船舰陆续抵达，前后相连，充塞江面。谢晦的将士一见，顿时没了斗志。两军交战，官军大获全胜。谢晦逃回江陵，可是江陵守将周超已经投降了到彦之。谢晦只好逃往北方，结果半路上被捉住，送到建康处斩。

诛杀了三位辅政大臣，文帝彻底掌控了朝政大权，开启了长达三十年的治世。

成语说
资治通鉴

欲加之罪，何患无辞

欲，要；患，担心；辞，言辞，指借口。要想加罪于人，不愁找不到罪名。指随心所欲地诬陷人。

造　句：古人云，欲加之罪，何患无辞。但是，像岳飞那样献身抗金事业的名将，确实找不出什么借口，最后秦桧只好以"莫须有"的罪名将他害死。

〖 以逸待劳 〗

《资治通鉴·宋纪二》

魏主闻夏世祖殂（cú），诸子相图，国人不安，欲伐之。长孙嵩等皆曰："彼若城守，以逸待劳，大檀闻之，乘虚入寇，此危道也。"

译文

北魏国主拓跋焘得知大夏国主赫连勃勃去世，儿子们内讧，民心不安的消息，打算征讨他们。长孙嵩等人都说："怕就怕夏国倚仗城池固守，养精蓄锐等待我们，而柔然汗国的郁久闾大檀听到这一消息，趁我们国内空虚大举进攻，这可是危险的策略。"

拓跋焘智取统万城

就在宋文帝刘义隆登基的同一年，北魏国主拓跋嗣因病去世，太子拓跋焘继位，他就是太武帝。

拓跋焘还没有办好父亲的丧事，北魏的死对头——柔然就给了他重重一击：可汗郁久闾大檀率领六万骑兵纵横云中地区，屠杀、掳掠北魏百姓，并攻陷了盛乐宫。

北魏上下都在等待新国君的反应。拓跋焘心里清楚，如果不狠狠教训柔然，北魏的军队就会被其牵制住，那样就分不出兵力征服北方的其他割据政权，更不要说和南方的刘宋争锋了。

主意打定，拓跋焘亲自率领轻骑兵，日夜兼程前去救援，三天后，抵达云中。柔然骑兵欺负拓跋焘年少，把他们团团围住。北魏将士心中发怵，拓跋焘却镇定自若，指挥大家作战。双方正激烈交锋，突然，北魏的一名神箭手射中柔然军的主将。郁久闾大檀闻讯，连忙撤军。

拓跋焘并没有就此罢休。半年之后，他纠集兵力，先后两次北伐柔然，将郁久闾大檀赶到大漠深处。拓跋焘趁热打铁，又打起了大夏国的主意。

北魏始光三年（公元 426 年），拓跋焘趁赫连勃勃去世，他的几个儿子内讧，打算出兵征讨大夏。长孙嵩等人都反对，说："如果夏国人固守都城统万，以逸待劳，把我们拖住，郁久闾大檀肯定会趁机进攻我们的后方，这可是危险的做法。"

太常崔浩却全力支持发兵，他说："我观测今年的星象，金、木、水、火、土五星同时出现在东方，预示西征一定胜利。上天的旨意与世间的人心是互相呼应的，不可错失良机。"

长孙嵩仍然坚持不能西征。拓跋焘暴跳如雷，站起身来大骂长孙嵩，命令武士按住他的头猛撞地面。其他人也就不敢再提反对意见。

这年十月，拓跋焘派奚斤率领四万五千人袭击蒲坂；大将军周几率领一万人攻打陕城，他自己则带着两万骑兵进攻夏都——统万。

当时正值寒冬，黄河上结了厚厚的冰，拓跋焘便踏冰渡河，来到距离统万城只有三十里的地方。

此刻，大夏国主赫连昌正与大臣们烤火取暖，欢歌宴饮。听说魏军来了，他吃惊不小，连忙推开酒杯，调兵遣将，出城迎战。由于应战仓促，大夏军很快败回统万城。

当初，赫连勃勃召集了十万民众建筑都城，为了保证城墙坚固，筑城用的土全都蒸熟。每筑好一堵墙，就用铁锥刺墙，测试其坚硬程度，如果铁锥刺进去一寸，则下令推倒重建，还要将筑这堵墙的工匠杀死，把尸体筑到墙中。工匠们为了保命，都小心翼翼地干活，每个细节都力求完美，最终筑好的城墙坚硬得可以磨砺刀斧。赫连勃勃很得意："朕要统一天下，君临万邦，就给这座城命名为'统万'。"为了表达这一雄心壮志，他给东、南、西、北四个城门分别命名为招魏门、朝宋门、服凉门、平朔门。

统万城易守难攻，而魏军深入敌国腹地，没有足够的粮草，不适合打持久战，拓跋焘便纵兵四处抢掠，缴获牛马十余万头，然后班师回朝。

第二年春天，奚斤的军队攻入长安，控制了三辅地区，周边很多原本依附大夏国的部落都向北魏投降。赫连昌连忙派平原公赫连定带两万人马去收复长安。

拓跋焘暗喜：现在夏国后方空虚，正是攻打统万城的良机。他下令砍伐林木，大规模建造攻城用具，又挑选精兵，调遣将领。一切准备停当，他就亲率大军渡过黄河，在拔邻山①筑城休整。

等士兵们吃饱喝足，拓跋焘就召开军事会议，对将领们说："我打算带三万骑兵加速赶往统万。你们觉得怎么样？"

左右将领都不同意，劝道："统万城坚不可摧，一时半会儿很难攻克。万一您没能攻下，想要退回来与大部队会合，肯定没有足够的军粮支持。不如和步兵一起，带着攻城器械进攻。"

拓跋焘摇了摇头："兵法上说，攻城是下策，所以不到万不得已我不会用。如果我们的步兵、骑兵一齐开往统万，一定会激发夏军死守城池的决心。一旦城池久攻不下，而我们粮草耗尽，必然进退两难。"见众将不吭声，他接着说，"最好是率轻骑兵先行抵达统万城下，敌人见我们大部队没来，肯定会掉以轻心，我们再引诱他们出城作战。只要他们出城，我们肯定能赢。"

将领们不知道拓跋焘哪来的自信，迟疑地说："我们才三万骑兵……"

拓跋焘手一挥，打断了他们："我们的将士离家两千里，又隔着一条黄河，这就是所谓的'置之死地而后生'！三万骑兵攻城当然不够，用来与夏军决战却绰绰有余！"说完，就调出三万骑兵，日夜赶路，很快抵达统万。他让大队人马埋伏在附近的深谷之中，每天只派小股部队来到城下，挑衅示威，试图引诱大夏兵出战。可是，无论魏军使什么招，大夏将士都闭城不出。一连十几天过去了，拓跋焘毫无收获，于是派人四处巡逻，打探情报。

---

① 在今内蒙古鄂尔多斯市东胜区西南。一说在今准格尔旗境。

恰好此时，大夏将领狄子玉来降，他对拓跋焘说："赫连昌害怕您的主力军，派人召回赫连定，但是赫连定说：'统万城易守难攻，只要闭门拒守，就足以自保。等我活捉奚斤，再赶回来与你们内外夹击魏军，定能成功。'所以赫连昌专心守城。"

拓跋焘就命令部队撤退，故意示弱，还派部将娥清等人率领五千骑兵在城西大肆劫掠大夏百姓。可是，赫连昌始终不上钩。

一天，一名魏兵犯了军法，害怕被杀，就投降了大夏。这名魏兵对赫连昌说："拓跋焘为了快速行军，没带多少粮草。现在他们的粮草吃完了，而运送物资的部队还没到。大王您应当马上攻打他们。"

赫连昌信以为真，亲自统率步兵、骑兵共三万人出城袭击魏军。北魏大臣长孙翰见夏军威风凛凛，声势浩大，就对拓跋焘说："我们应该避避他们的锋芒。"

拓跋焘生气地说："我们远道而来，就是要引诱敌人出城。现在他们出来了，我们却避而不打，这不是长他人志气，灭自己威风吗？"说完，他立即集结军队，装作因害怕而逃走，引诱大夏军追赶。

赫连昌果然上当，下令兵分两路追击。在震天的鼓声中，大夏军一口气追了五六里路，渐渐远离统万城。

这时，天空突然乌云翻滚，紧接着狂风肆虐，卷起漫漫尘沙，遮天蔽日，人和马都被沙尘笼罩。狂风过后，又下起倾盆大雨，淋得双方将士都狼狈不堪。

魏军中有个叫赵倪的宦官，通晓神道法术，他对拓跋焘说："这阵风雨是从敌人那边袭来的，敌人顺风，我们逆风，不利于我军。不如暂时避开敌军的锋锐，等风雨过后再寻找时机出击。"

崔浩听了，厉声喝道："你说的什么混账话！我们千里而来，自有制胜的办法，战略制定了就要执行，怎么可以说变就变？夏军以为我们胆怯，不断追击，后面根本没有援军。我们应该把精锐部队隐蔽起来，分兵突袭他们。刮风下雨是常见的天象，逆风顺风，全看人们怎么利用，怎么可以生搬硬套到军事上，认定对我军不利呢？"

拓跋焘赞许地朝崔浩点点头，转身对将士们大声道："夏军已经追来，我们没有退路，大家只能逆风而行，杀他个痛快！"说完，就冲入敌阵。不知打了多久，拓跋焘身边的士兵接连倒下，他自己也身中流箭，却仍然奋力拼杀。将士们见皇上如此勇猛，深受鼓舞，个个以一当十。最终，夏军溃败，赫连昌见势不妙，连忙往高平方向逃跑，却被奚斤活捉。

打了败仗的夏军逃到统万城北时，拓跋焘心生一计，带着一支小分队，换上夏军士兵的服装，跟着混进了统万城。没想到被夏国人发觉，拓跋焘只好潜入内宫，弄到几件宫女穿的裙子，用它们结成长长的绳索，然后攀墙逃出。

几天后，魏军主力赶到，攻陷统万城。拓跋焘进了宫，见里面雕梁画栋，精致奢侈得无以复加，就对左右说："夏国不过是一个弹丸小国，却把百姓奴役到这种地步，怎么能不亡国呢？"

在长安的赫连定得知，吓得率部逃到平凉，在那里称帝，并联合刘宋攻打北魏。拓跋焘勃然大怒，邀西秦一起对付赫连定，约定事成后瓜分平凉等地。偏偏西秦国内闹起了饥荒，秦军战斗力下降，反被赫连定吞并。

赫连定信心大增，劫持了十多万西秦百姓，去攻打北凉，打算夺其领土后再对付北魏。谁知半路上杀出个吐谷浑。吐谷浑臣服于北魏，和北凉也是盟友。最终，可汗慕容慕璝（guī）活捉了赫连定，送到北魏。大夏国就此灭亡。

成语学习

以 逸 待 劳

逸，安闲；劳，疲劳。指在战争中做好充分准备，养精蓄锐，等疲乏的敌人来犯时给以迎头痛击。

造　句：	在亚洲杯半决赛上，中国女篮
	利用东道主的优势，提前到达
	比赛地点，以逸待劳，打得韩
	国队难以招架，最终傲然挺入
	决赛。
近义词：	养精蓄锐
反义词：	疲于奔命

【 唱筹量沙 】

《资治通鉴·宋纪四》

檀道济等食尽，自历城引还；军士有亡降魏者，具告之。魏人追之，众恼惧，将溃。道济夜唱筹量沙，以所余少米覆其上。及旦，魏军见之，谓道济资粮有余，以降者为妄而斩之。

译 文

檀道济因为粮尽，只好从历城撤军。军中有逃走投降的士兵，把宋军的困境报告给魏军。魏军立即追击，宋军军心大乱，即将溃散。情急之中，檀道济利用夜色掩护，命士兵堆起沙子当作粮食，一边量一边高声唱出数字，再将仅剩的一点儿谷米覆在沙堆上面。第二天早晨，魏军看到这种情况，以为宋军粮食充裕，那个降兵撒谎，就把他杀掉了。

檀道济造假退敌

宋文帝刘义隆称得上是一位明主。他性情宽厚，勤于政事，遵循法规而不苛责，对人宽容却不放纵，从不轻易罢免官员，因此朝廷的文武百官都能久居职位，郡守、县令也都以六年为一个任期。在君臣的齐心治理下，刘宋境内平安无事，人口繁盛。国家租赋、徭役合理，从不增加，也不额外征收，百姓安居乐业，丰衣足食。乡里街巷之间，总是书声琅琅。士大夫重视操守，就连乡野村夫也讨厌轻薄无识的人。南朝的风俗，在这个时期最美好，史称元嘉之治。

看到国力日渐增强，文帝就想收复黄河以南的失地。他下诏在全国挑选五万精兵，分配给右将军到彦之，并责令他统率安北将军王仲德、兖州刺史竺灵秀带着水军进入黄河。同时，文帝又派骁骑将军段宏率领八千精锐骑兵直指虎牢，命令豫州刺史刘德武率一万人随后进发。

在军事行动之前，文帝派大臣田奇正式通知北魏："黄河以南的土地本来就是我们宋国的，中途被你们抢走，现在我们要夺回旧地。"

拓跋焘暴怒如雷："我刚生下来头发还没干的时候，就知道黄河以南是我国的土地，奉劝你们别痴心妄想了。如果你们一定要出兵抢夺，我的人会暂且撤军避让一下，但我们一定会再夺回来。"

元嘉七年（公元430年），到彦之率兵大举北伐。拓跋焘下令撤走滑台、虎牢、洛阳等地的守军。所以，宋军兵不血刃就占据了各军事重镇。到彦之让宋将朱脩之镇守滑台，尹冲驻守虎牢，杜骥（jì）驻军金墉，其他各路宋军进驻灵昌津，沿黄河南岸列阵守御，一直到潼关，把刘宋初年丢失的司州、兖州全部收复。

宋军将士满心欢喜，期盼着凯旋，只有王仲德忧心忡忡地说："大家别高兴得太早了，胡人今天弃城而走，一定是在集结兵力，等待黄河冰封再南下进攻！"

事情不幸被王仲德言中。这年冬天，黄河冰封，北魏派骑兵大举反攻，把几路宋军击败，轻轻松松夺回虎牢、金墉，又日夜不停地攻打滑台。

到彦之见各军相继失败，非常灰心，就对心腹将领说："现在形势很不妙，我打算烧毁战船，步行撤回南方。"

王仲德劝道："洛阳和虎牢失守是迟早的事情。但是，现在敌人距我们还很远，滑台城又有朱脩之守着，如果现在您突然下令弃船回撤，将士们一定会逃散。"

到彦之原来就患有眼病，这时更加严重，加上军中不少将士染上瘟疫，他便坚持按自己的方案撤退。于是，青州、兖州大乱。文帝很愤怒，免去到彦之等人的官职，另派檀道济率军营救滑台。

一路上，檀道济的大军不断遭到魏将叔孙建的堵截。二十几天内，双方先后发生了三十多次交战，幸亏檀道济指挥有方，宋军才多次击退魏军，最终到达历城。

这天，檀道济正在军营中思考援救滑台的方案，突然见城中一角浓烟滚滚，火光冲天。片刻工夫，一名士兵飞奔来报："叔孙建烧了我们的粮草！"

檀道济暗暗叫苦，表面却不动声色，低声说："快去看看，还剩下多少？"

不一会儿，士兵来报："剩下的军粮只能坚持几天了！"

檀道济心想：缺少粮食，这仗没法打，如果贸然前进，不但救不了朱脩之，还有可能把援军搭进去，现在最好的办法是从历城撤军，保存实力。

当晚，宋军悄无声息地往回撤退，由于军粮被烧，一路上士气低落。有几名宋兵越想越害怕，就悄悄地投降了北魏，还报告了宋

军无粮的消息。魏军主帅大喜，连忙派探子到宋营打探仔细。

这时，宋军将士人人自危，檀道济也很着急，心想："这样下去，恐怕不等魏军来打，我们就自己先垮了，得想个办法让大家振作起来！"

当晚，檀道济命令几名亲兵悄悄地运来许多沙子，一堆一堆地摆在帐中，再把军中仅剩的一点儿谷米均匀地覆盖在沙堆上，看上去就像全都是米。然后，亲兵手持量斗，一边量一边高声唱出数字："一、二、三……这一堆有三十二升！现在量旁边那堆……"军粮突然变得充足，虽然宋军将士不知道是从哪里来的，但是一个个都欢欣鼓舞。

这一幕，正好被前来刺探情报的北魏人看到，他立即回去报告。魏军主帅气急败坏，杀死那名投降的宋兵，又召集兵马包抄檀道济的军队，打算来一个瓮中捉鳖。

敌强我弱，怎么脱身呢？檀道济苦苦思索。次日一早，他命令军士们都披上铠甲，全副武装，自己则穿着白色的便服，率领军队缓缓出城。

魏军主帅见檀道济从容不迫，宋军队伍威武齐整，担心城中有伏兵，下令稍稍撤退以自保。檀道济得以顺利撤军。

而滑台等不来援军，城内军粮告急，朱脩之就动员大家用烟将洞穴里的老鼠熏出来，烤着吃。这样苦苦支撑了几个月之后，滑台最终被北魏大军攻破，朱脩之和一万多宋军将士被俘。

檀道济虽然没能救出被困的宋军，但安全撤军，再次威震朝野，升为司空。打那儿以后，北魏将士听到檀道济的名字就害怕，都画他的像来驱鬼。

可是，麻烦也随之而来。檀道济出身于一个贫寒的家庭，从小没了父母，长大后成为北府兵中的一员，由于才能出众，受到刘裕的赏识。从那以后，檀道济就追随刘裕南征北战，叱咤沙场，成为刘宋第一名将。平定谢晦叛乱后，他又升了官，几个儿子掌握着兵权，心腹战将都身经百战。如今他已然一人之下万人之上，一些心怀忌恨的朝臣就开始在文帝面前挑拨说："怎么知道他不是司马懿那样的人呢？"

这种话听多了，文帝就有了心病。当年刘裕留下的四位顾命大臣中，此时只剩下檀道济。檀道济战功赫赫，声望空前，尤其是他手中还有一支强大的军队，文帝开始对他有了提防之心。

元嘉十三年（公元436年），文帝病重，朝中人心惶惶。大将刘湛想趁机执掌朝政，又担心檀道济阻挠，就对文帝的异母弟弟、司徒刘义康说："圣上一旦驾崩，檀道济手握重兵，恐怕就会像当初的谢晦那样造反。您位高权重，要劝圣上早做安排呀。"

刘义康便劝文帝征召檀道济入京，伺机除掉他。文帝担心自己命不久矣，便默许了此事。

朝廷的诏令一送到檀家，檀道济立即整理行装准备进京。他的妻子向氏心中不安，忧虑地说："功高震主的臣子，自古以来都容易遭到君王猜忌。现在国家并没有战事，圣上却突然召你这员武将入京。我担心要大祸临头了。"檀道济抚了抚她的背，安慰道："我对朝廷忠心耿耿，全国上下有谁不知道？我很快就回来，你不要杞人忧天。"

檀道济到达京城后，文帝的病情一直没有好转，便留他在京一个多月。后来，文帝病情稍轻了些，放下心来，就让檀道济返回驻地。

檀道济松了一口气，写信打趣妻子说："我明天就回来，你瞧瞧，我什么事也没有。女人家就是多心！"

第二天一早，檀道济准备离京。乘坐的船已到码头，他忽然看到河边的树上，几只黑色的鸟在寒风中悲鸣，顿时有一种不祥之感，便裹紧衣裳，快步进入船舱，对船家说："开船吧。"

就在这时，岸上传来一阵急促的马蹄声。不一会儿，刘义康率领一队人马赶来，高喊道："檀将军留步！圣上召您回宫，要为您设宴饯行。"

原来，文帝的病情突然加重，刘义康不想放虎归山，便自作主张来追檀道济。檀道济虽然觉得事情有些蹊跷，还是下了船，跟刘义康往宫里去。

走到半路，刘义康冷不丁地对左右将士喝道："圣上有旨，速将逆贼檀道济拿下！"一群士兵瞬间将檀道济围住。

檀道济怒不可遏，伸手扯下头巾，狠狠地摔在地上，两道目光像利剑一样刺向刘义康，说："你们这是在自毁长城！"

几天后，文帝下诏诛杀檀道济和他的儿子、心腹亲信等十一人。消息传开，宋国人都流泪痛惜，北魏人却欢欣鼓舞地说："檀道济一死，我们就可以饮马长江了。"

成语学习①

唱 筹 量 沙

把沙子当作米，量时高呼数字。比喻安定军心，制造假象来迷惑敌人。

造　句：	当时宋军粮草告急，檀道济用
	唱筹量沙的办法，既安定了军
	心，又迷惑了魏军，最终带着
	大军安全撤退。
近义词：	唱沙作米

---

① 这个故事的原文里还有成语"自毁长城"（比喻自己削弱自己的力量，或自己破坏自己的事业）、"饮马长江"（在长江边给战马喝水。指渡江南下进行征伐）。

〖 悲不自胜 〗

《资治通鉴·宋纪五》

久之，上就会稽公主宴集，甚欢；主起，再拜叩头，悲不自胜。上不晓其意，自起扶之。主曰："车子岁暮必不为陛下所容，今特请其命。"因恸哭。

译文

过了很久，文帝到会稽公主家赴宴，兄弟姐妹在一起非常愉快。突然，会稽公主起身跪在地上，再拜叩头，悲伤得无法承受。文帝不明白她的用意，亲自上前扶她起来。会稽公主说："车子弟弟到了晚年，皇上一定不能容他，今天特地求您饶他一命。"随后痛哭不止。

只恨车子不读书

一个秋天的夜晚，大病初愈的宋文帝刘义隆坐在华林园的延贤堂中，等待已经休了五年病假的大臣殷景仁进宫，打算与他商讨一件大事。这件事与文帝的异母弟弟、彭城王刘义康有关。

文帝诛杀谢晦后，有意提升宗室的地位，加强皇权，便派刘义康镇守江陵，负责荆州、益州等八个州的军事。

左光禄大夫范泰看出了文帝的心思，就劝司徒王弘[1]："国家大事，责任很重，一个人想要长久掌控朝权是不可能的。您和弟弟王昙首的权势已经达到顶峰，应该懂得急流勇退。彭城王刘义康是皇上的弟弟，最好召他回京，与您共同主持朝廷政务。"

王弘接受了他的劝告，等到刘义康进京后，王弘以身体欠佳为由，将事情都推给他处理。渐渐地，刘义康就独自总管朝廷内外事务。

刘义康精明干练，勤于政务，经常废寝忘食地阅读公文，每件事情都办理得周密妥当。文帝对他非常放心，凡是他奏请的事情没有不批准的，刺史以下的官员也由他任免，甚至连官员的生死都交给他定夺。名将檀道济之死，就是他多次劝说文帝的结果。因此，他权倾朝野，群臣争相巴结，尊其为"相王"。

文帝自登基以来，处理国事劳心劳力，偏偏他从小体弱多病，每次只要稍微操劳，就会旧病复发，还曾经多次病危。文帝一生病，刘义康就进宫侍奉，每一碗汤药都要亲口尝过，才放心送给文帝服

---

[1] 东晋丞相王导的曾孙。

用。有时候一连几天，他都衣不解带，蓬头垢面，看到的人无不为他的这份兄弟之情而感动。

不过，刘义康虽然身居高位，却不爱读书，对有学问的人也很冷淡。一天，著名的大才子袁淑前去拜访，闲聊时，刘义康问起他的年龄。袁淑说："和邓禹拜为大司徒时同年。"刘义康很疑惑："我不知道啊。"袁淑只好又说："与陆机刚到洛阳时同岁。"刘义康不耐烦地说："我一向不读书，你就别引经据典了，还是说大白话吧。"

刘义康就是这样，既没有多少学问，对自己要求也不严格，常常任性行事。比如，他私自在府中养了六千多名僮仆，不向朝廷报告，处理政务也经常独断专行，不请求文帝的旨意。

一些别有用心的人就在文帝面前搬弄是非。起初文帝并不相信，总是一笑置之，后来听多了，心里就疑惑起来。文帝喜欢吃柑橘，有一次在宴会上，让人剥了一个，才吃两口就放下了，叹息说："今年的柑橘，无论是外表还是味道，都比往年差很多。"

一旁的刘义康哈哈一笑，说："皇上，今年的柑橘也有好的，我派人回府给您取来。"柑橘很快就取来了，个个都比文帝吃的要大得多，而且清香扑鼻，甘甜多汁，文帝虽然嘴上没说什么，心里却有点儿不高兴。

领军将军刘湛熟悉前朝的历史掌故，擅长讲述治理国家的道理，文帝很喜欢，经常召他进宫谈话，一谈就是大半天，有时到天黑才让他出宫。当时，刘湛的好朋友殷景仁负责朝廷内部事务，经常与文帝见面，比刘湛还得宠，职位也比他高。刘湛为此愤愤不平，但是文帝信任殷景仁，他无法夺宠，就转而巴结权势滔天的刘义康，经常唆使其肆意妄为。刘义康本就认为兄弟至亲，在文帝面前不太注意君臣界限，现在更加随便了。文帝得知是刘湛在背后怂恿的，就开始厌恶他，每当他进宫来，都巴不得他早点儿在眼前消失。

有一次，文帝又病重，刘湛与刘义康的亲信刘斌、孔胤秀等人聚在一起商量说："一旦圣上驾崩，应该立一位年纪大的亲王做君主。"显然，他们指的是刘义康。

刘义康是不是有这个心思，他自己没有明说，但有一次他进宫侍疾[①]回来，痛哭流涕地对刘湛说："今天圣上命我起草托孤诏书，要我辅佐年幼的太子。"

刘湛不满地说："治理国家是一项艰巨的任务，怎么能交给年幼的君主？"

孔胤秀等人就背着刘义康，擅自向相关人员索取了一份特别的档案，档案里记载着当年晋成帝去世时，改立他的弟弟晋康帝之事。后来文帝病情好转，知道了这件事，对刘湛等人更加憎恶。

殷景仁看出文帝的心思，提醒他道："刘义康现在权势过重，恐怕对国家不利，应该对他稍加抑制！"自那以后，文帝就不再去相王府，也不像从前那样放手由刘义康任免官员了。

谁知，刘湛等人不但没有收敛，反而变本加厉。有时候，文帝在朝堂上询问政务，刘湛就说："这种小事交给相王处理就好。"有时候，他甚至敢当面顶撞文帝。文帝越发恼怒，对刘义康的态度也发生很大的改变。

有一次，刘义康打算让亲信刘斌当丹杨尹，才提了一句："刘斌家境贫寒……"文帝就说："可以让他担任吴郡太守。"后来，会稽太守请求调回京师，刘义康又想让刘斌接替他，就上奏问："派谁担任会稽太守呢？"当时文帝心中并没有合适的人选，但他就是不想让刘义康推荐的人上任，就回复说："我已经任用了王鸿！"

刘湛等人这才觉得不妙，便加紧密谋，打算等文帝一驾崩就让刘义康即位。他们时刻关注朝廷的动静与宫中的变化，只要发现谁与他们政见不同，就千方百计加以陷害。殷景仁作为文帝信任的大

---

① 侍候、陪伴、护理生病的帝王。

臣，最先受到排挤与孤立。刘湛搜集材料，捏造事实，诬告殷景仁。很多朝臣为求自保，渐渐疏远了殷景仁。这时，朝中便形成明显对立的两派，一派维护皇帝，一派则依附刘义康。

文帝身体多病，可是脑子并不糊涂，为了保护殷景仁，就让他告病假回家。殷景仁在家一待就是五年，刘湛仍不放心，前不久还派人装扮成窃贼，潜伏在殷府，准备行刺。幸亏文帝听到风声，提前让殷景仁搬了家，并派人严加把守，刘湛的人才没有得手。至此，文帝已经忍无可忍，不想任由刘湛等人肆意妄为下去，打算将他们一锅端，这才连夜召见殷景仁。

这时，一阵"嘎咯嘎咯"的竹椅声由远及近，打断了文帝的回忆，他抬头一看，殷景仁坐着小椅子被抬了进来。

君臣五年未见，却一点儿生疏感也没有，因为他们之间密信往来频繁，多的时候一天有十几封，朝廷发生的大事小事，文帝都会征求殷景仁的意见。这些密信由一名可靠的信使传递，他的行踪十分隐秘，所以没有人发现任何蛛丝马迹。

"终于盼到这一天了！"殷景仁说完，泪水打湿了眼眶。文帝也不胜感慨，拉了几句家常后，就和他商谈诛杀刘湛及其党羽的方案。

正好刘湛的母亲病逝，按规定他要辞去官职，回到家乡守孝三年，古人称为"丁忧①"。殷景仁打算在刘湛离京前行动。

几天后的一个早晨，文帝召刘义康进宫值班，将他软禁了起来。而一向称病的殷景仁突然精神抖擞，早早起床，命人给他整理衣帽，由于他卧病太久，家人都不明白他的用意。

当天晚上，文帝召见了禁军将领沈庆之，让他迅速逮捕并杀死刘湛、刘斌等人。殷景仁那边则逮捕并诛杀了孔胤秀及其党羽等八

① 所谓"丁忧"，是指遭逢父母的丧事，子女要居家守丧三年。守丧期间，不能做官，不能婚嫁，不能参加科考，停止一切娱乐活动。官员遇父母亡故，通常要解除官职，守丧三年（实际为二十七个月）。

人。刘义康的其他亲信听到消息，都惊恐逃窜。

刘义康见大势已去，便请求辞去官职。文帝就贬他到江州当刺史，实际上是幽禁起来。离京那天，刘义康前来辞行，文帝远远地看着他，想到曾经的手足情深，忍不住痛哭起来，过了好一会儿，才止住哭泣，让自己宠幸的慧琳道人前去和他交谈。

刘义康见文帝一句话都不愿意和自己说，就怯怯地问慧琳："您看我将来还能再回京师吗？"

慧琳却答非所问，说："只恨你平时不多读点儿书！"意思很明白，刘义康读书少，行事鲁莽，才导致如此下场。

很久之后的一天，文帝到姐姐会稽公主的家中赴宴。会稽公主是刘裕的嫡长女，一向很受文帝尊敬。姐弟俩在一起开开心心地喝酒、聊天，气氛非常融洽。

突然，会稽公主起身跪在地上，连连叩头，悲不自胜。文帝大惊，亲自上前扶她起来，问："姐姐为什么这样？"

会稽公主说："车子①弟弟到了晚年，皇上一定不会放过他，今天姐姐特地求您饶他一命。"随后痛哭不止。文帝也泪流满面，指着埋葬刘裕的蒋山说："姐姐放心，我绝不杀车子弟弟，如果违背誓言，就是辜负了亡故的父皇。"说完，命人把正在喝的酒封起来送给刘义康，还附上一封信，说："我与会稽姐姐一起喝酒时想起了你。"

酒送到后，刘义康重燃返京的希望，谁知等了很久都没动静。五年后，因为太子詹事范晔等谋反，牵连到刘义康，文帝将他贬为平民。刘义康这才彻底死了心，开始读《汉书》打发时光。读到淮南厉王刘长的旧事时，他撂下书本，慨叹道："汉代就有这种兄弟不相容的事情，我只恨自己知道得太迟了。"

---

① 刘义康的小名。

悲 不 自 胜

　　胜，能承受。悲伤得自己不能承受。形容极度悲伤。

造　句：	爷爷去世的噩耗传来，方晓敏
	悲不自胜，呜呜地哭了起来。
近义词：	悲痛欲绝、痛不欲生
反义词：	喜不自胜、乐不可支

【 免冠徒跣 】

《资治通鉴·宋纪六》

　　弼曰："为人臣无礼至此，其罪大矣。"出诣公车，免冠徒跣（xiǎn）请罪。帝召入，谓曰："吾闻筑社之役，蹇蹶而筑之，端冕而事之，神降之福。然则卿有何罪！其冠履就职。苟可以利社稷，便百姓者，竭力为之，勿顾虑也。"

译　文

　　古弼说："我身为臣属，竟如此无礼，罪过实在太大。"说完出宫来到公车署，脱掉帽子、光着脚请求处罚。拓跋焘召他入宫，说："我知道建造社坛的工事，是要一跛一拐地干活；完工后，要衣冠端正地祭祀，这样神灵才会降福于他。可是你有什么罪过呢！快点儿戴上帽子，穿上鞋，做你该做的事去吧。如果是对国家有利、方便百姓的事，就要尽全力去做，不要有什么顾虑。"

不要招惹笔头公

一天，北魏大臣古弼匆匆忙忙地走进了皇宫，准备向太武帝拓跋焘汇报工作。宫里的侍从见到他，都恭恭敬敬地称呼道："笔公！"

古弼原来不叫这个名字。他是一个地地道道的鲜卑人，因为北魏第二任国主拓跋嗣很欣赏他，就赐名"笔"，意思是说他性格耿直，又能发挥作用，就像笔一样。后来，拓跋嗣让他辅佐太子拓跋焘，改名为"弼①"，表示他有辅政之才，可以像"弼"一样纠正太子的过错。拓跋焘即位后，古弼因辅佐有功，受到重用，人们便都尊称他为"笔公"。

这会儿，拓跋焘正在与大臣刘树下围棋，见到古弼，微微地点了点头，心思仍然在棋上。他手执一枚棋子，思索了半天，才徐徐落下。刘树也伸手摸了一子，放在棋盘上。拓跋焘看着棋局，不禁皱起眉头，再执一子，想了好半天才落下。就这样，他俩你来我往，下得不亦乐乎，把古弼给忘了。

古弼几次想要说话，可是拓跋焘根本不给他机会。古弼忍无可忍，忽然从座位上跳起来，一把拽住刘树的头发，把他拖下位子。刘树正全神贯注地下棋，哪里料到古弼会突然袭击，疼得直咧嘴。古弼一手揪着他的耳朵，一手猛烈地敲打他的后背，嘴里还大声嚷

---

① "弼"是一种矫正弓弩的工具，引申为"纠正、辅佐"之意。

道："国家没有治理好，就是你的罪过！"

拓跋焘大惊失色，赶紧丢下棋子，说："笔公，快住手！没有及时听你奏事，是我的错，跟刘树有什么关系，怎么可以动手打他？"

古弼这才松了手，默默退到旁边。刘树摸着脑袋，心有余悸地缩在一边，生怕古弼倔脾气上来了，又把自己揍一顿。

拓跋焘虽然觉得很扫兴，但想到古弼为人忠厚谨慎，如果不是忧心朝政，断然不会当着自己的面打大臣，所以，他又好气又好笑，盯着古弼问："到底有什么事？"

古弼上前一步，认认真真地说："上谷地区皇家园林占的面积太大了，把老百姓的耕地都圈进去了，臣请求减少一半面积，将土地赐给那些贫穷的百姓耕种。"

拓跋焘一向心系民生、提倡俭朴，便说："你的意见很好，赶紧去办吧。"过了一会儿，他见古弼仍然站在旁边，没有退下的意思，就奇怪地问："怎么还不去办？"

古弼惭愧地说："我身为臣子，在皇上面前殴打大臣，以下犯上，粗暴无礼，请皇上重重惩罚我。"说完，他退出宫殿，来到公车署①，免冠徒跣，请求处罚。拓跋焘赶紧召他进宫，说："你有什么罪过呢？赶紧戴上帽子，穿上鞋，去办正事吧。如果是有利于国家、方便百姓的事，就要尽全力去做，不要有任何顾虑。"古弼这才告退。

看着古弼渐渐远去的背影，再看看委屈狼狈的刘树，拓跋焘摊了摊手，无奈地说："古弼这个人哪，性子是直了点儿，但他一心为国家、为老百姓着想，难怪先帝给他起名'古笔'。别说你了，有时候连我都避着他。今天你受委屈了，以后小心点儿，少招惹这个

---

① 负责审理诉讼、冤屈的部门。

'笔头公'。"

　　虽然拓跋焘一再宽慰刘树，让他原谅古弼，其实有时候拓跋焘自己也恨不得将古弼宰了。

　　这年秋天，拓跋焘去河西打猎，命古弼留守京城，出发前还下诏说："叫古弼精心挑选一些肥壮的马，给打猎的骑兵用。"

　　打了半天猎，拓跋焘见往常精神百倍的骑兵们一个个都蔫蔫的，收获的猎物也很少，以为他们不尽心尽力，便骂道："一群废物，打个猎都无精打采，以后还怎么上战场？"

　　一名亲信就说："皇上息怒，不是大家不想好好打猎，实在是这些马太瘦太弱，追赶猎物时跑不快啊！"说完，牵来几匹马。这些马看上去又瘦又老，走起路来慢吞吞的。

　　拓跋焘勃然大怒，骂道："古弼！你这该死的笔头奴，我的诏令你竟敢打折扣。等我回去一定要把你这支笔的笔尖①给折断了！"

　　古弼惹怒了皇帝，将要被问罪，这个消息传回朝廷，古弼的下属惶恐万分，生怕自己受到牵连被杀，连忙向他讨主意。古弼从容地说："作为臣子，不让君主沉湎于狩猎游玩之中，这个罪过不大；如果不考虑到国家可能面临的危难，使军队缺少必要的物资，这个罪过才大。"

　　当时，北魏边境经常发生战事，魏军以骑兵为主，马匹的好坏，直接影响到军队的作战能力。可是拓跋焘毕竟是一国之主，向臣子要几匹好马都不能如愿，这个皇帝当得也太没面子了。众人虽然明白古弼的良苦用心，但仍担忧地说："听说皇上这次很生气，肯定会降罪下来。如果为了几匹马被杀，多不值得啊。"

　　古弼严肃地说："如今北方的柔然部落相当强盛，常常侵扰我

_____

① 古弼的头长得很尖，拓跋焘经常把他的脑袋比作笔尖。

国边境；南方的刘宋贼心不死，时时想抢占我们的国土，我们不得不做长远打算。所以，我才将肥壮的马留给军队用，把瘦弱的马提供给皇上狩猎。能够让军队免遭损失，即便被处死，又有什么关系呢？再说了，这件事是我做的，与你们无关，我会担起全部责任，你们不要担心。"

大家见古弼如此耿直，敬佩不已，有人就把他的话说给拓跋焘听。拓跋焘立即消了气，感慨地说："自古以来，事事都为国家、百姓着想，连皇帝都敢得罪的大臣，确实很少。这样的臣子是国家的珍宝啊。我不仅不能怪罪古弼，还要重重赏赐他！"

古弼收到赏赐，也很感动。敢于得罪皇帝的臣子自古就不多，那是因为像拓跋焘这样的明君也很少啊。忠臣遇上明君，既是他们彼此的幸运，也是国家的幸事。从此，古弼更加忠心耿耿地做好本职工作。

没过多久，拓跋焘再次外出打猎。这次，他没要强壮的马匹，对古弼分配瘦马给骑兵们也没有任何意见。尽管如此，拓跋焘仍然捕获了几千头麋鹿，便下诏给古弼，让他派五百辆车来运送麋鹿。过了一会儿，拓跋焘又想了想，对左右随从说："笔头公一定不会给我这么多车，你们还是去找些马来运猎物吧。"说完，就骑马回宫了。

拓跋焘才走了一百多里，传达诏书的人就送来古弼的奏表。拓跋焘停下马，读完奏表，哈哈一笑，说："果然不出我所料，笔头公啊笔头公，你可真称得上是国之栋梁啦！"说完，他将古弼的奏表递给左右侍从。

侍从接过来，见上面这样写道："现在正是秋收季节，农田里的谷穗色泽金黄，粒粒饱满，田野里遍布桑麻大豆，一派丰收的景象。不过，山上的野猪、野鹿总是跑出来偷吃，飞鸟、大雁也争相啄食，加上近来天气多变，如果不及时收割作物，早点儿运进国库，损失会非常大。臣斗胆请皇上推迟运送麋鹿的时间，先将这些车辆用于秋收，我保证尽快安排收割、运送谷子的工作。"

拓跋焘在位近三十年，古弼尽心尽力地辅佐他。拓跋焘去世前，还交代太子拓跋晃，要他好好对待古弼，说古弼可以成为得力的左右手。

正是由于重用了许多古弼这样的良臣，推行了一系列有利于国家安定的政策，北魏才日益兴盛。攻灭大夏之后，北魏又先后灭掉北燕、北凉、仇池等国，收服柔然和吐谷浑，结束了中国北方纷争的混乱局面。

成语学习

免冠徒跣

冠，帽子；徒，空的，光着；跣，光脚赤足。摘掉帽子，光着脚。形容诚惶诚恐的样子。

造　句：古时候，臣子犯了国法，只能
像古弼那样免冠徒跣，跪在宫
门外，等候朝廷的发落。

【 死生荣辱 】

《资治通鉴·宋纪七》

至于书朝廷起居，言国家得失，此为史之大体，未为多违。臣与浩实同其事，死生荣辱，义无独殊。诚荷殿下再造之慈，违心苟免，非臣所愿也。

译 文

至于书写圣上的起居生活，谈论国家行政的得失，这是史官的重要任务，不能说有多大罪过。事实上，我和崔浩是一起从事这项工作的，死亡、生存、荣耀、耻辱，在道义上不应该不同。我接受殿下您对我的再生之恩，但是让我违背自己的良心以免除灾难，这不是我愿意做的。

一部史书引发灭族

北魏太平真君十一年（公元 450 年）六月的一天，两队卫兵押着一辆囚车，经过北魏的京都平城的闹市区，前往城南的刑场执行死刑。囚车内站着一位年近七十的老人，乱蓬蓬的银发下有一张清癯（qú）的脸，他眼眶深陷，目光黯淡。

"咦，这不是司徒崔浩吗？走，看看去！"不少百姓跟着囚车前行。到达刑场后，几名卫兵打开囚车，拉出崔浩，当着众人的面，朝他身上撒尿。崔浩闭上眼睛，低声悲号，随后，刽子手挥刀斩杀了他。

看热闹的百姓久久不肯散去，相互打听："崔司徒究竟犯了什么罪，竟然要遭受这样的奇耻大辱？""好像是因为修国史的事？""肯定是得罪皇上了吧？"……

崔浩，字伯渊，出身于北方的名门望族——清河崔氏。西晋灭亡时，崔氏族人没有南渡，而是辗转为胡人政权效力，等到崔浩的父亲崔宏在北魏当官时，尤其受到朝廷的重用，被任命为吏部尚书，赐封白马公。由于家学渊源，崔浩博闻强记，上知天文，下知地理，对诸子百家都有涉猎，还没成年就被朝廷召去当官。

踏上政坛之后，崔浩比父亲当年还受重用，参与了从拓跋珪到拓跋焘三代帝王的重大军事决策，为北魏统一北方做出了重大贡献。拓跋焘对他言听计从，还特意下诏命令尚书省："凡是军国大事，你们所不能决定的，都应该向崔浩请教，再付诸实施。"

当时，北魏盛行佛教，崔浩却信奉道教，厌恶佛教，经常说："为什么要崇拜这个胡人的神？"为此，他不断向拓跋焘进言，说："佛教虚幻荒诞，浪费世间财物，损害百姓利益，应该灭掉。"受其影响，拓跋焘也信奉道教，长期服食丹药，尊宠道士寇谦之。

有一年，卢水胡人①盖吴起兵反叛，各族胡人争相响应，聚起十多万部众，拓跋焘亲自率军讨伐盖吴。大军进入长安后，驻扎在一座寺院里，和尚们请拓跋焘的侍从将官们喝酒。他们来到和尚居住的屋子，无意间发现那里放着许多兵器，便报告给了拓跋焘。

拓跋焘勃然大怒，说："和尚怎么会有武器？他们一定是同盖吴勾结，图谋作乱。"便下令杀死寺院里的所有和尚，并查抄寺院财产。这一查，又发现了北魏的官员、富人寄藏在寺院里的财物，多得数不清，还有一间地下密室，藏着不少衣着艳丽的妇女。

崔浩趁机对拓跋焘说："这些和尚真是无法无天，干下这么肮脏的勾当。依我看，应当将天下的和尚都斩尽杀绝，毁掉各种佛经、佛像。"拓跋焘正在气头上，就听从了他的建议，下令杀死长安所有的和尚，焚毁佛经和佛像。

做完这些，拓跋焘仍不解气，又让太子拓跋晃诏令全国："从今以后，胆敢信奉胡人的神或者塑造这类神像的，一律满门抄斩。全国所有的佛像、佛经都必须打破、烧毁；和尚不论年纪大小，全都拖去活埋。"

太子一向喜欢佛法，不希望伤及无辜，便拖延执行时间，慢慢地将诏书发布下去，使得远近寺院的和尚有时间逃脱。经过这次灭佛运动，北魏境内的佛塔、寺庙全都不复存在。从此，那些信奉佛教的鲜卑贵族恨透了崔浩。

———————————

① 因世居卢水（今青海西宁西）得名。

崔浩毫不在乎，仗着拓跋焘的宠幸，行事越发专断独行。他自认为出身高贵，打算按照汉人世家大族的做法，严格整顿朝中官员的出身门第、姓氏等级，以此作为提拔官员的依据。

有一次，崔浩一口气推荐了冀、定、相、幽、并五州的几十名士人直接当郡守。报上去后，太子觉得不妥，就说："早先朝廷征聘了不少人才担任郎吏，他们在职位上操劳很久了，一直没得到升迁，这次应该先让这些人当郡守。至于您推荐的那些士人，可以先在郎吏的职位上历练几年。"崔浩据理力争，坚持派自己推荐的士人就任。

中书侍郎高允是太子的老师，听了这事直摇头，对左右说："崔浩为了满足自己的私心，竟然与太子对着干，将来恐怕免不了一场灾祸。到时候，他用什么来保全自己呢？"

北魏统一北方后，拓跋焘非常得意，想彰显拓跋氏祖先的奋斗历程，就在京城设立史馆，命崔浩和高允等人修撰国史。

崔浩心里直打鼓，生怕把握不好分寸，会像西汉的史学家司马迁那样获罪。拓跋焘猜出他的心思，说："你不要有顾虑啊，按照事实来，该怎么写就怎么写。"

听了拓跋焘的话，崔浩就像吃了一颗定心丸，和高允、邓渊等人开始修史，每件事都写得非常详细、真实，其中不乏拓跋氏祖先早年的一些丑闻、恶行。

史书修好后，著作令史闵湛、郗标为了拍崔浩的马屁，就说："应当把这部国史刻在石碑上，好让世人知道崔公您是一位秉笔直书的史学家。"

崔浩动了心，便请示太子，见他没有反对，马上让人在石碑上刻写国史，立在郊外祭祀的神坛东侧，占地一百步见方。碑一立好，便吸引了来来往往的行人，他们都停下脚步，仔细阅读碑上的文字，然后交头接耳。

高允非常不安，对著作郎宗钦说："闵湛、郗标真是乱来，这件事情但凡出了一点儿差错，就会给崔家带来万世的灾祸，我们这些人也难逃一死。"

事情果然如高允所料。一直对崔浩心怀怨恨的鲜卑贵族，见碑文中对鲜卑祖先的丑事、恶行毫不避讳，便跑到拓跋焘跟前告状："崔浩胆大包天，竟然给我们的祖先抹黑，皇上您不管管吗？"拓跋焘也很生气，立即让有关部门调查此事。

太子事先得到消息，想保全高允，就召他到东宫，晚上也没让他回家。第二天早晨，太子带高允进宫朝见。

来到宫门前，太子对高允说："一会儿皇上问你话，你一定要按照我的引导来回答。"

高允疑惑地问："出了什么事吗？"

太子说："你进去自然就知道了。"

进了宫，行完礼后，太子先开口了："一切都是崔浩的主意，跟高允没有关系。高允做事谨慎，而且地位不高，说不上话。请皇上赦免他的死罪。"

拓跋焘便问高允："国史都是崔浩一个人写的吗？"

高允这才意识到出事了，于是老老实实地答道："不是这样的。其中《太祖记》由前著作郎邓渊撰写，《先帝记》和《今记》则由我和崔浩两人负责撰写。但是崔浩公务繁忙，所以他只是总揽了一下大纲而已，并没有撰写多少。实际上，我写得要比他多得多。"

拓跋焘大怒，对太子说："高允的罪行比崔浩还严重，怎么能饶他不死呢？"

太子战战兢兢地说："皇上息怒，高允胆小，刚才他一定是被您的威严吓糊涂了，所以回答问题语无伦次。这件事我曾经了解过，高允说全是崔浩一人干的。"

拓跋焘又质问高允："事情真的像太子说的那样吗？"

高允连忙跪下，答道："臣不敢欺瞒您。太子是可怜我，想要保全我的性命才这么说的。其实，他没有问过我，我也没有对他说过那些话。"

拓跋焘感慨地对太子说："高允死到临头，还能够保持正直、诚实，十分难得。既然这样，就饶他不死吧。"

过了一会儿，拓跋焘又召见崔浩，亲自审问他。崔浩既迷惑又恐惧，不知道自己犯了什么罪，回答问题时结结巴巴。拓跋焘更加觉得崔浩有意为之，气得须发皆张，命令高允草拟诏书，要诛杀崔浩及其部属、僮仆一百二十八人，并夷灭五族。

高允不忍下笔，拓跋焘不断催促，他就说："这次朝廷诛杀崔浩，若是别的原因，我不敢多说；如果仅仅是因为他修史冒犯了皇族，我认为，他的罪过还达不到被处死的程度。"

拓跋焘气得哇哇大叫，说："高允啊高允，你真是不想活了！"当即命令武士将他绑起来。

太子跪下苦苦求情，拓跋焘的怒气才稍稍平息，说："如果不是高允，这次就有几千人被杀。"

最终，拓跋焘下诏：凡是出身于清河崔氏的，只要与崔浩同宗，不论血缘关系远近，一律诛灭全族；与崔浩有姻亲关系的范阳卢氏、太原郭氏、河东柳氏，统统诛族；其他参与写史的只斩本人。

这就是北魏历史上著名的"国史之狱"。行刑时，那些鲜卑人为了泄愤，对崔浩先辱后杀。

太子想想都后怕，就召来高允，责怪道："做人要见机行事，上次在皇上面前，我替你开脱死罪，皇上都松口了，可是你却不按我的话去做，结果把他气成那样，你自己也差点儿丢了性命。"

高允叹息道："我怎么会不懂得殿下您的苦心呢？可是，作为一名史官，就是要书写圣上的起居生活，谈论国家行政的得失。诚实地记录史实，能有多大罪过？我和崔浩一起修史，死生荣辱，道义上不应该不同。我接受殿下您的救命之恩，可是如果为了保命，让我违背良心撒谎，我万万做不到。"太子听了，非常感动。

不久，拓跋焘就后悔杀死崔浩，叹道："崔司徒死得太可惜了！"

成语学习①

死 生 荣 辱

指死亡、生存、荣耀、耻辱。

造　句："从今天开始，我们就是一个战壕里的兄弟，死生荣辱，都要共同面对。"连长说。

---

① 这个故事的原文里还有成语"无复孑（jié）遗"（孑遗，遗留，剩余。没有再留下什么）。

【 转祸为福 】

《资治通鉴·宋纪八》

　　质又与魏众书曰："尔语虏中诸士庶：佛（bì）
狸所与书，相待如此。尔等正朔之民，何为自取糜
灭，岂可不知转祸为福邪！"

译　文

　　臧质又给北魏将士写了封信，说："你们告诉胡
虏中各位士人百姓：佛狸在给我写的信中，这样对
待你们。你们本来是汉人，为什么要自取灭亡呢？
你们怎么不知道把祸患变为幸福呢？"

佛狸小子的口水战

元嘉二十七年（公元 450 年），是宋文帝刘义隆在位的第二十七年。经过多年的治理，刘宋经济繁荣，综合国力达到顶峰，文帝就打算再次北伐，收复被北魏夺去的河南等地。

拓跋焘得到消息，就给文帝写了封信："咱们两国停兵这么长时间了，没想到你又要率军北上，这就是你贪得无厌了。倘若这次你能走到中山等地，就请随便行动，你来，我不迎；你走，我也不送。要是你嫌中山住得不舒服，可以到平城来看一看，我也到你们扬州住一住。说起来你也是奔五十的人了，却一直足不出户，和我们这些生长在马背上的鲜卑人相比，不知道你是个什么模样。"

写到这里，拓跋焘意犹未尽，继续写道："你远道而来，我也没啥好东西送你，暂且送你十二匹猎马，若干毛毡和药物。如果你的马力气不足，那就坐我送的马；假如你水土不服，还可以吃我送去的药。"

这封信的字里行间都是挑衅、威胁、嘲讽，文帝读了，一笑置之。他任命江夏王刘义恭[①]为统帅，坐镇彭城，率领武陵王刘骏[②]，以及臧质、柳元景等将领，分东、中、西三路攻打北魏。

七月，宋军的先锋王玄谟从水路进入黄河，大举围攻滑台。其他各路大军的进展也非常顺利，收复了潼关等地。正当宋军觉得形

① 刘义隆的弟弟。
② 刘义隆的三子，当时担任徐州刺史，镇守彭城，封安北将军。

势大好时，骄傲轻敌的王玄谟却拖了后腿，一连几个月都没攻下滑台。这时，天气转冷，拓跋焘便率大军渡过黄河，在击溃王玄谟的军队后，乘势长驱直下，逼近军事重镇——彭城。

当时，彭城虽然兵力充足，但是军粮不多，统帅刘义恭就想弃城而逃，刘骏苦劝："叔父，您是大军统帅，要走要留不是我能干预的。可我身为一城之主，如果也弃城逃生，实在没有脸再回朝廷。我誓与彭城共存亡。"刘义恭就不好意思走了。

拓跋焘抵达后，也不急于攻城，而是别出心裁地玩起外交战。他派人向城内喊话："主上让我问候安北将军，我军又累又渴，能否给我们一些甘蔗和美酒？"

刘骏很爽快地给了，本着不吃亏的原则，他向魏人索要骆驼。拓跋焘不仅让尚书李孝伯如数送去，还额外赠送了貂裘。

拓跋焘品尝了甘蔗和美酒，又向刘骏借赌具玩，并表示会回赠毛毯和九种功效不同的盐、胡豆豉。刘骏让长史张畅出城交接物资。交接完毕，张畅准备关闭城门，李孝伯却叫住他，问道："为什么急着关城门？"

张畅说："主要是考虑到你们远道而来，还没有扎稳营地，将士疲乏。而城中有十万精锐，怕你们经受不住。所以关城让你们休整。等你们休息好了，双方再约个时间一较高下。"

拓跋焘听了，不由得心潮澎湃，派人对张畅说："安北将军为什么不派个使者到我这儿来谈谈呢？虽然我们不能尽情倾诉彼此的感情，可是你们难道不好奇我长得高大还是矮小，是苍老还是年少？难道不想和我多接触接触，了解了解我的脾气吗？"

张畅说："魏主的外貌和才能，我们以前就知道了。这次李尚书前来，又加深了我们对他的了解。使节就不必派了。"

拓跋焘碰了一鼻子灰，很不痛快。李孝伯想替他挽回点儿面子，就对张畅说："实话告诉你吧，我们主上对彭城没兴趣，他的目标是直捣瓜步①，饮马长江。"

张畅淡淡一笑，说："要去要留，悉听尊便。不过，如果房马能饮长江水，那就太没天理了。"

话已至此，拓跋焘便下令攻城，可是一连攻了几天都没有拿下，他索性绕过彭城，直奔建康。魏军经过盱眙时，正好遇上臧质的军队。双方在城外展开激烈的交战。由于敌众我寡，臧质大败，只好收拢七百余名残兵，逃奔盱眙城。

盱眙太守名叫沈璞，上任没多久，却非常有忧患意识。宋军刚出兵北伐时，长江、淮河一带平安无事，很多人都觉得战争还很遥远，沈璞却认为战火迟早会烧到盱眙，就加固城墙，训练士兵，并准备了充足的粮食。臧质等人进城后见兵精粮足，机械成堆，十分振奋。

魏人打仗一向不准备粮草，都靠抢掠来维持日常用度。宋人摸清了他们的套路，早就坚壁清野，所以这次魏军虽然沿路打劫，收获却很少。拓跋焘得知盱眙存粮多，打算回国时再抢，便留下一支军队监视，自己率领大军继续南下。

魏军一路风驰电掣，很快攻到长江北岸的瓜步，他们拆毁老百姓的房舍，又砍伐芦苇建造小筏，扬言要南渡长江。

整个建康城陷入恐慌之中，老百姓都收拾好行李，准备随时逃走。文帝命太子刘劭总领水军，镇守石头。

这天，文帝心事重重地登上石头城，望着奔流不息的长江，不由得叹道："如果檀道济还活着，胡房怎么敢跑来这里撒野！"他下令重金悬赏能取拓跋焘首级的勇士，还命人酿了一些毒酒放在荒芜

---

① 又作瓜埠。在今江苏南京市六合区东南瓜步山下。南北朝时为军事争夺要地。

的乡村，想毒死北魏将士，却没能伤到他们。

这时，拓跋焘派人给文帝送来骆驼、名马等礼物，要求和解，还说："我大老远前来，主要是想维系两国的友情，和你们结成姻亲。如果宋国皇帝能把他的公主嫁给我的孙子，我也会把我的女儿许配给安北将军刘骏为妻。两国结亲之后，我保证不再南下半步。"

文帝召集众臣商议，太子刘劭等人极力主张联姻，侍中江湛却说："魏人一向言而无信，不能答应。"文帝很信赖江湛，联姻之事

就不了了之。

拓跋焘很恼火，想过江教训宋军，又苦于缺少作战的渡船。没多久，魏军的粮草告急，天气又越来越冷，拓跋焘只好撤兵北归。到达盱眙城下时，魏军又累又渴，拓跋焘酒瘾发作，想到上次在彭城交换物资的愉快经历，就派一名使者向臧质索要美酒。

过了一会儿，使者带回来几个坛子。拓跋焘得意扬扬地对左右说："臧质还算识相，这么快就送来美酒。快打开，我要喝个痛快！"左右揭开盖子，却被一股浓浓的尿骚味呛得作呕。原来，臧质为了戏弄拓跋焘，让将士们在每一坛酒里都撒了尿。

拓跋焘气得哇哇大叫，准备武力攻城，他一边命人修筑工事，一边派人运来泥土和石头，把盱眙城外的壕沟填平，并在河上搭建浮桥，让将士日夜巡逻，试图切断盱眙的水陆通道。随后，拓跋焘亲自给臧质写了一封信，还附上一把大刀。

臧质展信一看，上面说："盱眙已经是一座孤城，我们马上要攻打了。这次我派出去攻城的士卒，都不是我们本国本族人，城东北的是丁零人和匈奴人，城南的是氐人和羌人，他们本是魏国周边的贼寇，就算被你们杀掉，对我们也没有什么坏处。"

所谓"欲令其亡，先令其狂"，臧质便洋洋洒洒地回信说："难道你没有听过这样一首童谣吗？说的是'虏马饮江水，佛狸①死卯年'。你多次侵犯我国边境，之所以还能活蹦乱跳到现在，只是因为卯年还没来到。上次在盱眙城外交战，只不过是我军引着你们踏上饮马长江的道路罢了。你的死期到了，这是谁也改变不了的。我奉朝廷之命前来消灭你们，原计划是要晚几天才送你归西的，谁知你这么心急，非要送上门来受死，那我就成全你吧！

---

① 拓跋焘的小名。

"佛狸小子，你尽管下令攻城吧。如果你够走运，会被乱军斩杀；如果你运气不佳被我们活捉，我会找一条链子锁住你的脖子，用一头小毛驴驮着你到京城供人观赏。自征战以来，我就抱着必死的决心，如果苍天不显灵，我被你打败，即使被剁成肉酱，碾成粉末，我也义无反顾。请你好好想想，当年苻坚率百万大军前来，还在淝水吃了那么大的败仗，你的智慧、见识以及这次军队的力量，哪一样能比得上当年的苻坚呢？

"现在已经是春天了，我们宋国各路大军就要汇集在此。你只管一心一意来攻城吧，千万不要逃走啊！如果你们的粮食不够吃，可以告诉我，我们不会吝啬的。你派人送来的大刀我已收到，是不是想让我挥刀剁了你呢？"

拓跋焘果然被气得浑身发抖，他命人打造了一张大铁床，在上面排列了许多尖刀，叫嚣道："攻破盱眙，活捉臧质，让他尝尝这张铁床的滋味！"

臧质了解到魏军中有不少汉人，便写信给他们："你们本是汉人，为什么要替胡人卖命呢？难道不懂转祸为福的道理吗！"随后他写了一则悬赏令，上面说："宋国皇帝有旨，能砍下佛狸人头的，封万户侯，赏赐棉布、丝绸各一万匹。"

拓跋焘年少登基，带着北魏铁骑扫平北方，威震天下，因此经常口出狂言，没想到这次竟被臧质怼得哑口无言。看来，他只能用猛烈的战火来表达内心的愤怒了。

魏兵先用钩车钩住城楼，打算强攻。城内宋兵见状，用铁环制成的大铁链拴住钩车，然后几百名宋兵合力拉住铁链，使魏军的钩车动弹不得。等到夜幕降临，魏军退回营中，宋兵就从城墙上放下一些大桶。桶落地后，十几名精兵从里面爬出，砍断钩车的钩子，把钩车拖进城内。第二天，魏军见钩车没了，就改用冲城车撞城。

由于城墙几经修缮，异常坚固，冲城车每次撞下的墙土都十分有限。

十几万大军，竟然拿一座小城没办法？拓跋焘偏不信邪，这次他不用器械，而改用肉搏战术。他把魏兵分为几个梯队，轮番往城墙上爬，宋军就不断地从城上放箭、扔石头。结果，魏兵的尸体堆积得和城墙一样高了，都没能攻下这座城。

一转眼，三十天过去了，魏军中流行起了瘟疫，探子又报告说刘宋的水军已经进入淮河，准备切断魏军回国的道路，拓跋焘只好下令撤军。

这次宋魏之战，给宋国的沿途州郡带来深重的灾难，魏军扫荡过的郡县变得荒无人烟，被杀死的宋人不计其数，刘宋国势由盛转衰。魏军也在此战中消耗巨大，死伤过半。南北两国都没有能力消灭对方，就此陷入长期对峙的局面。

转 祸 为 福

把祸患变为幸福。指把坏事变成好事。

造　句：林玲虽然没有赶上那班飞机，	
却转祸为福，躲过了一场空难。	
近义词：转危为安	
反义词：转福为祸	

〖 大逆不道 〗

《资治通鉴·宋纪八》

尼驰还东庙，大呼曰："宗爱弑南安王，大逆不道，皇孙已登大位，有诏，宿卫之士皆还宫！"众咸呼万岁，遂执宗爱、贾周等，勒兵而入，奉皇孙即皇帝位。

译　文

刘尼骑马奔回东庙，大声呼喊："宗爱谋杀了南安王，犯上谋反，罪大恶极，现在嫡皇孙已经登上了皇位，颁下诏令，让宿卫将士赶快回宫。"大家都高喊万岁，于是逮捕了宗爱、贾周等人，率兵而入，拥戴嫡皇孙拓跋濬即帝位。

一个疯狂的宦官

"虏马饮江水，佛狸死卯年。"这首童谣充满了对北魏国主拓跋焘的诅咒。北魏南征刘宋的第二年[①]，拓跋焘真的死了，但他不是被诅咒死的，而是死于宦官宗爱之手。

拓跋焘自即位以来，便四处出兵，开疆拓土，取得了辉煌的战绩。可是由于频繁打仗，北魏的家底渐渐被掏空了，朝廷内部经常发生变乱，老百姓怨声载道。拓跋焘为此非常焦虑，就寄情于道教，长期服用五石散，导致身体越来越差，脾气也变得暴躁，动不动就杀人。大臣们都非常害怕，不敢与他接近。久而久之，拓跋焘就成了孤家寡人，只有宗爱常陪伴在他身边。

宗爱出身卑微，为人狡诈，很懂得察言观色，仗着拓跋焘的宠信，经常干一些不法勾当，为自己谋利，太子拓跋晃因此十分反感他。太子的近臣仇尼道盛、任平城也很讨厌宗爱，便搜集了不少证据，准备控告他。宗爱很害怕，又担心将来太子继位后会对自己不利，就想除掉仇尼道盛和任平城，顺便把太子也拖下水。

这天，拓跋焘正在殿中喝闷酒，一杯接一杯。宗爱见他有几分醉意，就凑到他耳边说："皇上，前些时候您北征柔然，仇尼道盛和任平城教唆太子干了很多见不得人的勾当。现在城里的百姓说什么的都有，您可要管管呀。"

---

① 公元 451 年为辛卯年。

拓跋焘双眉一挑："竟有这样的事？"

宗爱便添油加醋地捏造了很多事。拓跋焘勃然大怒，猛地将手中的酒杯往地上一摔，骂道："岂有此理！太子竟然宠信这些奸邪小人！他们不好好辅佐太子学习治国之道，反而教唆他干坏事、谋私利，真是不想活了！立即传旨，将他们二人斩首，彻查参与此事的东宫官员。"

第二天，仇尼道盛与任平城等人被绑到街市上斩首示众，受此事牵连的东宫官员也都被杀了。太子吓得心惊胆战，连连向父亲谢罪。拓跋焘却余怒难消，每次见到他都没有好脸色，有时候还劈头盖脸训斥一通。太子被骂得精神恍惚，害起了重病，没过多久就死了。

拓跋焘常年出征，总是留太子在朝中处理政务，遇到大事也会与他商量。太子为政精明，洞察细微，对他的早逝，拓跋焘很悲伤。后来查明太子并没有做违法的事，拓跋焘更是悔恨交加。

有一次，拓跋焘又在殿中喝闷酒，拓跋晃的儿子拓跋濬来了。拓跋焘见孙子虎头虎脑、聪明可爱的样子，想起拓跋晃小时候也这样招人喜欢，不禁潸然泪下。

拓跋濬见了，立即爬上拓跋焘的膝盖，替他擦去脸上的泪水，还天真地问道："爷爷，您为什么哭啊？"拓跋焘一把将他搂在怀中，喃喃地说："爷爷做了一件错事！"

此后，拓跋焘常常追思拓跋晃，动不动就迁怒于身边的人，打骂责罚是家常便饭，宫里人都小心翼翼的。宗爱也提心吊胆，生怕拓跋焘追究自己的责任，就想找机会杀死他。

北魏正平二年（公元452年）二月的一个早上，宗爱缓步从宫中走出，神情凝重地宣布："皇上驾崩了！"

拓跋焘暴亡，太子也病逝，北魏没有法定继承人，宫中顿时乱成一锅粥，根本没有人追查国君的死因。

国不可一日无君，北魏重臣兰延、和疋（pǐ）、薛提等人马上聚在一起商量新皇帝的人选。和疋等人认为皇孙拓跋濬年幼，不能胜任皇帝之位，打算拥立年龄稍大的秦王拓跋翰。薛提则认为拓跋濬是嫡亲皇孙，应当即位。大家讨论来讨论去，始终决定不了。

这时，宗爱在心里盘算开了：拓跋晃死于自己之手，拓跋濬即位后早晚要和自己算账，所以不能让他当皇帝。而拓跋翰，宗爱也一向讨厌。在诸位亲王中，他只跟南安王拓跋余关系密切，所以就想立拓跋余为皇帝。

宗爱一边让人秘密迎拓跋余进宫，一边假传皇后的旨意，骗兰延等人入宫。兰延等人都觉得宗爱只是一个地位低微的宦官，因此没有任何怀疑就进宫了。结果，他们刚踏进殿门，就被三十个埋伏在暗处的宦官砍倒在地。接着，宗爱又杀掉拓跋翰，拥立拓跋余。拓跋余对宗爱感恩戴德，封他为大司马、大将军。

消息传到南方，宋文帝刘义隆大喜："苍天有眼哪！这正是我北伐魏国，夺回黄河以南土地的好时机。"中兵参军沈庆之竭力劝谏，文帝失望地说："你和我不是一条心！"就不让他出征。

五月，文帝任命大将萧思话为主帅，率部将张永攻打碻（qiāo）磝（áo）①，鲁爽、鲁秀兄弟进攻虎牢、洛阳，柳元景、臧质则攻打潼关。

张永兵分三路进攻碻磝，一连攻了十几天，都没有拿下。魏军还乘夜从地道里偷偷出来，烧毁了宋军的攻城器械。张永害怕了，没有通知其他将领就自行撤退，宋军因此大乱。魏军趁机进攻，宋军损失惨重。

---

① 故址在今山东茌（chí）平西南古黄河南岸。南北朝时为军事要地。

萧思话得到战报，急得不得了，亲自率军前去增援，也没能攻克碻磝，又赶上军粮告急，只好撤到历城。其他两路大军的将领闻讯，也跟着撤退。

宋军北伐再次失败的战报送到文帝手中，他像被霜冻住一样浑身颤抖，过了好久，才撂下战报，缓缓步入内殿。

文帝与拓跋焘年龄相近，登基时间也只隔一年，他们各自带着自己的国家走向强盛。拓跋焘活着的时候，文帝几次兴师动众北伐，却从来没尝过胜利的滋味。如今，拓跋焘都死了，宋军还败得这么惨。文帝心里那个气啊，不知道该撒向哪儿，他只好写信给江夏王刘义恭："早知道这些将领这么怯懦无能，我真恨自己没有挥把刀在他们背后督战。唉，现在说这些还有什么用呢！"

拓跋余刚当上皇帝就打了胜仗，心中别提多美了，立即觉得自己的地位固若金汤，便把朝政交给宗爱打理，自己纵情声色，还经常去野外打猎。宗爱大权在握，越来越骄纵放肆，动不动就对公卿大臣呼来喝去。

大臣们苦不堪言，经常向拓跋余告状。这种话听多了，拓跋余心里很不安，就和两名近臣商量，打算剥夺宗爱的大权。哪知宫中遍布着宗爱的眼线，宗爱很快就知道此事，他咬牙切齿地骂道："当初要不是我，拓跋余能当上皇帝？既然他容不下我，那就等着瞧！"

这年十月的一个晚上，拓跋余去东庙祭祀时，被宗爱安排的几名小宦官刺死。由于没有合适的皇帝人选，宗爱便封锁消息，只有负责皇宫禁卫工作的将领刘尼知道皇帝已经死了。

刘尼对拓跋氏忠心耿耿，只是慑于宗爱的权势，才假装顺从。这时，他就对宗爱说："事已至此，还是拥戴皇孙即位比较好。"

宗爱大吃一惊，骂道："蠢材！你不动脑子想想，如果皇孙被立为皇帝，将来肯定要追究他父亲去世的事！"

刘尼假装惶恐："那您想立谁为皇帝呢？"

宗爱无奈地说："先回宫再说吧，只能在各位亲王中挑一个。"

刘尼趁宗爱不留意，悄悄跑去找殿中尚书源贺，将事情一五一十地告诉了他。源贺立即和南部尚书陆丽商量："宗爱拥戴南安王做了皇帝，又把他杀了，现在还不让皇孙登基。事关江山社稷，如果再由宗爱这样胡搞下去，魏国将有大灾难啊！"两人商量了很久，决定联合朝中重臣长孙渴侯的力量，拥戴拓跋濬登基。

事不宜迟，源贺与长孙渴侯等人率禁军严密把守皇宫，并派刘尼、陆丽接拓跋濬入京保护起来。随后，刘尼策马奔回东庙，大声呼喊："宗爱谋杀了南安王，大逆不道，现在嫡皇孙已经登上了皇位，召宿卫将士马上回宫。"

宗爱骄横霸道，为所欲为，卫士们早就一肚子怨气，于是高喊"万岁"，表示愿意拥戴嫡皇孙。随后，他们把宗爱绑了个结实，押回宫去。

拓跋濬顺利即位，他就是北魏第五位皇帝——文成帝。拓跋濬斩杀了宗爱，并诛其三族。这位曾经翻云覆雨、诛杀北魏两任皇帝的宦官终于得到报应，朝野上下欢欣鼓舞。

接着，拓跋濬下令减轻徭役、降低赋税，还派出大量使者，走访民间，了解百姓疾苦，并采取相应解决措施。对外关系上，拓跋濬与刘宋和平相处，双方频繁互派使者。北魏从常年征战中解脱了出来，终于民心安定，变得越来越强大。

成语学习

大 逆 不 道

逆，叛逆；道，指封建道德。旧时统治阶级对破坏封建秩序的人所加的重大罪名。

造　句：父母含辛茹苦抚育他长大，现在他竟然对年迈的父母不闻不问，真是大逆不道。	
近义词：犯上作乱、罪大恶极	
反义词：忠心耿耿、忠贞不渝	

〖 当断不断，反受其乱 〗

《资治通鉴·宋纪九》

僧绰曰："建立之事，仰由圣怀。臣谓唯宜速断，不可稽缓。'当断不断，反受其乱。'愿以义割恩，略小不忍；不尔，便应坦怀如初，无烦疑论。事机虽密，易致宣广，不可使难生虑表，取笑千载。"

译 文

侍中王僧绰说："立太子这件事，应由皇上做主。我以为应该立即决断，不能再拖延了。俗话说：'应该做出决断而犹豫不决，就会产生祸乱。'希望皇上您能以国家大义为重，割舍骨肉亲情，不要在小事上不忍；不然，您就应该和从前一样对待儿子，不要再去怀疑、谈论这些事。决定重新立太子一事，虽然是在极其保密的情况下进行的，却还是容易泄漏出去，不要让灾难发生在您的意料之外，而被后世耻笑。"

刘义隆自食恶果

元嘉三十年（公元 453 年）二月，建康城虽已入春，仍寒气袭人。宋文帝刘义隆站在殿前，凝视着庭中那株老槐树，见嶙峋的枝干上挂着的残叶，在冷风中颤颤悠悠，心中不禁一阵悲凉。他还没从北伐大败中缓过劲来，又被太子刘劭的事搅得寝食难安。

刘劭是文帝的长子，为袁皇后所生，才六岁就册立为太子。年长些后，他就迷上了军事，并亲自管理东宫事务。起初，文帝非常宠爱他，总是有求必应。谁知行过加冠礼后，刘劭就变得不思进取，成天与异母弟弟刘濬一起鬼混。他们不光吃喝玩乐，还和女巫严道育打得火热，做了许多伤风败俗的事情。文帝虽然在治国上有一套，在管教儿子方面却毫无方法，每次都把兄弟俩臭骂一通就完事。

随着挨骂的次数增多，刘劭和刘濬就怨恨起了文帝。严道育迎合他们说："只要我施展一种法术，皇上就不会知道你们做的事情。"二人信以为真，便让严道育做法。

也不知道严道育的法术管不管用，反正过了一段时间，刘劭又烦恼得不行，他对严道育说："那人占着皇位实在太久了，我这个太子还不知道要熬到猴年马月呢。"显然，刘劭口中的"那人"就是文帝。

严道育故作神秘地说："殿下，我可以替您分忧。"她刻了一尊文帝的雕像，埋在含章殿前，让刘劭天天念经诅咒："上天保佑那人早一点儿死，让我早日当上皇帝。"东宫有个人悄悄揭发了此事。文帝很生气，却不忍心处罚刘劭，又臭骂了他一顿，然后派人抓捕严道育。

由于消息走漏，严道育逃了，官兵在她家中搜出了刘劭、刘濬的几百封往来信件，内容都跟巫术害人相关，还挖出了文帝的雕像。文帝震怒万分，下令有关部门严查。

过了很久，严道育都没抓到，文帝想惩罚一下刘劭兄弟就算了。没想到，有人告发说严道育被藏在了东宫。文帝当即派人去搜，严道育这才归案。

文帝忍无可忍，决心废黜太子刘劭，赐刘濬自尽，于是召集王僧绰、徐湛之、江湛等大臣商议。大家都同意这个方案，可是，在立谁为新太子的问题上争论不休，每个人都想拥立与自己关系密切的亲王：江湛想立文帝的四子刘铄（shuò），因为他妹妹是刘铄的妃子，而徐湛之想立文帝的六子刘诞，因为刘诞的妃子是徐湛之的女儿。不过，文帝自己则想立一向疼爱的七子刘宏，又担心不符合立长不立幼的规矩。

王僧绰就说："立谁为太子，应当由皇上做主。无论立谁，都要趁早决定。俗话说：'当断不断，反受其乱。'希望皇上您能以国家大义为重，割舍骨肉亲情，不要在小事上犹豫。"

文帝说："事关重大，不得不三思而后行。而且，彭城王刘义康前不久才去世①，如果我现在废立太子，恐怕别人会说我没有慈爱之心。"

王僧绰直言不讳地说："这点我倒不担心，怕的是将来人们会说您只会制裁弟弟，而不能制裁儿子。"

文帝一时无言，就单独留徐湛之住在宫中长谈。为防有人偷听，文帝让徐湛之亲自举着蜡烛，绕着墙壁检查有没有人。一连几天都

———————————

① 宋魏大战时，人心动荡，文帝担心有人利用被贬到外地的刘义康趁机作乱，就派人杀死了他。

如此。

这天，徐湛之有事出宫，文帝缓步来到殿前，看到庭前老树枯枝，倍感孤独，便习惯性地去找刘濬的生母潘淑妃。

潘淑妃听宫女说刘濬闯下大祸，正想向文帝求情，见他板着脸走进来，忙命宫女沏了一杯热茶，小心翼翼地奉上。

文帝将杯子重重地掷在案上，说道："你教的好儿子！这次怎么也饶不了他！"

潘淑妃吓得"扑通"一声跪下，不住地叩头流泪："皇上开恩！皇上开恩！"

文帝本就宠爱潘淑妃，见她哭得梨花带雨，就心软了："刘劭想当皇帝，盼着我早死，我可以理解。濬儿怎么也跟着瞎闹……我死了，你们母子俩怎么办呢？"顿了顿，他又狠下心来："这次，我再也不能容忍这两个逆子了。本来这事不能跟你说，唉……"话没说完，他就起身拂袖而去。

潘淑妃见文帝动了杀心，马上派人告诉了刘濬。刘濬骑马飞奔到东宫，又告诉了刘劭。刘劭阴阴地说："那人既然无情，就休怪我无义了。"他立即召来心腹张超之等人，谋划叛乱。

当初，文帝认为宗室力量强大，害怕内部发生变乱，就特别增强了东宫的守卫力量，使东宫的兵力与皇宫禁军的数量相等。刘劭一向好武，还命心腹张超之豢养了两千多名死士。这次叛乱，这些兵力正好可以派上用场。为了让这些死士为自己效力，刘劭每天好酒好菜犒劳他们，有时甚至亲自上前敬酒。

几天后的一个深夜，刘劭召来萧斌、袁淑、殷仲素等太子府的属员。一见面，刘劭就一把鼻涕一把泪地对他们说："皇上听信谗言，一心要废黜我。可是我觉得自己没犯什么错，怎么能受这种冤枉！所以明天一早，我就会干出一件大事，希望你们和我一起努力！"说完，他走下座位，向众人下拜。

大家都惊愕万分，没有谁敢说话。过了好一会儿，袁淑和萧斌才说："这种事从来没有发生过，希望殿下再考虑考虑。"

刘劭板起面孔，眼中寒光扫过每一个人的脸。萧斌不由得浑身战栗，马上改口说："我们愿为殿下效劳。"

袁淑斥责他："你们以为殿下真要这么做吗？殿下小时候得过疯病，现在有可能是旧病复发，才这么说的。"

刘劭怒不可遏，斜着眼睛，死死地盯着袁淑："你说，我的事能不能办成？"

袁淑迎着他的目光，从容地说："我倒不担心此事办不成，就怕您办成之后，遭到天打雷劈。趁现在还来得及，我劝您悬崖勒马。"众人听了，吓得赶紧拉他出去。

第二天一早，刘劭召集东宫卫队队长，声称有紧急任务，让他们随自己入宫，又命令张超之集合所有死士，全副武装跟上。然后，他外穿朝服，内着戎装，和萧斌等人乘车进宫。按照宫廷制度，东宫卫队是不能进入皇宫的，刘劭就用前一晚伪造的诏书骗宫门守卫说："奉皇上旨令，进宫讨伐叛逆。"卫兵们以为宫内发生了紧急事件，赶紧让他们进去。

刘劭的人就这样堂而皇之入了宫。按照事先的部署，张超之等十几人从云龙门直接进入合殿。文帝头一天夜里和徐湛之秘谈到次日清晨，这时刚刚躺下，架子上的蜡烛都还没有熄灭，而值班的卫兵也还在呼呼大睡。

就在文帝睡得迷糊时，他突然听到异响，便警觉地睁开双眼，发现张超之正挥刀砍向自己。文帝惊愕之下，来不及多想，立刻举起身旁的小凳子往胸前一挡，那一刀砍在了他的手上，五根手指全部掉落。文帝疼得昏死过去，张超之上前又是一刀，正中要害。

几名宿卫将领听到动静，来不及披上铠甲，抄起家伙就出来迎战，结果全都被杀。陆续赶来的其他将士见状，都惊恐不已，纷纷投降。

刘劭听说文帝已死，马上在萧斌的护卫下进入东堂，杀死值班的徐湛之、江湛等大臣，又派人闯入后宫，杀死潘淑妃以及文帝的亲信，共计几十人。

过了一会儿，刘劭召刘濬进宫，轻描淡写地对他说："你母亲被乱兵所害。"

刘濬冷漠地说："哦，这正是我所盼望的。"

随后，刘劭囚禁了江夏王刘义恭、尚书令何尚之，然后召集文武百官，准备宣布自己登基。

过了很久，才来了二十多名官员。大家看着眼前血淋淋的场景，都惊慌失措。刘劭酝酿了好久，才艰难地挤出几滴眼泪，说："徐湛之、江湛二人图谋不轨，弑君反叛，只怪我救驾来迟，真令人肝胆欲裂哇。好在这些暴徒都已被我诛杀。"

刘劭篡位后，十分忌惮手握重兵的武陵王刘骏，便写密信给沈庆之，让他杀死刘骏，夺其兵权。谁知，沈庆之不想为他效力，便对心腹说："死心塌地和刘劭一同作恶的人，不超过三十个，其他人都是被逼迫的，决不会为他效死力。现在，我们应当辅佐顺应民心的武陵王，讨伐叛逆之贼。"说完，主动去拜访刘骏。

刘骏明白沈庆之的立场后，起身向他拜谢了两次，说："我个人和国家的安危，都拜托将军您了。"然后把军务交给沈庆之全权处理。

沈庆之很有军事才能，只花了十天时间就把军队内外事务整顿好，命令全军进入临战状态。随后，刘骏举行了誓师大会，命柳元景为前锋，顺江东下攻取建康。为了造势，他还向四方发布征讨刘劭的檄文。荆州刺史刘义宣、雍州刺史臧质以及随王刘诞等都举兵声援。

一开始，刘劭觉得自己从小就精通军事，刘骏根本不是自己的对手，等听到四方起兵，各路大军直扑建康而来时，他才感到害怕，下令全城实行戒严，并把正在休假的将士全都召集起来。

柳元景的前锋部队很快抵达建康城南边的新亭。刘劭派出水陆两军出战，并亲自登上朱雀门督战。柳元景虽然水路、陆路都被敌人围困，但他手下将士却斗志高昂，越战越强。最终，刘劭的军队崩溃败退。刘劭狼狈逃回宫中。

四天后，刘骏也抵达新亭，并在众将士的拥戴下登基，即宋孝武帝。又过了几天，刘诞的军队也逼近建康。柳元景乘势对建康发起总攻，众叛亲离的刘劭、刘濬及其党羽很快失败伏诛。

一场宫廷动乱就此画上句号，然而，刘宋王室的杀戮才刚刚开始。

成语学习①

当断不断，反受其乱

断，决断；乱，祸乱。应该做出决断而犹豫不决，就会产生祸乱。指做事应当机立断，否则后患无穷。

造　句：	在教师会议上，校长说："既然学校管理中的问题已经暴露出来了，就要尽快解决，否则，当断不断，反受其乱。"
近义词：	举棋不定、瞻前顾后
反义词：	当机立断、雷厉风行

① 这个故事的原文里还有成语"以义割恩"（义，道义。用大义割断私恩。指秉公办事，不徇私情）。

【 乘风破浪 】

《资治通鉴·宋纪六》

南阳宗悫（què），家世儒素，悫独好武事，常言"愿乘长风破万里浪"。及和之伐林邑，悫自奋请从军，诏以悫为振武将军，和之遣悫为前锋。

译 文

南阳人宗悫家中世世代代都是清白的读书人，只有宗悫好武，还常常说："我愿乘着大风踏着万里巨浪前进。"等到檀和之要去讨伐林邑时，宗悫便自告奋勇去参军，被文帝任命为振武将军，檀和之派宗悫担任前锋。

沈庆之强攻广陵

虽然当上了皇帝，但是宋孝武帝刘骏的心里一直不踏实，总觉得自己杀死哥哥刘劭夺得皇位，将来自己也有可能被其他实力强大的亲王取而代之，便着手剪除刘氏宗室的势力。

最先被刘骏盯上的是他的亲叔叔刘义宣。刘义宣驻守荆州十年，本就兵强马壮，财力雄厚，在讨伐刘劭时又立下大功，因此更加骄横放纵。朝廷颁布的法令章程，刘义宣只要不高兴，就不执行。渐渐地，他连皇帝也不放在眼里了。

刘骏非常生气，就奸污了刘义宣留在建康的所有女儿。刘义宣大怒，在表兄臧质的鼓动下，联合荆州、江州、兖州、豫州的军事力量，起兵反叛。刘骏吓坏了，打算把皇位让给刘义宣，竟陵王刘诞坚决反对，他才没有坚持。

好在刘骏以前常年镇守地方，很有军事头脑，便派老将沈庆之、柳元景、王玄谟等人分兵抵御。最终，官军平定叛乱，诛杀了刘义宣以及他的十六个儿子，臧质也被杀。

灭了最难搞的叔叔后，其他人就容易对付了。刘骏先找了个理由，赐死了一向与自己不和的南平王刘铄。过了两年，他又将年仅十七岁的武昌王刘浑逼得自杀。如此一来，对皇位有威胁的只剩下竟陵王刘诞了。

刘骏虽然贵为皇帝，却荒淫无礼，只要他看上的女子，不论关系亲疏、地位尊卑，都要强行占有，丑闻尽人皆知。而刘诞生性仁厚，待人温和有礼，在诛杀刘劭和讨伐刘义宣的过程中都立下了大功，因此大臣们的心都暗暗向着他。刘骏非常忌惮，先是赶刘诞出京，到京口镇守，后来又嫌京口离建康太近，将他调到广陵。

对于刘骏的百般猜忌，刘诞心里跟明镜儿似的，他一方面不断向刘骏进献祥瑞表忠心，一方面在广陵招募了许多有才能的人，打造了精良的作战装备，又以抵御北魏为借口，组织民众修筑城墙，加强军备。

刘诞的记室参军江智渊①很害怕，就悄悄进京告发此事。刘骏很生气，又苦于没有正当理由讨伐刘诞，只好下诏降低他的爵位，让他回自己的封国。诏书还没有颁下，刘骏就让大将垣阆（làng）、戴明宝带着军队，假装前往驻地时路过广陵城，向刘诞发动突袭。

所谓来者不善，善者不来。刘诞早就察觉到异常，当即召集人马，出城迎战。一番激战后，垣阆被杀，他手下的将士四散逃窜，戴明宝吓得抄小路逃回建康。刘骏却不怒反喜："终于有理由公开讨伐刘诞了。"

大明三年（公元 459 年）夏天，孝武帝重新起用四年前退休回家的老将沈庆之，由他统兵攻打广陵。沈庆之原是刘诞的部属，刘诞得知他要来，非常高兴，亲笔写了一封信，还准备了一把玉环刀，派人带着前去劝降。谁知刘诞的如意算盘落了空，沈庆之不但不为所动，还列举了刘诞的种种罪状。

刘诞知道一场恶战在所难免，就下令烧了附近的村落，将老百姓全部赶入城中，然后闭门自守。此外，他还邀请远近人士起来响应。城里的将士都很担忧，刘诞就哄骗他们说："大家齐心守城，平西将军宗悫很快就会来援助我们。"

---

① 江智渊从小就很有操守，有人称赞他"人所应有尽有"，说人应该有的操守，他都有。这就是成语"应有尽有"的出处。

宗悫是南阳人，家中世世代代都是读书人，只有宗悫从小喜欢舞刀弄枪，他叔父问他的志向是什么。宗悫说："我愿乘长风破万里浪！"恰逢林邑^①国王范阳迈出兵骚扰边境，掳掠百姓，文帝就派交州刺史檀和之讨伐他。宗悫得知后，自告奋勇从军，被檀和之任命为前锋。

范阳迈害怕宋军，就假惺惺地说："我马上把宋国的百姓送回去，并献上一万斤黄金、十万斤白银，以弥补我的罪过。"刘宋的使者信以为真，兴冲冲来到林邑，却被范阳迈抓了起来。

檀和之大怒，率兵包围了区栗城^②。林邑将领范毗沙达率兵前来营救，却被宗悫打得抱头鼠窜。宗悫率军逼近林邑的国都。范阳迈慌了，调集全国兵力抵御，还驱赶身披铠甲的象群冲在前面。宋军将士抵挡不住，纷纷后退。

宗悫虽然吃了败仗，却并不气馁。当天晚上，他对左右说："狮子是丛林之王，能镇服百兽，敌人派象群来战，我们就用狮子对付他们。"

左右犯难了："话虽不错，可是我们到哪儿去找狮子呀？"

宗悫笑眯眯地说："大家放心！"他命人连夜制作了一大批狮子模型。第二天一早，宋军将士把模型推到阵前与象群对峙。那些模型栩栩如生，象群果然受惊崩溃。宋军大获全胜，宗悫一战成名。

所以，广陵城内的叛军将士听说宗悫要来，都十分振奋。

沈庆之的大军日夜行军，很快来到广陵城下。刘诞站在城墙上，把一封奏章射到沈庆之面前，并大声喊道："沈将军，麻烦您将这封信呈给皇上。"

刘诞在信上说："皇上听信奸人谗言，派无名小辈前来偷袭。我

---

① 又名临邑国。约在今越南南部。东晋末年屡屡侵扰中国，刘裕建立刘宋后，林邑王向刘宋称臣纳贡。
② 在今越南中部平治天省广治西北。

不能忍受这种冤屈，因此诛杀了他们。您与我一同生在帝王之家，请您扪心自问，当初我们兄弟友爱，现在为什么反目成仇？蝼蚁尚且贪生，既然您容不下我，我只好率领将士们拼死一搏了。此外，对陛下您干下的那些宫廷丑事，我又怎能缄口不语？"

刘诞公然对抗朝廷，已经让刘骏很生气，现在他又把自己的丑闻拿出来说事，刘骏更是气得七窍生烟，于是下令搜捕刘诞在建康城内的心腹、亲友，全部杀死。

这时，歇在家中的宗悫也请求参加平叛，他怕皇帝不同意，还亲自乘驿马入朝，在殿前纵身跳跃数十次，展示自己的勇猛。刘骏高兴地答应了。

宗悫抵达广陵后，特地骑着高头大马，缓缓绕城一周，向城内呼喊："我就是宗悫！我与你们这些叛军势不两立！"

刚结束与北魏战事的宋将垣护之、殷孝祖班师回朝，正好经过广陵，也加入了平叛的行列。

刘诞看着城外黑压压的各路大军，有点儿心虚，他亲自向沈庆之喊话："沈将军，您已经七十岁的高龄，头发胡子全白了，应该在家享清福，何苦到这里来呢？"

沈庆之捋了捋胡子，不客气地说："圣上认为你狂妄愚蠢，让我这个老头子来对付足够了，朝中那些青壮年有更重要的事情要做。"

广陵城的将士们见官军声势浩大，宗悫也不是来支援他们的，无不感到万分沮丧。刘诞为了鼓舞士气，亲自在城中筑起一座高台，杀鸡宰牛，与众将士歃血为盟，并给每名官员都升了职。

刘诞还给沈庆之准备了饭菜和美酒，让一百多人抬着送去，声称："我们王爷说大军远道而来，兵疲马乏，这些美酒佳肴是特意犒劳你们的。"

"少来这一套！"沈庆之连看都没看，就命人把那些东西扔进江中。

刘诞压下心中的怒火，又拿着一份奏章站上城楼，对沈庆之说："这是我的肺腑之言，请沈将军代我呈给皇上。"

沈庆之冷冷地说："我是来讨伐叛贼的，不是替你呈送奏章的。你如果打算回朝廷接受死罪，就应该打开城门投降，我可以护送你前往京城。"

话说到这份上，双方只能开打了。然而，就在沈庆之准备进攻时，天公不作美，下起了瓢泼大雨，一连下了几十天，将士们无法攻城。

这次出征前，刘骏让沈庆之在广陵附近建造三座烽火台，约定攻克广陵外城点燃一座，攻克内城点燃两座，如果活捉了刘诞，就三座全都点燃。

刘骏在建康等了很久，一堆烽火也没有等着，焦虑之余，便一封接一封地下达诏书，督促沈庆之进攻。沈庆之真是有苦难言，他派使者回京解释："江南正是梅雨季节，今年雨水又特别多，从四月一直下到七月，不具备攻城的条件。"

刘骏大怒，对使者说："再不攻城，我就亲自到广陵去讨伐刘诞。"

沈庆之只得豁出去了，冒着大雨，向广陵城发起猛攻。他虽然七十岁了，但是老当益壮，战斗时一直身先士卒，完全不顾迎面飞来的石头、箭矢。在沈庆之的带动下，朝廷将士争着冲在最前面，很快攻克了广陵外城。

恰在此时，天也渐渐放晴了，沈庆之就命人点燃一堆烽火向京城报信，然后继续投入战斗。不久，又攻克内城。叛军将士见内外城都被攻破，纷纷缴械投降，刘诞逃到后花园，被沈庆之的部将杀死。

广陵的三座烽火熊熊燃起，刘骏欣喜若狂，走出宣阳门，命令左右一起高呼万岁。

所有人都依言照做，只有侍中蔡兴宗不吭声。刘骏责问他："你为什么不喊？"

蔡兴宗严肃地说："陛下今天诛杀了这么多人，应当痛哭流涕，怎么能让大家都欢呼万岁呢？"

刘骏顾忌蔡兴宗的名望，不敢杀他，只能将气撒到广陵城的百姓身上，下令屠城，经沈庆之再三劝谏，才改为身高五尺以下都可以活命。最终三千多居民遭到屠杀，他们的头颅被送到石头城的南岸，堆成一座巨大的坟。

诛灭刘诞之后，刘骏进一步加强对皇族的控制，从而加剧了朝廷与宗室的矛盾，引发无休止的内讧，使得刘氏宗室的力量越发衰弱，最终为刘宋覆灭埋下深深的隐患。

成语学习 ①

乘 风 破 浪

船只乘着风势破浪前进。比喻排除困难，奋勇前进。

造　句：	我们的祖国就像一艘巨大的舰艇，乘风破浪，勇往直前。
近义词：	披荆斩棘、高歌猛进
反义词：	裹足不前、垂头丧气

---

① 这个故事的原文里还有成语"闭门自守"（闭门不出，洁身自保；也可指坚壁不出，严加防守）、"身先士卒"（作战时将领亲自带头，冲在士兵前面。现在也用来比喻领导带头，走在群众前面）。

【 朝不保夕 】

《资治通鉴·宋纪十二》

颎说兴宗曰:"朝廷形势,人所共见。在内大臣,朝不保夕,舅今出居陕西,为八州行事,颎在襄、沔,地胜兵强,去江陵咫尺,水陆流通。若朝廷有事,可以共立桓、文之功,岂比受制凶狂、临不测之祸乎!今得间不去,后复求出,岂可得邪!"

译 文

袁颎就劝蔡兴宗说:"朝廷目前的形势,人人都看得很清楚。留在这里的大臣,常常是早晨不能知道晚上会变成什么样子,舅父现在出居荆州,管八州军事,我在襄、沔一带,那里地势优越、兵力强大,离江陵也很近,水路和陆路交通便利。如果朝廷有变故,我们就可以一起建树齐桓公、晋文公的功业,这比起在朝廷受残暴之人压制、总是面对不测之祸不是更好吗?如今您有机会出去而不肯走,以后您再请求外出,怎么可能呢?"

"猪王"因祸得福

大明八年（公元464年），在打压皇族中耗尽心力的宋孝武帝刘骏病逝。临终前，他向刘义恭、柳元景、沈庆之、颜师伯等人托孤，要他们辅佐十六岁的太子刘子业即位。

刘子业小时候就以凶残粗暴闻名，刚当皇帝时，他顾忌着母亲王太后还有所收敛。没过多久，王太后害了重病，派侍女去请刘子业。刘子业却说："病人的屋子里鬼多，我可不去。"王太后大怒，对侍女说："拿把刀来，剖开我的肚子看看，我怎么会生出这个孽障。"几天后，她就死了。

王太后一死，刘子业就想亲政，可是每次都遭到刘骏生前的宠臣戴法兴等人的阻挠。刘义恭等人虽然接受了托孤大任，但他们畏惧戴法兴等人，遇事总是退缩，所以，朝权实际上被戴法兴等人掌控。戴法兴甚至还威胁刘子业："你这样胡来，难道想当营阳王^①吗？"

刘子业很不痛快，就派心腹太监华愿儿悄悄出宫，打听有没有不利于戴法兴的言论。

华愿儿曾经和戴法兴结过怨，想利用这个机会扳倒他，回宫后就对刘子业说："陛下，外面的人都说宫里有两个天子，戴法兴是真天子，您是假天子。"

---

① 指宋少帝刘义符。他先被徐羡之等权臣废为营阳王，后被诛杀。

见刘子业眉头紧锁，华愿儿又添油加醋地说："陛下您住在深宫，和大臣们接触少。其实，戴法兴和刘义恭、颜师伯、柳元景他们早就勾结在一起，我真担心这样下去您的皇位就不保了。"

刘子业一听，立即下诏罢免了戴法兴，赐他自杀。

少了戴法兴等人的管束，刘子业发现他这个皇帝当得更舒服了。这也提醒了他，要想彻底舒服，还得将刘义恭、颜师伯、柳元景除掉，这几个人声名显赫，权势滔天，实在是太碍事了。

颜师伯预感到不好，就和刘义恭、柳元景密谋，打算废黜刘子业，立刘义恭为皇帝。不料，刘子业动作更快，亲自带着羽林军前来讨伐。刘义恭最先被杀。随后，颜师伯、柳元景及他们的家人也被刘子业斩杀。

打那以后，朝中公卿以下官员就像奴隶一样，随时会被刘子业殴打、侮辱。很多人想方设法谋求出京任职的机会，来躲避灾祸。

吏部尚书袁颛也非常害怕，请求到雍州当刺史，他的舅舅蔡兴宗劝他不要去。袁颛说："刀都架在脖子上了，我只想赶紧逃离虎口。"

不久，蔡兴宗被朝廷派到荆州任职，但他推辞不去。袁颛就写信劝道："现在朝廷的形势，大家都看得很清楚。留下来的大臣，常常是朝不保夕，舅舅您出镇荆州，管八州军事，而我在襄、沔一带，那里地势优越、兵力强大，离江陵也近，交通很便利。一旦朝廷发生变故，我们就可以建立齐桓公、晋文公那样的功业，这比在朝廷受残暴之人压制、总担心祸事临头不是更好吗？这种机会，别人求都求不来，您为什么反而拒绝呢？"

蔡兴宗回信说："我和圣上的关系很疏远，不见得会有什么大灾祸。现在朝廷内外人心浮动，将来极有可能发生变故。如果朝廷内部的灾祸不能消除，那么地方上的祸患也无法预测。你在外地保全自己，我在京城谋求平安，大家各行其志，不也很好嘛！"

袁颛走后，蔡兴宗悄悄去见沈庆之，对他说："当今天子的所作所为，已经丧失天道人伦。指望他改是不可能的了，希望您凭着自己的威望，站出来废黜皇帝，挽救社稷。都这个时候了，千万不能犹犹豫豫，在家中坐观成败了。"

沈庆之手一摊，无奈地说："我手中没有半点儿兵权，即使有这个心，也没这个力。事到如今，我只能怀抱忠心，一死而已。"从那以后，沈庆之经常劝谏刘子业。刘子业不胜其烦，干脆赐死了他。

顾命大臣全死了，接下来就轮到皇室宗亲遭殃。义阳王刘昶是刘义隆的第九子，担任徐州刺史，民间经常讹传他要造反。刘子业亲政后，这种谣言更频繁了，刘子业就出兵讨伐他。刘昶很害怕，逃到了北魏。

当时，刘子业的叔父湘东王刘彧、建安王刘休仁、山阳王刘休祐都年富力强，实力雄厚，又各自镇守一方，因此被刘子业视为心腹大患。刘子业把他们召到建康软禁了起来，经常戏耍、侮辱他们，他走到哪儿，就让人用链子拴着三人跟到哪儿。他还命人给三人分别称重，逐一起外号：刘彧最胖，被称为"猪王"，刘休仁是"杀王"，刘休祐叫作"贼王"。

刘子业经常扬言："什么叔父不叔父的？我早晚要杀了你们！"幸亏刘休仁很会讲笑话，经常把刘子业逗得开怀大笑，刘彧也以装疯卖傻自保，三人才得以暂时保住性命。

这天，刘子业突发奇想，命人做了三个猪笼，将三位叔父都关了进去。过了一会儿，他让人取来一条长鞭，开始噼里啪啦地抽打刘彧的背，打累了，就对旁边的侍卫说："宗越，给'猪王'准备猪食！"

宗越麻利地掀开猪笼前面一块挖了圆孔的木板，板下是一人高的土坑，里面灌满了污水。宗越剥光刘彧的衣服，然后将他推进土坑，等到他的肩与地面齐平时，又将木板套在他的脖子上。这时，有人抬上来一个长长的木槽，放在刘彧面前。木槽里倒了些米饭、青菜叶子，还有糠。

宗越大喝一声："想活命就赶紧吃！"刘彧立马用嘴去够木槽里

的食物。吃了两口，他抬起头来，凌乱的头发遮住了半张脸，上面还沾了不少饭粒和菜叶子。接着，他低下头去继续吃，还故意发出很大的咀嚼声，似乎吃得津津有味。汤汁顺着他的嘴角往下淌，他又呵呵地笑起来，看上去痴痴傻傻的。

刘子业觉得很滑稽，哈哈大笑："这只肥猪太好玩了！"旁边的

侍卫也肆无忌惮地笑起来。直到玩尽兴了，刘子业才带着侍卫们扬长而去。

过了几天，刘子业听说有个大臣的小妾要生孩子，想到自己一直没儿子，他就把那名小妾接到了后宫，打算等她生下男孩，就立为太子。正当他想得美滋滋的时候，一名亲信跑来报告说："现在民间都在流传：湘中出天子！"

刘彧是湘东王，湘州是他的封地，这不是说刘彧要做天子嘛。平白无故的，怎么出了这种谣言？刘子业很不高兴，打算杀了刘彧，再到湘州巡视一圈，平息流言。于是，他手一挥，说："走，我们杀猪去。"

一群人来到关押三位亲王的"猪圈"前，两名侍卫剥光刘彧的衣服，把他捆得跟粽子一样，只待刘子业一声令下，就要将他处死。

突然，笼子里的刘休仁笑着说："陛下，今天不该杀猪。"

刘子业眼睛一瞪，喝道："为什么？"

刘休仁一脸讨好地说："等到您的皇子生下来再杀，到时候呀，掏出猪的肝啊，肺啊，炒了下酒庆贺，岂不更好！"

刘子业欣然采纳，转身带着众人出了殿。

刘彧惊魂未定，对刘休仁说："如果再不采取措施，我们迟早会死在这个魔王的手中！"

过了两天，刘彧的心腹阮佃夫、李道儿等人买通宫中侍卫，前来探望刘彧。经过商议，他们决定花重金收买对刘子业不满的卫兵寿寂之、姜产之等十一人，让他们密切关注刘子业的一举一动。

一天，刘子业到华林园的竹林堂游玩。他让宫女们脱了衣服在林中追逐打闹。正玩得开心，几名宫女惊慌失措地从林子里跑了出来，连声说："竹林里有女鬼！竹林里有女鬼！"

一个月前，刘子业曾经在竹林里杀了一名不听话的宫女。那天晚上，他就梦见这名宫女痛骂自己："你大逆不道，滥杀无辜，活不过今年！"

莫非林中女鬼就是这名宫女？想到这里，刘子业心里咯噔了一下，却强作镇定地对众人说："现在先回去，晚上大家到竹林中射鬼！"

当晚，刘子业将所有的侍从、卫兵都赶走，和一群女巫、宫女，大概几百人，来到竹林堂射鬼。在林中狂射了一阵后，刘子业有点儿累了，便让宫女们跳舞奏乐，打算放松一下绷紧的神经。

这时，事先埋伏在林中的寿寂之、姜产之等人见机会来了，便果断持刀冲向刘子业。

刘子业听到异响，忙睁开眼睛，朦胧中看见有人举刀向自己杀来，以为是梦里那个女鬼，拉弓就射，结果没射中。刘子业正准备射出第二箭，那人已经扑了上来，他这才看清那不是女鬼，而是贴身卫兵寿寂之。宫女们吓得撒腿就跑，刘子业也丢下弓箭，跟着跑，边跑边喊："寂寂！寂……"还没喊完，人头已经落地。

此时，被解救出来的刘彧和刘休仁、刘休祐也赶来了。刘休仁见刘子业已死，不由分说就向刘彧叩头，高喊："微臣拜见皇上！"接着，他拉着刘彧往西堂奔去，请他坐上皇帝的御座，下令召见文武百官。

铲除刘子业虽然在计划中，当皇帝却太突然了，刘彧毫无准备，仓促之间，连鞋都跑丢了，只好光着脚坐在御座上。过了好一会儿，大臣们匆匆赶来，刘休仁便向他们宣称："奉太皇太后诏令，废黜刘子业，命湘东王刘彧继承皇位。"

"猪王"刘彧就这样因祸得福，成为刘宋王朝的第七位皇帝，即宋明帝。

成语学习①

朝不保夕

　　早晨不知道晚上会变成什么样子或发生什么情况。形容形势危急，难以预料。

造　句：	上世纪初，军阀混战，内乱不断，老百姓过着朝不保夕的生活。
近义词：	危在旦夕、岌岌可危
反义词：	安然无恙、高枕无忧

---

① 这个故事的原文里还有成语"不测之祸"（测，揣度，预测。无法揣测的祸患。多指牢狱或杀身之祸）、"各行其志"（各人执照各人的意志行事。同"各从其志"）。

〖 赏罚严明 〗

《资治通鉴·宋纪十四》

戊申，魏主李夫人生子宏。夫人，惠之女也。冯太后自抚养宏；顷之，还政于魏主。魏主始亲国事，勤于为治，赏罚严明，拔清节，黜贪污，于是魏之牧守始有以廉洁著闻者。

译 文

戊申（二十九日），北魏国主拓跋弘的夫人李氏生下皇子拓跋宏。李夫人是大臣李惠的女儿。冯太后亲自抚养拓跋宏；不久，就还政给拓跋弘。拓跋弘亲政后，辛勤治理国家，奖赏与处罚公正严明，提拔清廉有操守的人，罢黜贪官污吏。于是，北魏的州、郡地方官中开始出现由于为政廉洁而闻名的人了。

十八岁做太上皇

南朝的刘宋陷于无休无止的内乱之时，北魏的国力却日渐强大，这与北魏明君较多有关，比如拓跋珪、拓跋嗣、拓跋焘。他们在位期间都开疆拓土，大有作为。然而，北魏国主却有一个共同的弱点：寿命太短。拓跋珪活了三十九岁，拓跋嗣死于三十二岁，拓跋焘稍多一点儿，也只有四十五岁。因此，北魏和平六年（公元 465 年），当一向勤于国事的文成帝拓跋濬很久没有处理朝政时，国内一片担忧，都在猜测他是不是病了。

很快，众人的担忧成了事实，拓跋濬因病去世，年仅二十六岁，没能打破北魏皇帝短命的魔咒。太子拓跋弘即位，这就是北魏第六位皇帝——献文帝。

拓跋弘当时才十二岁，尊养母冯皇后为皇太后。冯皇后出身于北燕皇族，饱读汉家诗书，聪明大度，很受拓跋濬的宠爱。可惜她一直没有生育，拓跋濬就立李妃的儿子拓跋弘为太子。

当年，道武帝拓跋珪为防母以子贵，专擅朝政，就学习汉武帝赐死钩弋夫人的做法，下令后妃所生的儿子一旦立为储君，这名妃子就要被赐死。李妃被赐死之后，太子就由冯皇后抚养。冯皇后把拓跋弘当成亲生儿子，精心培养，令拓跋濬十分欣慰。谁知拓跋濬英年早逝，冯皇后痛不欲生，一时无心管事。

车骑大将军乙浑欺负他们孤儿寡母，就专擅朝政，大肆排除异己。他先是假传圣旨，杀害了杨保年、贾爱仁等重臣，接着打算对德高望重的平原王陆丽下毒手。

这天，乙浑派大臣穆多侯前往代郡，召回在那里治病的陆丽。穆多侯看出乙浑没安好心，就善意地提醒陆丽："乙浑早有反叛之心，只是忌惮王爷您。先帝刚刚驾崩，我劝您暂时不要接受征召，留在这里静观其变。"

陆丽早就想回京奔丧，便说："君王死了，做臣子的却只考虑自己的安危而不去料理丧事，这种事我做不出来。"陆丽回京不久，乙浑就找了个借口，将他和穆多侯一起诛杀了。

此时，乙浑的野心进一步膨胀，便找到负责选举、祭祀等工作的大臣贾秀，想把自己出身庶姓①的妻子封为公主，却被贾秀一口回绝。

没过多久，贾秀因为公事来到乙浑府中，乙浑夫妇再次向他提出公主封号一事。贾秀斩钉截铁地说："公主的称号尊崇无比，怎么可以随随便便封给异姓人的女儿呢？我宁可去死，也不能干这种让后人耻笑的蠢事！"乙浑夫妇恨得咬牙切齿。等贾秀走后，乙浑破口大骂："混账东西，走着瞧！"

东阳公拓跋丕知道了这事，非常钦佩贾秀，悄悄和他见面，说："乙浑图谋不轨，应当及早诛除。"

贾秀叹了口气："乙浑权势滔天，光凭我们几个人的力量，不容易除掉，最好以太后的名义，联合皇室宗亲一起行动，才有可能成功。"

拓跋丕就将计划告诉了拓跋弘。拓跋弘势单力薄，无法与乙浑抗衡，便向冯太后求助。一进殿，他就长跪在地上，哭着说："乙浑欺负我年纪小，杀死了朝中这么多老臣，企图篡夺皇位。请您出来

---

① 古代指与天子或诸侯国君不同姓并且没有亲属关系的人。

主持大局。"

此时，已经从丧夫的悲痛中走出来冯太后亲切地对拓跋弘说："我早就在考虑怎么对付他了。你不用太担心，事情很快就会有结果！"

几天后，拓跋丕率领一支军队突袭乙浑府，以谋反的罪名逮捕了乙浑，随后杀死了他。这件事情大快人心，冯太后也因此在朝中树立起威望，并逐渐掌控了朝政，代拓跋弘行使国家职权。

冯太后十几岁就入宫，在拓跋濬的影响下，对政事有不同于常人的见解。她在执政期间，重用高允、高闾、贾秀等有才有德的大臣，使北魏朝政日趋稳定。

过了一年多，拓跋弘的长子拓跋宏出生，被立为皇太子。由于拓跋宏的生母李夫人依例被赐死，冯太后便亲自抚养这个孩子，并还政给拓跋弘。

拓跋弘从小就聪明睿智，希望能够像先祖那样干一番大事。亲政以后，他赏罚严明，提拔清廉有操守的人，罢黜贪官污吏，还贬斥了不少冯太后任用但是自己不喜欢的大臣。冯太后虽然不舒服，却也没有计较，母子俩也算和平相处。

可是，冯太后年纪轻轻就守了寡，生活备感冷清，便将一些年轻俊美的男子召入宫中做伴。其中，有个叫李弈的男子，很受冯太后宠爱，被召进宫的次数最多。朝廷内外对此议论纷纷，拓跋弘更是引以为耻，对这些男子深恶痛绝，经常斥责他们。冯太后却丝毫不受影响，依然与李弈等人来往密切。拓跋弘一怒之下，杀死了李弈。

冯太后极度怨恨，便再次插手政事，无论大事小事，她都要过问。母子关系因此变得十分紧张。拓跋弘渐渐心灰意冷，萌生出退一步海阔天空的想法。

当初，拓跋濬即位后，为了缓和国内矛盾，就下令恢复佛教，允许老百姓自由出家，拓跋焘时代摧毁的寺庙、佛像都得到修复。拓跋弘原本就喜欢佛学，经常和大臣、僧侣一起谈玄论理，对世俗的荣华富贵表现得很淡漠。自从与冯太后关系闹僵，他更是沉迷其中，和大臣们交谈的时候，常有禅让皇位、离家修行的想法。

对于任何一个国家而言，皇位的禅让都是一件极其敏感的大事，往往不是某一个人能决定的。拓跋弘深知此事关乎国运，就召集公卿，开门见山地说："我想将皇位禅让给我的叔父、京兆王拓跋子推，他为人沉稳、文雅仁厚，在朝野都有美好的声誉。我认为他是最合适的人选。事关重大，因此希望你们都能够说出自己的想法。"

拓跋弘当时才十八岁，刚亲政还没几年，正是大展宏图之际，这个时候突然提出禅位，着实让人诧异，众人先是面面相觑，继而纷纷反对。

任城王拓跋云激动地说："现在我们魏国正逢太平盛世，君临四海，您怎么忍心做出违背祖宗、抛弃百姓的事情呢？再说，皇位自古以来就是父子相传，如果您一定要放弃尘世俗务，那最合适的继承人也应该是太子啊！这样的大事一旦处理不当，容易被奸人利用，危害社稷江山，请皇上三思而行啊！"

拓跋弘坚定地说："我已经决心禅让，今天让你们来，主要是讨论继承人的问题。"

大臣源贺一边摇头，一边叹息道："皇上，任城王说得对，将帝位禅让给皇叔，恐怕扰乱皇家祖庙祭祀的顺序。万万不可啊！"

尚书陆馛（bó）态度更是激烈，他大声道："如果皇上执意舍弃太子、传位给亲王，我宁可在大殿上自尽，也不敢遵旨。"

拓跋弘只好看着拓跋丕，希望他支持自己。

拓跋丕却诚恳地说："皇太子今年才五岁，而皇上正当壮年，亲政不过几年，为何只顾自己淡泊修行，将天下苍生放在一边？"

拓跋弘低头不语，过了一会儿，他抬起头，抱着最后一丝希望，看向他信任的大臣赵黑。

赵黑却一字一顿地说："老百姓都希望皇上能千秋万代。若如此，我当然愿意一生一世效忠于您；若皇上您一定要去修行，老臣愿以死效忠皇太子。"

拓跋弘思量再三，只好接受众人的意见，将皇位禅让给太子拓跋宏，同时任命陆馛为太保，与源贺共同辅佐小皇帝。

公元471年，五岁的拓跋宏接受父亲的禅让，正式登基。他就是北魏第七位皇帝孝文帝。孝文帝尊拓跋弘为太上皇。

孝文帝从小就聪明孝顺，感情丰富。两年前，拓跋弘身上长疮，孝文帝亲自用嘴为他吮吸脓液，左右的人都感叹他小小年纪，竟然有如此孝心。举行禅位仪式那天，孝文帝悲伤极了，不住地哭泣。

拓跋弘轻声问他："孩子，你要当皇帝了，这是多让人高兴的事情呀，为什么你反而哭得这么伤心呢？"

孝文帝抽泣着说："今天接替父亲的位置，我心里像刀割一样难受。"拓跋弘听了，既欣慰又伤感。

因为孝文帝年纪太小，拓跋弘仍然掌管朝政，对内他继续重用廉洁贤明的官员，严惩贪官污吏，对外则开疆拓土，南征北战。禅位的第二年，他还亲自带兵出征柔然，将其逼退几千里，保障了北魏边境的安全。

拓跋弘勤勉治国，个人威望不断提升，引起了冯太后的警觉，她怕拓跋弘东山再起，便让人秘密毒死了这位年仅二十三岁的太上皇。随后，冯太后第二次临朝摄政，大刀阔斧地进行了一系列的改革。

成语学习

赏 罚 严 明

指该奖赏的就奖赏，该处罚的就处罚，处理得清楚明白。

造　句：	王将军出身于军人世家，从小
	在军营中耳濡目染，深知治军
	之道，必须赏罚严明。
近义词：	赏罚分明
反义词：	赏罚不明

〖 折节下士 〗

《资治通鉴·宋纪十五》

休范自谓尊亲莫二，应入为宰辅；既不如志，怨愤颇甚。典签新蔡许公舆为之谋主，令休范折节下士，厚相资给，于是远近赴之，岁中万计；收养勇士，缮治器械。

译 文

刘休范自认为无论是地位尊贵还是皇家血统，都没有人能超过他，他应该到朝廷当宰相。后来这个愿望没有实现，他就非常怨恨。典签、新蔡人许公舆是刘休范的主要谋士，教他降低身份，尊重贤士，给他们优厚的待遇。于是，远近有许多人前来投奔，短短一年竟网罗了上万人。刘休范又豢养勇士，制造武器。

萧道成入朝辅政

宋明帝刘彧是宋文帝刘义隆的第十一子，从小就文采出众，且性情宽厚，后来当了亲王也有良好的声誉。即位初期，他以仁爱宽厚的作风，友善对待宗亲、大臣，朝廷内外都欢欣鼓舞，觉得国家将要有一位明君。

可是，宋孝武帝刘骏的第三子、晋安王刘子勋不买账，他认为刘彧靠不正当手段才获得皇位，便在谋臣邓琬、袁顗的拥戴下，在寻阳称帝，年号为义嘉。武帝刘骏派系的亲王、各地镇将纷纷支持义嘉政权，出兵攻打建康。刘氏宗亲由此展开了明帝派系与武帝派系的内斗，史称义嘉之难。

当时刘彧的支持者主要集中在建康，因此，他的号令范围不出建康城外百里。好在刘彧头脑冷静，他采纳蔡兴宗的意见，重用吴喜、沈攸之、刘勔（miǎn）、萧道成等武将，并放权给建安王刘休仁，让他们积极应战。不到一年时间，刘彧就消灭了义嘉政权。

内战结束后，刘彧杀死了孝武帝刘骏的所有儿子，却也赦免了大批支持刘子勋的叛将，唯独对徐州刺史薛安都百般猜忌。薛安都为了自保，只得向北魏求援，北魏就借机大举南侵。此后几年，两国战事不断，刘宋败多胜少，青州、冀州等地相继被北魏夺走，刘宋的国力大大衰减。无奈之下，刘彧只好与北魏议和，双方这才恢复了邦交。

由于战事频繁，刘宋的国库几乎枯竭，百官的俸禄都发不下去，刘彧却过着奢靡的生活。每次制造器物用具，都要分为正用、备用、次备用，各制三十件。他喜欢吃用蜂蜜浸泡的鱼肉，一次能吃好几升，还爱吃腊肉，常常吃到两百片才停。

长期无节制的生活使刘彧的身体每况愈下，他担心自己死后，年仅十岁的太子刘昱控制不了局面，就对刘休祐、刘休若等有实力的兄弟大开杀戒。到他病重时，连当年在"杀猪"的危急关头救过他一命的刘休仁也没有放过，命人送去一杯毒酒。刘休仁临死前大骂刘彧："你能得到天下，靠的是谁！孝武帝因为诛杀兄弟，现在已经断子绝孙。今天你又要诛杀兄弟，我看宋国要灭亡了！"

在刘彧所有的兄弟中，只有桂阳王刘休范因为人品低劣，才能平庸，刘彧觉得不值得担心，对他网开一面，没想到此举为刘宋朝廷埋下了祸根。

公元 472 年，刘彧去世，太子刘昱即位，朝政由袁粲、褚渊、蔡兴宗等人主持。袁粲是名门之后，不过到他这一代已经家道中落，饱受饥寒贫困之苦，因此他主政后，重用了不少与自己一样出身寒门的官员。

刘休范因此愤愤不平，说："现在朝廷主政的大臣，喜欢任用一些出身低贱的人，真是没眼界。像我这样拥有高贵血统的皇族成员，才应该到朝廷担任宰相。"可是他一向平庸愚昧，当时主政的大臣打心眼里瞧不起他，更不要说让他入朝为相了。心怀怨恨的刘休范便打算谋反，他采纳谋士许公舆的建议，经常折节下士，收买人心。远近的人纷纷前去投奔，短短一年就网罗了上万部众。

元徽二年（公元 474 年），刘休范宣布起兵，他带领军队轻装出发，日夜兼程，进逼建康。

朝廷紧急征召褚渊、右军将军王道隆、中领军刘勔、右卫将军萧道成、征北将军张永等人入宫，共同商讨对策。面对突如其来的叛乱，谁也不愿意先发表意见。褚渊急了，示意和自己关系密切的萧道成先说话。

萧道成是西汉丞相萧何的后裔，年轻时熟读经书，后来才投笔从戎，在平定义嘉政权时立了大功，被褚渊推荐给刘彧。刘彧临终前任命萧道成为右卫将军，和袁粲等人共同管理朝政大事。

这时，见褚渊看向自己，萧道成便开口说道："刘休范的叛军轻装出发，沿水路东下，肯定想打我们一个措手不及。"

褚渊点了点头，问他："那我们应当怎样应对呢？"

中书舍人孙千龄私下与刘休范勾结，便别有用心地说："应当派远征军据守在梁山一带，以拦截叛军。"

萧道成直摇头："这不是好办法。一旦派出远征军，我们只要有一支军队被击败，全军将士就会人心涣散，失败是必然的。"

孙千龄不服气地问："那你倒是说说看，应当怎么办？"

萧道成不慌不忙地说："派军队防守各处军事堡垒，等待叛军攻击。他们这次孤军奔袭，粮草肯定供应不上。到时候只要我们坚守不战，他们支撑不了多久就会土崩瓦解。"

还没等大家表态，萧道成就主动请缨："新亭历来是兵家必争之地，我请求驻防在那里，抵挡叛军的前锋，再由张永、刘勔各率一支军队驻守白下①、宣阳门。其他人就安坐殿中，等待我们的好消息！"说完，他向左右索取笔墨，写下会议记录，递给大家签字。到会的官员全都签了字，只有孙千龄不肯签，坚持要派出远征军。

萧道成拉下脸来，严肃地说："叛军已经逼近梁山，朝廷大军就是飞也来不及了！平时我可以委曲求全听从你的意见，今天不行！"说到这里，他回头看了一眼刘勔，又说："刘领军已经完全同意我的

---

① 在今江苏南京市北金川门外，是建康西北滨江要地。

方案，不可更改。"很快，他率军抵达新亭，开始修筑工事。

新亭的工事还没修完，叛军的前锋就到达了新林^①。为了安定军心，萧道成故意表现得毫不在乎，晚上跟往常一样脱衣大睡，白天则从容不迫地拿出白虎幡，登高观察形势，然后派部将高道庆、王敬则等人率舰队迎战。结果初战告捷，士气大振。

几天后，刘休范从新林登陆，他让一部分人马进攻台城^②，自己则集中兵力攻打新亭。萧道成率军全力抵抗，双方苦战了几个时辰才各自退兵。然而，叛军的势头越来越猛，官军则渐渐显出颓势，将士们都有点儿惧怕，萧道成笑着安抚他们说："贼寇人数虽多，可是他们的进攻杂乱无章呀，只要我们齐心协力，一定能快速击溃他们。"将士们见萧道成如此气定神闲，心才稍稍安定一些。

刘休范觉得形势一片大好，心情非常愉快，打算上山瞭望敌情。这天，他穿着一身白色便服，坐在轿子上，由四名士兵抬着登上新亭南面的临沧观，身边仅有几十名卫兵。

萧道成得到情报，召集将领们商量："刘休范以为要打胜仗了，非常松懈，你们可有什么对策？"

部将张敬儿与黄回主张前去诈降，再找机会偷袭。萧道成想了想，说："光你们俩投降，分量不够。这样，你们带着我的密信前去，就说我打算率部投降。张敬儿呀，如果你能诛杀刘休范，我就把本州赏赐给你。"

张敬儿大受鼓舞，和黄回一起跑到刘休范那儿，大喊道："我们是来投降的！"

刘休范读了萧道成的密信，欣喜若狂，他的亲信都觉得有诈，但他完全听不进，还把黄、张二人留在身边。为了表示诚意，刘休

---

① 在今江苏南京市西南。
② 在今江苏南京市鸡鸣山南。为东晋、南朝中枢官署和皇宫所在地。

范又将两个儿子送到萧道成那里当人质。可他万万没想到，两个儿子一到那儿，就被萧道成斩了。

刘休范平时就喜欢喝酒，行军打仗也不忘饮酒作乐。这天，他又喝得醉醺醺的，嘴里嘟囔着："大家跟着我好好干！等攻进皇宫，那里的珍宝美女都赏赐给你们。"几名部将听了，喜不自禁，也不断往嘴里灌酒，个个喝得东倒西歪。

一直留心观察的黄回向张敬儿使了一个眼色。张敬儿心领神会，快步上前，抽出刘休范防身的佩刀，"咔嚓"一声，砍下了他的人头。

"不好啦，王爷被杀啦！"一旁侍候的仆人吓得惊慌逃窜。张敬儿拎着刘休范的人头，和黄回趁乱杀了出去，然后骑马跑回新亭。

萧道成大喜，派部将陈灵宝带着刘休范的人头回宫报信。不料，陈灵宝在半路遇到叛军的巡逻队，惊慌失措之下，他把人头扔到路边的水沟里，拍马就往宫里冲，还一边高喊："刘休范死了！叛乱平定了！"由于没有人头作证，大家都不相信他。

叛军也不知道刘休范死了，将领杜黑骡仍然对新亭发动猛攻。萧道成亲自上马迎战，双方杀得难解难分。杜黑骡见一时无法取胜，就舍弃新亭，带兵到朱雀门外的浮桥上，与叛军的另一名部将丁文豪会师。两路人马顺利渡过秦淮河，与官军展开厮杀。激战中，主帅刘勔、王道隆先后被杀，官军迅速溃败。

台城大乱，百姓惊恐万分，到处疯传"新亭失守了""宫城陷落了"。消息传到皇宫里，宫人们也乱成一团，皇太后紧紧握着小皇帝的手，失声痛哭，说："我们的天下丢了！"慌乱中，她拿出宫中的财物赏赐将士，激励他们继续战斗，可是士气仍然低迷。

没多久，刘休范死了的消息传来，丁文豪的士兵顿时没了斗志，打算解散。谋士许公舆为了稳住军心，就骗大家说刘休范没有死，此刻正在新亭。台城的士人百姓都很困惑，纷纷跑到新亭，把驻扎在那里的萧道成当成了刘休范，不少人还呈递名帖，请求接见。

萧道成将上千张名帖都投入火中烧掉，又亲自登上北城门，对着众人高声喊道："各位看仔细了，我是萧道成。刘休范昨天就被斩杀了，你们放心，刚才递来的名帖都烧了，此事不再追究。"说完，派张敬儿、陈显达等部将率军回援台城，最终大破叛军，杀了杜黑骡与丁文豪。

战斗结束后，萧道成整顿大军，返回城内，百姓都夹道观看，说："就是这位萧将军保全了国家啊！"

这次平叛，由于双方主将都阵亡，萧道成成了唯一的大赢家，升为中领军，奉命留守京城，与袁粲、褚渊、刘秉等人轮流进宫值班，裁决政务，当时的人称他们为"四贵"。

成语学习

折节下士

折节，降低身份。屈己待人，尊重有见识有能力的人。也作"折节待士""折节礼士"。

造　句：三国时期，出身高贵、实力强
盛的袁绍经常折节下士，其目
的就是笼络人心。

〖 目光如电 〗

《资治通鉴·宋纪十六》

己丑旦，道成戎服出殿庭槐树下，以太后令召袁粲、褚渊、刘秉入会议。道成谓秉曰："此使君家事，何以断之？"秉未答。道成须髯尽张，目光如电。

译文

己丑（初八），早晨，萧道成全副武装，站在殿前庭院中的槐树下，以皇太后的命令召集尚书令袁粲、中书监褚渊、中书令刘秉入殿举行会议。萧道成对刘秉说："这是你们刘家的事，你说应该怎么办？"刘秉没有回答。萧道成胡须炸开，双目发出凶光，如同两道闪电射向他。

肚皮当箭靶

元徽五年（公元 477 年）夏天，烈日炎炎，建康城像一只巨大的火炉，热得人喘不过气来。萧道成坐在领军府中，不停地摇着扇子，仍然汗流浃背，他干脆脱掉上衣，袒露着大肚子，四仰八叉地躺在凉席上，只一会儿工夫，就鼾声如雷。

"萧道成，给我站起来！"正当萧道成沉浸在香甜的梦中时，一个刺耳的声音如同响雷在他耳边炸裂。

"难道是那个小魔王来了？"萧道成惊得立马跳了起来，揉了揉眼睛，果然是当今皇帝刘昱，他身后还站着一队全副武装的侍卫。

刘昱走到萧道成面前，拍了拍他的肚皮，不由分说就提起毛笔在上面画了一个圆形的箭靶，接着又后退几步，拉开弓弦，瞄准箭靶就要射。

萧道成大惊失色，抄起几案上的笏板护住肚皮，说："皇上饶命，老臣无罪。"

侍卫王天恩一向与萧道成交好，他急中生智，跪在刘昱面前说："皇上，萧道成的肚子这么大，真是一个绝佳的箭靶。如果您今天一箭射死萧道成，以后就不容易找到这样奇妙的箭靶了，不如这次改用圆骨箭头射，这样您还可以多玩几次呢。"

刘昱想想也对，笑道："你这个主意好！"便让人取来圆骨箭头，只听"嗖"的一声，正中萧道成的肚脐。刘昱把弓扔到地上，得意扬扬地问左右："我的箭法怎么样啊？"

王天恩赶紧竖起大拇指，夸赞道："皇上真是神射手！"刘昱狂笑数声，带着众人扬长而去。

萧道成揉了揉肚子上的靶心位置，暗道："好险！"

刘昱胡作非为不是一天两天了，说起来，不仅是萧道成，宋国上至朝廷大臣，下到平民百姓，哪一个不是提心吊胆地过日子呢？

早在当太子时，刘昱就不爱读书，一心只想玩乐，老师根本管不了他，宋明帝刘彧只好让他的母亲陈太妃严加管教，却同样没有效果。刘昱即位后，起初还害怕皇太后、陈太妃与几位顾命大臣，不敢太放纵。自从行过加冠礼，他就像一匹脱缰的野马，再也不受控制。他不断出宫游逛，最初，后面还跟着整齐的仪仗队伍，后来索性丢下随从，只带着几名亲信到处乱跑。陈太妃开始还乘坐轿子跟着，刘昱发现后，就换了轻装快马，一溜烟跑得无影无踪，陈太妃只得由他去。

刘昱的所作所为根本不像一个皇帝，倒像无恶不作的小混混。他经常一身短打装扮，到处流窜，大白天跟街市里的下等人厮混，有人不知道他是皇帝，怠慢或侮辱他，他也不计较。到了晚上，他就投宿在附近的旅店，常常呼呼大睡到第二天中午。

发展到后来，刘昱竟然喜欢上了杀人取乐。他命亲信手持短刀长矛，路上的行人，不管男女老少，只要被他盯上，立即下令诛杀。老百姓都非常恐惧，家家户户门窗紧闭，商家也不敢营业，路上行人几乎绝迹。

百姓躲起来了，刘昱就对侍从、官员下手。他随身携带着各种凶器，看谁不顺眼，就抓起钳啊，锥啊，锯啊，当场结果其性命。文武百官和宫廷侍从每天都度日如年。

阮佃夫等大臣实在不想侍奉这个小魔王，就密谋废黜他，另立皇帝。不料消息泄漏，刘昱亲自带人发动突袭，将阮佃夫等人及其家属全部诛杀，连婴儿也没放过，行刑的手段十分残忍。

萧道成平定刘休范叛乱之后，在朝中的威望越来越高，这让日渐长大的刘昱既畏惧又忌恨。有一次，他一边磨着短矛，一边嚷嚷："明天就要杀了萧道成。"陈太妃斥责道："萧道成对国家有大功，如果杀了他，谁还为你尽力？"刘昱这才罢手。但是他时不时地吓唬萧道成，这天突然闯入领军府射他的肚皮箭靶，看似胡乱戏闹，其实是他对萧道成动了杀心。

自古功高震主者身危，萧道成非常担忧，便找到辅政大臣袁粲和褚渊，对他们说："皇上疯狂放纵，残杀无度，再这样下去，国家就危险了！我认为应当废了他，另立新君。"

袁粲最先反对："主上年纪还小，不懂事，长大后会改正的嘛。何况现在这个世道，已经很难行废立之事了。即使成功，我们自己的下场恐怕也不会好。"

萧道成看了看褚渊，希望他支持自己。褚渊却沉默不语。萧道成只好勉强说道："这事我们以后再商量吧。"

既然袁粲、褚渊不支持，萧道成就想依赖自己家族的力量来做这件事。他与族弟萧顺之、次子萧嶷商量，打算趁刘昱出宫乱窜时下手。萧道成还花重金收买了刘昱的侍卫王敬则，让他与刘昱的亲信杨玉夫、杨万年、陈奉伯等人搞好关系，利用在皇宫值守的便利，窥探动手的机会。

炎夏转瞬即逝，很快秋凉如水。七月七日这天，刘昱坐着无篷车前往郊外玩乐。出门前，刘昱突然盯着守殿的杨玉夫，咬牙切齿地说："明天就宰了你这小子，挖出肝、肺炒着吃！"杨玉夫吓得七魂丢了六魄。

到了半夜，胡闹了一天的刘昱醉醺醺地回到宫中。睡觉前，他又恶狠狠地对杨玉夫说："今天七夕，是牛郎织女相会的日子，你给我守在这里盯着天空，看到织女渡河时，马上叫醒我；看不见，就杀了你!"

杨玉夫知道这个小魔王说到做到，便趁他睡着，拔腿去找王敬则，商定当夜展开行动。

平时，刘昱进出皇宫没有固定时间，所以宫中各处的阁门夜间从不关闭。负责保卫皇宫安全的官员害怕与刘昱碰面，都不敢出门，禁军将士更是躲得远远的，皇宫守卫工作没人管理，到处乱糟糟的，杨玉夫便与杨万年、陈奉伯等人悄悄潜入皇帝的寝殿。

杨玉夫偷偷往殿内探头，听到刘昱发出均匀的鼾声，便与杨万年、陈奉伯走上前，取下刘昱的防身佩刀，只见寒光一闪，刘昱就这样人头落地。杨玉夫不慌不忙走到殿外，假传圣旨："皇上想听音乐了，让外庭马上演奏。"刘昱一向行事荒唐，半夜奏乐也不是什么稀奇事，所以宫中没有人怀疑。

在一阵阵乐声中，陈奉伯用布包裹着刘昱的人头，藏在自己的袖袍里，跟往常一样来到承明门，对守卫说："奉旨出宫办事。"卫兵没有阻拦。陈奉伯出了宫，把人头交给在那里等候的王敬则。

王敬则飞马奔到领军府，狂拍大门，喊道："事成了! 事成了!"

萧道成开始还担心是刘昱的诡计，不敢开门。王敬则急了，把人头从墙外扔了进去。萧道成命人将人头洗干净，仔细辨认。果然是刘昱! 他马上全副武装，骑马出府，跟着王敬则直奔皇宫。

到了承明门，王敬则高喊："圣驾回宫!"他又催促卫兵："磨蹭什么，主上要发火了，快开门!"刘昱每次进出都大呼小叫，卫兵们都害怕得不敢抬头，现在被王敬则这么一吼，吓得赶紧打开宫门，哪有时间想皇上什么时候出去的。所以，萧道成入宫，没有引起任何人的怀疑。

一进入仁寿殿，萧道成就宣布刘昱驾崩。第二天早晨，他站在殿前庭中的槐树下，以皇太后的旨意召刘秉、袁粲、褚渊等宗亲大臣入殿。众人到后，萧道成开门见山，问刘秉："这是你们刘家的事，您觉得应该怎么办？"

事出突然，刘秉忠厚木讷，一时不知如何回答。萧道成顿时胡须炸开，目光如电。刘秉被盯得心惊胆战，结结巴巴地说："尚书省的事，我还能处理，军事方面的事，全凭领军大人您做主。"

萧道成又问袁粲。袁粲不希望萧道成借机增强权势，便推辞不说话。王敬则腾的一下跳起来，拔出佩刀，厉声道："天下大事，全都由萧公裁决，有谁胆敢说半个不字，先问问我这把刀答不答应！"说完，他亲手将白纱帽戴到萧道成头上，请求他登基称帝，并说："干大事要趁热打铁，一气呵成。"接着又转头威胁众人说："今天谁敢乱动！"

萧道成心里高兴，却故意板起面孔，训斥道："你懂什么，休得胡闹！"

袁粲权衡再三后，清了清嗓子，打算发表意见。王敬则大声喝止："给我闭嘴！"袁粲只是一个文官，见他如此凶神恶煞，似乎随时都可能撕碎自己，只好闭紧嘴巴。

褚渊本希望保持中立，可是刘宋王室近年来的内讧太多，他早已对其不抱希望，而他和萧道成关系一向很好，心想不如借这个机会成人之美，便说："除了萧公，没有人有能力善后！"

萧道成顺势说道："那我只好接受大任了。"他提议由宋明帝刘彧的第三子、安成王刘准即位，大家都不敢反对。

当天，年仅十一岁的刘准即皇帝位，他就是宋顺帝。萧道成因为拥立有功，开始独掌刘宋的军政大权。袁粲与刘秉非常不满，密谋诛灭萧道成。不料，萧道成抢先下手，消灭了这两名劲敌。

　　经过多年的内斗，此时的刘氏宗亲被屠戮殆尽，再也没有人站出来力挽狂澜，刘宋王朝已经衰微，属于萧氏的时代就要到来了。

成语学习

目 光 如 电

目光发亮像闪电。形容愤怒地注视着，也形容见识远大。同"目光如炬"。

造　　句：	陈林的爷爷虽然头发斑白，满脸皱纹，但是精神抖擞，目光如电。
近义词：	目光炯炯、炯炯有神
反义词：	目光短浅、鼠目寸光

【 先驱蝼蚁 】

《资治通鉴·齐纪一》

　　右光禄大夫王琨，华之从父弟也，在晋世已为郎中，至是，攀车獭（tǎ）尾恸哭曰："人以寿为欢，老臣以寿为戚。既不能先驱蝼蚁，乃复频见此事！"呜咽不自胜，百官雨泣。

译 文

　　右光禄大夫王琨是王华的堂弟，在晋朝时已经担任郎中，到此时，他抓住车上悬挂的獭尾痛哭着说："人们都为长寿而高兴，老臣我却为长寿而悲哀。我恨自己不早点儿死去，埋在地下，为别人驱除蝼蚁，所以才会几次经历改朝换代的事情！"他呜呜咽咽地哭泣着，不能自制，百官见了，也泪如雨下。

谢朏揣着明白装糊涂

萧道成自从拥立顺帝、独掌朝政以来，就萌生了当皇帝的想法，可是，这种话万万不能从他自己的嘴里说出来，否则等于承认了他的"狼子野心"，将来是要遗臭万年的。这时候，就需要有个懂得他心思的人站出来，为他捅破这层窗户纸。找谁呢？他盯上了长史谢朏（fěi）。

谢朏出身于陈郡谢氏，是东晋宰相谢安的族孙，小时候就以聪慧有才出名。有一次，谢朏随父亲谢庄游完东山，他略加思索，就挥笔写就了一篇游记。宰相王景文读了，赞道："这孩子真是神童，将来前途不可限量啊。"谢庄很高兴，抚着谢朏的背说："你真是我家的千金[①]啊。"谢朏长大后果然文名极盛，深受宋明帝刘彧的赏识。

如果能得到谢朏以及他身后的谢氏家族的支持，何愁大事不成呢？于是，萧道成请来谢朏。他让左右侍从退下，只留两名手持烛台的僮仆。

"谢公，现如今刘氏宗族内讧不断，大失民心，这正是我建立功业的大好机会。希望您能辅助我！"说完，萧道成殷切地望着谢朏。可是等了很久，谢朏却一言不发。

萧道成看了看那两名举烛台的僮仆，以为谢朏仍有顾忌，就接

[①] 这是历史上第一次用"千金"比喻人，以后很长一段时间，"千金"都用来比喻出类拔萃的少年男子。直到后来，才用来称呼别人家的女儿。

过他们手中的烛台，说："你们先下去吧。"

实际上，谢朏早就看出了萧道成的野心，只是不愿意攀附，所以整晚都不说话。萧道成不好强求，只能送客。

大臣王俭揣摩出萧道成的心思，主动要求与他密谈。见了面，王俭直截了当地说："功高不赏，这种情况从古到今都有。以您今天的地位，怎么可以一直北面称臣呢？"

萧道成不知道他的真实用意，假装严厉地斥责他："你怎么敢说这种大不敬的话！"

王俭发现萧道成语气虽然严厉，神情却很温和，便继续说下去："萧公啊，您一向对我特别关照，所以我才敢说出别人不敢说的话。我刚刚说的都是肺腑之言呀，您为什么拒绝得如此坚决？刘氏皇室丧失人心，也不是一天两天了。如果没有萧公您大力匡扶，他们怎么能够走到今天？他们现在当然对您感恩戴德，可是时间一长，谁能保证这种感情不发生变化？自古以来，功高震主的人都很难善终，到那时您将用什么办法保全自己呢？"

萧道成听了这番推心置腹的话，眼前一亮："王俭出身于琅邪王氏，如果能够得到他的支持，虽然比不上陈郡谢氏，但是也不错。"想到这里，他假装叹了一口气，说："您说得不是没有道理，我应当怎么办呢？"

王俭建议道："这件事情，您应该先和褚渊通个气，如果能得到他的支持，事情就好办得多。我愿为您前往褚渊府中，传达这个意思。"

萧道成想了想，微笑着说："褚渊那里，还是我亲自去说比较好。"

几天后，萧道成登门拜访褚渊。两人喝茶聊天，谈了一些家常，气氛十分融洽。这时，萧道成漫不经心地说："昨晚我做了一个梦，说我又升官了。"

褚渊想也不想，就回道："啊呀，这真是一个吉祥的梦，不过短时间内不一定能应验。前些日子您刚获得新职位，恐怕一两年内不会再有变化了。"

萧道成见他没明白自己的意思，又不方便直说，就告辞了。回来后，他朝王俭抱怨："褚渊真是个书呆子，枉我说了半天，他居然没有开窍！"

王俭献了一计："您可以让相关官员撰写一份诏书，加授您为太傅，再赐给您黄钺①。"

萧道成的亲信任遐说："这可是一件大事，应该先让褚渊知道。"

萧道成一脸担忧："万一他不同意，怎么办？"

任遐胸有成竹地说："褚渊这个人并没有什么特别的，他和普通人一样珍惜自己的生命、爱护妻儿。您放心，我有办法让他同意。"

也不知任遐用了什么方法，褚渊果然没有反对。有了褚渊的支持，事情进展得非常顺利，但是萧道成仍然希望谢朏能够辅佐自己开创新朝。

这天，萧道成叫人准备好酒菜，把谢朏请到府中吃饭。酒过三巡，萧道成说起魏晋时的旧事，再次表明自己想当皇帝，结果又遭到谢朏的拒绝。萧道成恼怒极了，只是顾虑到谢朏的声望，才没有发作。

其实，无论谢朏愿不愿意辅佐，都阻止不了萧道成当皇帝的决心。为了达到目的，他先是逼顺帝封自己为齐王，过了二十天，又逼顺帝禅位给自己。

顺帝颁布禅位诏书的这天，谢朏正在值班，按例应当由他解送

---

① 黄钺是黄金装饰的斧头，象征皇权，如果大臣被赐黄钺，就可以代行皇帝的职责。

印玺，保证次日的禅位仪式顺利进行。但是，谢朏装聋作哑，就是不办，下属暗示他，他反问："还有什么事吗？"

过了一会儿，有人前来传达旨意："马上解送印玺，交给齐王。"

谢朏不紧不慢地说："这事应当由齐王府的官员来处理。"说完

拉过枕头，躺了下去。

那人好心劝他："谢公，都已经这个时候了，您怎么还不懂得自保呢？您可以假装生病了，我另外找人替您解送印玺。"

谢朏朝他翻了一个大白眼，没好气地说："我好好的，生什么病！"说完翻身起来，穿上朝服，徒步回家。萧道成拿他没辙，只好让王俭解送印玺。

第二天，举行禅让典礼前，王敬则等人奉命去接顺帝，却怎么也找不到人。原来，顺帝害怕禅位后被杀，一大早就躲在佛像的宝盖底下哭泣。哭着哭着，他发现自己的一片衣角还露在外面，便小心地拉了进来。这下，就被找来的宫人发现了。

王敬则赶紧跑过去，把顺帝拉出来，又连哄带骗送他上了一顶木板轿子。顺帝强忍住泪水，问："你们准备杀死我吗？"

王敬则安抚道："只是让您搬到别的宫殿中居住罢了。从前你们刘家取代司马家的时候，也是这样做的。"

顺帝年纪虽小，却读过一些史书，想起当年晋恭帝禅位后，被先祖刘裕杀死的事情，眼泪禁不住哗啦啦地往下流。哭了一会儿，他揉了揉眼睛，弹掉食指上的泪水，发誓道："但愿我今后生生世世不再生在帝王之家！"

宫人们听了，都很伤感，哭成一团。过了一会儿，顺帝拍着王敬则的手说："如果你能保住我的性命，我就给你十万钱。"

王敬则心中冷笑了一声，嘴里却安慰他："放心吧，您不会有事的。"顺帝半信半疑，依照指示完成了禅让仪式。

典礼结束后，顺帝坐着彩漆画轮的车子出了宫门，前往太子的府邸，百官前来送行。路上，顺帝疑惑地问："今天为什么没有演奏乐器呢？"

右光禄大夫王琨在晋朝时就担任郎中，经历了几次改朝换代，听了顺帝的话，他再也忍不住了，伸手抓住顺帝车上悬挂的獬尾，哭着说："老臣我已经八十岁了，世人都为长寿高兴，我却为此悲哀。我恨自己不早点儿死去，埋在地下，先驱蝼蚁，以致几次经历这种事情！"

百官望着老泪纵横的王琨，想到自晋朝以来，朝代更迭，社会动荡，连皇帝都如风中飞絮，在变幻的局势中飘浮不定，何况他们这些做臣子的呢，于是一个个也跟着泪如雨下。

萧道成看到此情此景，气得脸色铁青，只得强忍着，先举行登基大典再说。

公元479年，萧道成登上皇帝御座，改国号为齐，史称南齐或萧齐。萧道成就是齐高帝。

为了收买人心，萧道成大肆封赏褚渊、王俭、王敬则等拥立有功的大臣，还让刘宋朝廷的官员都保持原来的职位，人心得以渐渐安定下来。不过，也有人不买账，刘宋的旧臣裴颙就把萧道成臭骂了一通，丢下官印直接回家了。

萧道成总算找到一个发泄怒火的地方了，下令杀死裴颙。太子萧赜（zé）趁机劝他连谢朏也一块杀了。萧道成说："那样就成全了谢朏守节的名望，我们恰恰应当包容他。"便只免了谢朏的官。

谢朏保全了性命，顺帝却没有那么幸运。不出一个月，萧道成就派人杀死了他，并将宋武帝刘裕的子孙后代斩草除根。

成语学习①

先 驱 蝼 蚁

　　蝼蚁，蝼蛄和蚂蚁，都是生活在土中的昆虫。自己先死埋葬地下，为别人驱除蝼蚁。比喻效命于人，不惜先死。

造　句：这些年来，他总是为军队先驱
蝼蚁，效命于前。
近义词：鞠躬尽瘁

---

① 这个故事的原文里还有成语"功高不赏"（功劳极大，无法赏赐）。

【 秘而不言 】

《资治通鉴·齐纪三》

子响闻台使至，不见敕，召寅（yín）、恭穆及谘议参军①江悆（yù）、典签吴脩之、魏景渊等诘之，寅等秘而不言；脩之曰："既已降敕，政应方便答塞。"景渊曰："应先检校。"

译 文

萧子响得知官差来了，但是不见武帝的诏令，就召集刘寅、席恭穆和谘议参军江悆、典签吴脩之、魏景渊等人，亲自盘问他们。刘寅等人仍严守秘密，不肯吐露。吴脩之说："既然圣上已经下了诏令，就应该设法搪塞过去。"魏景渊说："我们应该先做调查。"

---

① 参与各种事务的商议、谋划。

萧子响莽撞送命

齐高帝萧道成只当了三年皇帝就去世了，太子萧赜即位，他就是齐武帝。

武帝十分关心百姓疾苦。有一年，长江发大水，很多农田被淹，他就下诏说："今年庄稼收成不好，很多百姓吃不上饭，一定要派官员去赈恤，同时减免租税，帮助百姓渡过这个难关。"不仅如此，他还大力提倡并奖励农桑，发展农业，在全国各地兴办学校，挑选有学问的人当老师。

为了缓和南北局势，武帝还派人出使北魏，使得两国边境稳定，极少发生战事。总体而言，在武帝的统治下，南齐政治清明，百姓生活富足，因为武帝的年号是"永明"，这一时期就被称为"永明之治"。

在处理皇族内部关系上，武帝也做得很好。他吸取晋朝和刘宋皇室手足相残的教训，对同宗兄弟、子女特别爱护，因此他在位期间，萧氏皇族内部没有发生父子、兄弟反目成仇的惨剧。但是，俗话说"十个手指各有长短"，武帝有二十三个儿子，境遇也天差地别。

武帝最钟爱的是次子、竟陵王萧子良。萧子良自幼聪敏，志向清雅，喜欢文士，他在府中招揽了一批优秀人才，其中著名的有沈约、谢朓（tiǎo）、王融、萧衍、范云等八人，文学史上称他们为"竟陵八友"。

萧子良喜欢经史，笃信佛教，经常延请高僧讲论佛法，有时他还不顾身份，亲自给僧人们端饭送水。在他的带动下，佛教开始在江左一带盛行。萧子良身边的许多名士都成为佛教信徒，他们相信因果报应，认为一个人前世种下什么因，现世就会得到什么果报。但是，有个叫范缜的，与这些佛教徒大唱反调，认为世上根本没有佛。萧子良不服气，特地召集门下的佛教信徒，要与他来场大辩论。

辩论这天，名士云集，萧子良亲自出马，问范缜："既然范先生不相信因果报应，那就请说说为什么世上会有贫贱、富贵的差别？"

范缜淡淡地说："这有什么奇怪的呢！人生在世，好像树上的花朵一样，同时开放，又都随风飘落，有的花朵掠过竹帘落到了床褥上，有的则越过篱笆掉进粪坑里。"他见萧子良听得一头雾水，又补充道："殿下您就好像落到床褥上的花朵，而我则是落到粪坑里的花朵。我们之间虽然贵贱不同，但哪有什么因果报应呢？"萧子良竟无言以对。

辩论散场后，范缜回到家中，觉得自己阐述得还不够明晰，又写了《神灭论》一文，提出无神论的观点："形体是精神的本质；精神则是形体的表现和产物。精神对于形体来说，就好像锋刃与刀，从未听说过刀没了而锋刃还在的道理。人也一样，身体和精神是一体的，身体死了，精神也就灭了，怎么会有形体消亡了而精神还存在的事情呢？"

《神灭论》一问世就引起轰动，京中人士争相传抄。萧子良不甘心，又召集了一群高僧名士讨论，试图驳倒范缜。

有一个叫王琰的佛教徒，想要堵住范缜的嘴，就写了一篇文章说："呜呼，范先生！竟然不知道他祖先的神灵在哪里！"

范缜针锋相对："呜呼，王先生！知道他祖先的神灵在哪里，却不肯自杀追随！"

萧子良见范缜不肯屈服，就派王融去劝他："你这么有才华，将来当一个中书郎肯定没问题，为什么非要发表这奇谈怪论呢？我劝你赶紧销毁你的文章吧。"

范缜大笑道："如果我肯出卖我的思想，去换取一官半职，那我早就当上尚书令这样的高官了，何止是一个中书郎！"

萧子良虽然不能让范缜屈服，但是也没有为难他。辩论之后，萧子良虔诚信佛的心思并没有改变，他体恤百姓疾苦，遇到灾荒，还奏请朝廷宽减役税、开仓赈济。因此，不仅百姓爱戴他，武帝也对他恩宠有加。

比起倍受宠爱的萧子良，同为皇子的萧子响的人生就是一出悲剧。

早年，武帝因为弟弟、豫章郡王萧嶷没有儿子，就将四子萧子响过继给他。后来，萧嶷生了儿子，便上疏请求留下萧子响做世子。世子与皇子的地位待遇悬殊，每次上朝，萧子响的车马衣服都与其他皇子不一样，为此他愤懑不平，就用拳头"咚咚咚"猛击车壁。武帝感到歉疚，就允许萧子响的车马衣服与其他皇子一样，又封他为巴东王，任荆州刺史。萧子响这才高兴起来。

萧子响喜欢军事，精通骑马射箭，还亲自训练了六十名勇士做自己的贴身侍卫。到荆州之后，他多次在府中大摆宴席，犒劳这些勇士，还命能工巧匠制作了锦绣长袍、红色短袄，打算用来跟地方上的蛮族交换武器。

这些举动引起了长史刘寅、司马席恭穆的警惕，他们将此事密报给了武帝。武帝大怒，派钦差前去彻查此事。

萧子响得知官差来了，但是不见武帝的诏令，就盘问刘寅、席恭穆和典签吴脩之、魏景渊等八人。刘寅与席恭穆都秘而不言，吴脩之就说："现在最要紧的是想办法搪塞过去，然后再调查是谁泄了密。"魏景渊则主张应该先调查清楚。

典签本来只是处理文书的小官，当年，刘宋朝廷为了监视镇守各地的亲王，就向各地派遣典签，他们每年都要往返京城数次，向皇帝汇报亲王们的动向。所以，典签的官职虽小，权势却很大，各地亲王都十分忌惮。南齐建立后，沿袭了典签制度。

萧子响本来就对吴脩之、魏景渊等典签监视自己感到恼怒，听到他们这么说，更是怒火中烧，一冲动就把这八人全杀了。等到冷静下来，他才感到后怕，本来没什么事，可是杀了人，性质就完全变了。为了得到武帝的宽恕，他只好如实报告此事。

武帝暴跳如雷，当即任命随王萧子隆为荆州刺史，准备取代萧子响，又对心腹大将戴僧静说："你明天就带兵讨伐萧子响！"

戴僧静知道武帝在气头上，就耐心劝道："巴东王年纪还小，血气方刚，一定是刘寅等人逼得太急，他才不计后果地杀了人。按我朝的律令，皇子因为过失杀人算不上大罪，倒是皇上您突然派大军讨伐，搞得人心惶惶。因此，我不敢接受圣旨。"

武帝便改变主意，派亲信胡谐之、尹略、茹法亮等率领卫队去搜捕萧子响身边的小人，并下诏说："如果萧子响能放下武器，主动回到建康请罪，可以留他一条性命。"

可是，胡谐之等人抵达江津后，命人筑起了城垒，摆出要与萧子响大动干戈的架势。萧子响很害怕，几次派使者前来解释："天底下哪有儿子反叛父亲的呢？我当初只是冲动之下杀了人，现在已经认识到自己的错误了，打算乘一艘小船回到朝廷请罪，并接受圣上对我的处罚，你们又何必兴师动众来抓我呢？"

胡谐之与茹法亮都没说什么，尹略却固执地认为萧子响想谋逆，就让使者传话给他："跟你这种叛父的逆子，没什么可说的！"

萧子响以为这是武帝的意思，痛哭起来。为了表明自己的忠心，他下令杀牛备酒，准备了许多美味佳肴，送去犒劳胡谐之等人。尹略却命人将酒菜全部倒入江中。

萧子响不死心，请求和茹法亮见面。茹法亮是武帝的心腹，如果他肯帮忙说话，事情就有转机。但茹法亮只是一个文官，害怕刚猛的萧子响，不肯前去。萧子响无奈，又请求会见传诏的官差。茹法亮有点儿怀疑萧子响的动机，便将他的使者关押了起来。

几次三番示好都遭到拒绝，萧子响只觉得热血直往头上涌，再也控制不住自己的情绪，他组织起平时训练的勇士，连同府上两千多名士卒，与官军展开激战。萧子响亲自在江堤上用弩射击，而那些将士平时都受过他的厚待，在战斗中尤其卖命。结果，官军大败，尹略阵亡，胡谐之等人跳上一艘小船逃回了建康。

武帝气得破口大骂："逆子，果然要谋反！"当即派族弟萧顺之赶往荆州继续讨伐。太子萧长懋（mào）平时就忌恨萧子响，趁机对萧顺之说："别让萧子响活着回来！"

这时，萧子响已经意识到自己惹上了大麻烦，便率领三十名侍从，乘船赶往建康，打算当面向武帝说明情况，结果半路上遇到萧顺之的军队。

萧子响为了表明心迹，孤身去见萧顺之，想说明情况。不料，萧顺之一口咬定萧子响谋反，命人将他绑起来，当晚就勒死了他。临死前，萧子响悔恨不已，流着泪给武帝写了一封信，说明事情的前因后果。

武帝读了信，并没有消除怒气，萧嶷念及父子情，上书请求收殓安葬萧子响的尸体，武帝没有答应，还追贬萧子响为"鱼复侯"。

不久后的一天，武帝在皇家园林游赏，看见一只猿猴跌跌撞撞地穿过假山，不住地悲号哀鸣，就问侍从："它怎么了？"侍从说："前天它的孩子从假山上摔下去死了，它就变成这样。"武帝一下子想起了萧子响，不由得老泪纵横。

秘 而 不 言

严守秘密，不肯吐露。同"秘而不露"。

造　句：	这种国产饮料一上市就广受欢迎，但是对于饮料的配方，厂家秘而不言。
近义词：	秘而不宣
反义词：	泄露天机

---

① 这个故事的原文里还有成语"无所不至"（指没有不到的地方，也指什么坏事都做绝了）。

〖 任贤使能 〗

《资治通鉴·齐纪二》

允倾家赈施，咸得其所，又随其才行，荐之于朝。议者多以初附间之，允曰："任贤使能，何有新旧！必若有用，岂可以此抑之！"

译 文

高允就拿出自己的全部家产赈济、安置他们，还从中挑出一些有才能、有品德的人，推荐给朝廷。因为这些人刚刚归附，朝中许多人都对他们不加信任，高允就说："任用有德行有才能的人，怎么会有新归附和旧归附之分呢？只要这些人对国家有用，就不能以这种理由压制他们！"

这个太后不简单

中国历史上权倾天下的女性可谓凤毛麟角，北魏的冯太后就是其中之一。北魏第六位皇帝——献文帝拓跋弘死后，由于孝文帝拓跋宏年幼，政局动荡，冯太后便开始第二次临朝摄政。

冯太后虽然出身于鲜卑贵族，却受过良好的儒家文化熏陶，后来又长期陪伴在文成帝拓跋濬身边。当时，拓跋濬不拘泥于民族身份，重用汉人大臣，吸收汉人文化的精华，使北魏朝政焕然一新，冯太后心里十分钦佩。这些经历，对她执政期间重用汉臣、推行改革有潜移默化的影响。

北魏太和八年（公元484年），是冯太后第二次临朝摄政的第八年，从这一年起，她每年都以孝文帝的名义颁布一项重大改革措施，连续三年，史称太和改革。

首先推出的是官员俸禄制度改革。北魏自建国以来，各级官员都不拿俸禄。作为北方游牧民族，鲜卑人以抢掠为生，打到哪儿就抢到哪儿。每次打完仗，就按功劳大小分配所抢的财物。起初，因为战事频繁，抢掠所得不计其数，官员们每次都能分到大批财物，等到太武帝拓跋焘统一黄河流域后，战事骤然减少，抢掠的东西也锐减，官员们就常常为生计发愁了。

有些官员开始自谋财路，他们贪污纳贿，压榨百姓，特别是那些有权势的贵族，为了获得钱财，经常为所欲为。比如皇族成员拓跋子推、拓跋桢等人，通过巧取豪夺，积攒了富可敌国的家财。那些不愿违法乱纪的官员则家徒四壁，连饭都吃不饱，比如名臣高允。

高允虽然受到几代皇帝的宠幸，但他清廉自守，从不以权谋私。当年，拓跋弘夺取刘宋的青、徐二州时，把当地的望族全部迁到代郡，其中不少人都和高家有姻亲关系，高允见他们流离失所、饥寒交迫，就拿出自己的全部家产赈济、安置他们，又从中挑出一些有才能有品德的人，推荐给朝廷。一些官员就说："这些人刚刚归附，怎么能到朝中任职呢？"高允反驳说："任贤使能，哪里有新归附和旧归附之分呢？只要他们对国家有用，就不能以这种理由压制他们！"朝廷这才加以任用。自那以后，高允的家底就被掏空了，全家人挤在几间茅草屋里，米罐经常是空的。为了生计，高允只得让儿子出去赚钱养家。

有人将此事上奏朝廷，冯太后便借着这个机会，制定官员的俸禄制度。她下诏说："从今年十月起，每户增缴一定数额的税收，作为官员俸禄的来源。百官按等级高低领取相应的俸禄，每个季度领取一次。这项制度实行以后，由朝廷派专员到各地巡视，发现有贪污行为的地方官，收受贿赂达到一匹布帛或以上的，一律处死。"

诏令发布后，孝文帝的舅父李洪之仗着自己是皇亲国戚，顶风作案，有人向朝廷揭发他贪赃枉法。冯太后命人彻查，掌握了确凿罪证，便让李洪之自杀。不久，又有四十多名地方官被查出有贪腐行为，结果全都被处死。这么一整顿，北魏国内官吏行贿受贿的现象几乎杜绝。

但是，这项改革也触及很多鲜卑贵族、朝廷高官的利益，他们推举淮南王拓跋佗上奏，试图阻止改革。拓跋佗仗着资格老，不客气地说："臣请求停止发放官员俸禄，恢复从前的做法。"

冯太后明白拓跋佗等人的心思，暗中一笑，不动声色地召集文武百官，让他们自由讨论这件事。

　　大臣高闾非常支持俸禄制度："朝廷发放俸禄，可以让廉洁的官吏更加清白，也能促使那些贪官污吏改过自新。一旦停止，贪官污吏将更加肆无忌惮，廉洁清正的人却无法维持生计。淮南王的建议，难道不荒唐吗？"

　　冯太后点了点头，说道："您的见解很高明。"其他大臣意识到冯太后执意改革，都不敢再提反对意见，官员俸禄制度得以继续执行。

　　第二年，冯太后带着孝文帝巡视各州郡，又发现一个大问题。原来，自西晋以来，由于连年战乱，有权势的人为了自保，就自行组织武装力量，在乡间建起了许多有着高墙壁垒的坞堡。这些坞堡的拥有者——坞主，也叫作宗主。很多百姓为了逃避战乱，寻求庇护，主动依附宗主，成为他们的佃户。佃户虽然不用为官府服役，却要交给宗主比官府多一倍的税收。

　　冯太后回宫后，召集众臣，她先是将各地坞堡的情况介绍了一下，然后问他们："你们说说，怎么解决坞堡的问题？"

　　大臣李安世是汉人，在北魏非常有声望，他曾经在地方做官，亲眼看到许多宗主对上欺瞒国家，对下愚弄百姓，早就非常痛恨，这时便建议说："每次遇到灾荒、战乱，老百姓就四处逃散，他们的田地大多被豪强贵族霸占。我认为，朝廷应该平均分配土地，使耕种者的土地面积和家庭人口数量相当。"

　　冯太后赞道："这个建议很好！大家畅所欲言，讨论平均分田的方案。"大臣们你一言我一语，热烈地讨论起来，最终形成一套均田制改革方案：当时北魏有大量无主的荒田，朝廷就将这些土地按人口重新分配给农民。

　　这年十月，朝廷派遣使者到各个州郡，与当地官员一起推行均田制。均田制使原本依附坞堡的佃户重新拥有土地，摆脱了宗主的盘剥，实现耕者有其田的梦想，因此得到大多数农民的拥护。这一制度不仅减轻了农民的负担，还增加了国家税收，极大地推动了北魏的经济发展。

连续两项重大改革都取得成功，让冯太后信心倍增，她打算趁热打铁，对一直被宗主掌控的地方基层组织进行变革。

当时，基层的政权掌握在宗主手中，国家主要依靠他们来监督地方行政事务。这些壁垒森严的坞堡好像一个个小王国，宗主在里面各行其是，经常不服从中央的管辖，对北魏朝廷构成很大的威胁。

冯太后的宠臣李冲上奏说："我们应该参照古代的方法，设立'三长制度'：五户设立一名邻长，五邻设立一名里长，五里设立一名党长，选派乡中德行高尚、为人谨慎的人担任，让他们享受免服差役的待遇。如果他们的工作做得出色，可以晋升一级。"

李冲的奏章呈上之后，冯太后又让文武百官讨论。大臣郑羲说："为了少向国家上缴赋税，宗主们往往隐瞒户口数，有的竟然三五十家共用一个户口。这个方案动了他们的利益，阻力太大，我觉得行不通。"

太尉拓跋丕虽然赞同李冲的方案，不过他担心太快推行会遇到阻力，希望可以缓一缓再执行："这个方案如果实施，对朝廷和百姓都有很大的好处，但现在正是农忙时节，老百姓都忙着收割作物，不如等到冬闲时节再执行。"

李冲回应道："正是要趁现在核查户籍，让老百姓感受到减免赋税的好处，这样他们才会拥护这项改革。要知道，在我的方案里，一对夫妇只征收一匹布、二石米，比之前少多了。"

这时又有人站出来说："老百姓习惯了从前的征税方案，突然改变，恐怕会引起骚乱。"

冯太后见众人议论纷纷，便斩钉截铁地说："设立邻长、里长、党长，就可以查出那些被隐藏的户口，这样利国利民的方案，你们为什么说它行不通呢？"

那些反对的人便不敢多说什么了。北魏各州郡便开始建立三长制度，重新核定百姓的户籍。起初，老百姓都很发愁，那些宗主尤其反对，等到他们发现赋税的征收额是过去的十几分之一，就安下心来。

至此，北魏建立起了较为完善的地方基层组织，既削弱了地方豪强的势力，又增加了国家控制的劳动人口和征税对象，从而增强了国力。渐渐地，北魏朝廷与老百姓的财力都充裕起来，虽然有时会遇到水灾、旱灾，但人们的生活并没有受到太大的影响。

冯太后为北魏政局的稳定做出了极大的贡献，尤其是她推行的均田制度以及配套的三长制度，历经北齐、北周，为几百年之后的隋唐盛世奠定了坚实的基础。

成语学习

任贤使能

任用有德行有才能的人。

造　句：	历史上有作为的君主，往往都能广泛搜罗人才，任贤使能，采纳良策。
近义词：	选贤任能、唯才是举
反义词：	嫉贤妒能、招降纳叛

〖 移风易俗 〗

《资治通鉴·齐纪四》

因屏人谓澄曰："今日之举，诚为不易。但国家兴自朔土，徙居平城；此乃用武之地，非可文治。今将**移风易俗**，其道诚难，朕欲因此迁宅中原，卿以为何如？"

译 文

孝文帝拓跋宏屏退左右侍从，对任城王拓跋澄说："今天我要做的这件事，确实很不容易。我们国家是在北方疆土上建立起来的，后来又迁都到平城。但是，平城的地势适合武力作战，不适合进行治理教化。现在我打算改变风俗习惯，这条路确实不容易，所以我想利用大军南下征伐的声势，将京都迁到中原。你认为怎么样？"

孝文帝妙计迁都

北魏太和十四年（公元 490 年），主持太和改革的冯太后去世，孝文帝拓跋宏悲痛万分，不顾高闾等重臣的反对，执意以国君的规格将她安葬。随后，二十三岁的孝文帝正式亲政。

孝文帝天资聪颖，谨慎隐忍，受冯太后的影响，对汉族的先进文化非常仰慕。他重用王肃、李冲、李彪、高闾等汉族士人，模仿汉族王朝的礼仪，修建明堂、太庙，祭祀舜、禹、周公、孔子，允许群臣守三年之丧。

两年后，孝文帝想全盘推行汉化改革，以加强对黄河流域的统治，实现统一天下的宏愿。不过，在那之前，他必须解决一件棘手的事：从平城迁都到洛阳。

平城地理位置偏北，不利于鲜卑人进一步学习汉人文化、制度，而且这里气候寒冷，常年狂风大作，产出的粮食不能满足人口增长的需求。而洛阳是东汉、曹魏、西晋的国都，是中原正统王朝的中心，那里经济发达，文化繁荣，有利于全面推动汉化改革与统一大业。

所谓安土重迁，普通老百姓尚且安于本乡本土，不愿轻易搬家，一个国家要迁都，肯定会有来自各方的阻力，如果不能妥善处理各种矛盾，恐怕会引起骚乱。怎么才能顺利迁都洛阳呢？

这天，孝文帝又在琢磨迁都的事，大将军刘昶求见。刘昶原是刘宋的义阳王，当年遭到刘子业的猜忌，被迫流亡北魏，萧道成灭宋建齐后，他很想借助北魏的力量复兴故国。今天他就是为此而来，一进殿就跪在地上，哭着乞求孝文帝发兵攻打南齐。孝文帝心中一动，一个计谋在他脑中酝酿。

第二天，孝文帝召集文武百官，说："我打算南下攻打齐国，大家都发表一下看法。"

北朝与南朝多年没有发生大规模的战事，百官们日子过得都很舒坦，现在突然听说要打仗，一个个都面面相觑。

孝文帝见大家都不说话，就对大臣王谌说："你占一卦，看看本次南征是吉还是凶？"

王谌占了一卦，说："是'革'卦。"

孝文帝喜形于色，大声说："哈哈，这是吉祥的卦象啊，说明这次南征是上天之命，顺应民心，一定会成功！"

大臣们还是沉默，他们反对南征，但一时摸不透孝文帝的心思，都不敢轻易发表意见。过了老半天，一向支持孝文帝的任城王拓跋澄才开口说道："皇上，这个卦象的意思是说要变天，如今您想南征，却得了这样一个卦象，恐怕不是吉兆啊。"

孝文帝瞪了他一眼，声色俱厉地说："任城王，你想动摇军心吗？这个国家是我的，自然是我说了算！"

拓跋澄吓了一跳，赶紧说："借给微臣十个胆子，也不敢动摇军心啊！国家固然是皇上您的，可微臣也是国家的臣子，怎么能明知南征危险而不加劝谏呢？"

孝文帝板着脸不看他，似乎在努力克制自己的怒火，过了一会儿，才缓缓地说："其他人也可以谈谈自己的看法！"

任城王的几句话已经让皇帝这么生气了，还有谁敢再反对呢？孝文帝见没人说话，就宣布退朝，却单独留下了拓跋澄。

孝文帝开门见山地对他说："任城王，实话对你说，刚才在百官面前,我之所以大发脾气,是害怕大家争先恐后地发言,破坏了我的一个大计划。我只是借发脾气来震慑他们,我相信你能理解我的用心。"

拓跋澄有些疑惑:"恕微臣愚钝,没明白皇上的意思。"

孝文帝命令左右侍从退下后,笑着对拓跋澄说:"这次我要做的事情,确实很不容易。我们魏国是在北方兴起的国家,后来才迁都到平城。遗憾的是,平城这个地方是用武之地,不适合向汉人学习文化与制度,治理教化百姓。我打算移风易俗,估计阻力会很大,所以想利用大军南征的声势,将京城迁到洛阳,到那里再进行一系列的改革。你认为怎么样?"

拓跋澄恍然大悟,连声赞道:"皇上英明!把京都迁到洛阳,以那里为根本,扩大疆土,征服四海,这个想法正是以前周王朝和汉王朝长盛不衰的原因啊!"

孝文帝高兴极了:"你能同意这个计划就再好不过了。可是,文武百官习惯了平城,留恋现在的生活方式,如果突然迁都,他们一定会惊恐慌张,那时候该怎么办?"

拓跋澄不以为然地说:"不平凡的事,原本就不是凡夫俗子能做得了的。皇上只要下决心迁都,这些人又能怎么样呢?"

孝文帝拍了拍拓跋澄的肩膀,笑着说:"我果然没有看错人,你就是我的张良呀!"

北魏太和十七年(公元 493 年)八月,孝文帝留下几名大臣镇守平城,自己则率领群臣与三十万大军南征。

当时正是秋天,北魏大军刚从平城出发,天就开始下雨,连续下了一个多月。道路经过雨水浸泡,变得泥泞不堪。一路上,南征大军兵疲马乏,加上不适应当地气候,很多士兵都生病了。那些在平城过惯了舒服日子的大臣更是叫苦连天,暗骂孝文帝心血来潮害惨了大家。

军队渡过黄河，抵达洛阳时，孝文帝才下令就地休息。大臣们松了一口气，心想："这雨不知要下到什么时候，再走下去要出人命了，应当在这里好好休整一段时间。"

谁知，第二天一大早，孝文帝就披挂整齐，手持马鞭，威风凛凛地骑在马背上，对大家说："我们继续向南进发。"

大家抬头看了看下着细雨的天，又低头瞧了瞧泥泞不堪的路，头皮一阵发麻。李冲等大臣上前拦住孝文帝的马头，不断叩拜。

孝文帝故作惊讶地问："这次南征的计划已经决定，你们还想说什么呢？"

李冲壮着胆子说："全国上下都不愿意南征，只有皇上您一个人想实现它。臣冒死请求停止这次行动。"

孝文帝勃然大怒，按了按腰间的刀，大声说："我要征服齐国，一统天下，可是你们这些手无缚鸡之力的读书人，却一再怀疑这一重大决策。你们是想阻挠我统一中原的霸业吗？谁敢再阻拦，刀斧伺候。"说完，纵马要走。

安定王拓跋休死死地抱住孝文帝的马，放声大哭，其他大臣也纷纷跪下，哭着乞求："请皇上三思啊！"将士们见状，也都齐刷刷地跪在雨中。

孝文帝板着脸，沉默了好一会儿，才对群臣说："这次南征，我们出动了三十万大军，如果就这样半途而废，不是给后人留下笑柄吗？我们鲜卑人世世代代居住在北方，我一直想要南迁到中原，以便将来统一全国。如果这次我退让一步，不再南征，那你们就要同意我将京都迁到洛阳。"

什么？迁都？刚刚嚷着南征，这下又要迁都，皇帝这是闹的哪一出？大臣们都傻眼了。

孝文帝一脸坚毅的神情，继续说道："不要再犹豫了，同意迁都的站在左边，不同意的站在右边。"

"只要不打仗就好！"南安王拓跋桢这么一想，便上前一步，对孝文帝说："干大事的人，并不向众人征询意见。皇上如果放弃南征计划，将京都迁到洛阳，我们都愿意听从。"

大臣们虽然不愿意迁都，但是相比之下，他们更害怕南征，所以都不敢说什么。北魏的迁都大计就这样定下来了。

接着，孝文帝派拓跋澄返回平城，向留守的官员宣布迁都的决定，又命李冲等人负责营建新都洛阳。布置完后，他自己则带着队伍到各个州郡巡查。

迁都太过突然，平城的官员们无不震惊。拓跋澄引经据典，耐心地解释开导，让大家明白这样做的好处。慢慢地，这些官员也就接受了。拓跋澄立即向孝文帝汇报了这一情况。

孝文帝高兴地说："没有任城王，我的事就办不成。"拓跋澄笑着回应："是皇上的计策高明！"

就这样，孝文帝假借征伐南齐，实施了迁都洛阳的设想，为几年后在北魏境内推行汉化改革铺平了道路。

成 语 学 习 ①

移 风 易 俗

移，改变；易，变换。改变旧的风俗习惯。

造 句：	移风易俗，破除陈规陋习，让我们从不随意燃放烟花爆竹做起。
近义词：	推陈出新、破旧立新
反义词：	因循守旧、墨守成规

---

① 这个故事的原文里还有成语"用武之地"（形容地形险要，利于作战的地方。比喻可以施展自己才能的地方或机会）。

【 家累千金 】

《资治通鉴·齐纪五》

珍之所论荐，事无不允；内外要职，皆先论价，旬月之间，家累千金；擅取官物及役作，不俟诏旨。有司至相语云："宁拒至尊敕，不可违舍人命。"

译 文

凡是綦（qí）毋珍之荐举的人选，没有得不到皇帝批准的。因此，綦毋珍之把朝廷内外的重要官职都划定价格，然后交钱任命，一个月之内，他的家中就积攒了无数财富。他还不等朝廷的诏旨，就擅自攫（jué）取朝中物品，任意驱使宫中的差役。朝中的官员在一起谈论说："宁可抗拒圣上的旨意，也不可以违背綦毋珍之的命令。"

当皇帝靠演技

永明十一年（公元 493 年）二月，南齐太子萧长懋病逝，年仅三十六岁。萧长懋聪明好学，长期参与朝政，在朝野享有威望，南齐上下都认为他将要继承皇位。他的骤然离世，令人震惊、惋惜。

白发人送黑发人，真是太残忍了！齐武帝萧赜来到东宫，抚摸着太子生前穿过的一件衣服，泪水模糊了他的双眼。

"父亲啊，您怎么忍心抛下孩儿呢？呜呜呜！您这一走让我怎么办哪？"殿外突然传来号啕声。武帝拭了拭脸上的泪水，定睛一看，原来是太子的长子萧昭业。

萧昭业哭得呼天抢地，悲痛得几乎站不住身子。过了好一会儿，他才稍稍平息，左右侍从赶紧扶他进殿。谁知一见武帝，他又痛哭起来，身子不住地战栗，几乎要昏厥过去了。

萧昭业容貌俊美，反应极快，无论是悲哀还是欢乐，都比别人强烈。武帝平时就很喜欢他，这会儿见他为太子的死如此悲痛，心里既感动又欣慰，上前抚着他的肩，流着泪说："真是一个孝顺的孩子啊！"

太子突然病逝，武帝不得不重新考虑储君人选，当时朝中不少人都看好竟陵王萧子良。然而，武帝却被萧昭业在守丧期间的"孝心"打动，果断地立他为继承人。

武帝做梦也没有想到，萧昭业其实是个戏精，他矫情饰诈，表面善良孝顺，内心却阴狠卑劣。在为父亲守丧期间，人前他悲痛欲绝，一回到家立即原形毕露。才进门，他就嚷嚷着说："哎呀，累死了！饿死了！"随即甩掉孝服，笑逐颜开，命人摆上好酒好菜，大吃大喝。吃饱喝足，他又找来巫师，说："你快点儿做法，保佑我的祖父早点儿死，我好早点儿当皇帝！"

不久，北魏要出兵南征的消息传来，武帝忧愤成疾。萧昭业闻讯，拍手称快："太好了，巫师的祈祷应验了！老祖父活不了几天了，我得赶紧表现一下。"

萧昭业火速进宫，在武帝的病榻前殷勤侍候。武帝一说话，萧昭业的眼泪就扑簌簌直往下掉。武帝大为欣慰，觉得他这么孝顺，将来一定能担当大任，便慈爱地说："等我死后，五年之内，国家大事先托付给宰相处理，你不要过问。五年之后，你再亲政。到那时，就算你没有干出什么成就来，也没什么可遗憾的。"萧昭业听了，又抽泣起来，哭到后来竟噎住了，武帝身边的人都为他的孝心感动，陪着落泪。

好不容易熬到回家，萧昭业立马又换了一副嘴脸，提笔给自己留在封地的妃子写信，中间写了一个大大的"喜"字，围绕着这个大喜字，旁边又写了三十六个小的喜字，每一个字都在传达他欢呼雀跃的心情。

很快，武帝就死了。临终前，他拉着萧昭业的手，叮嘱说："如果你想念祖父，就应该好好当皇帝。"萧昭业哀伤地望着他，哽咽无语。

当上了皇帝，萧昭业就不想再演戏了。武帝的遗体刚刚放入棺内，萧昭业就将武帝留下的所有歌舞伎都叫出来跳舞奏乐，自己坐在那里看得不亦乐乎。看累了，他就穿上便服，带着一帮侍从到闹市游玩。他经常与小人混在一起，衣食不分，就连睡觉也挤在一块儿。有时候，他还会和这些人跑到父亲萧长懋的墓道里扔泥巴、比赛跳高，玩很多不入流的游戏。

　　对于这些悉心陪伴自己的近侍，萧昭业非常慷慨。只要高兴，他就使劲儿赏赐财物，动辄成千上万。武帝生前提倡节俭，积攒了亿万钱财，金银布帛更是不计其数。萧昭业即位不满一年，就把这些钱财挥霍完了。

　　皇帝这么任性胡闹，宠臣綦毋珍之、朱隆之、周奉叔和宦官徐龙驹就趁机把持了朝政。凡是綦毋珍之荐举的人选，没有得不到皇帝批准的。因此，綦毋珍之把朝廷内外的重要官职都划定价格，然后交钱任命，一个月之间，他就家累千金。他还不经朝廷批准，就擅自拿走朝中物品，驱使宫中的差役人员。朝中官员因此聚在一起议论说："宁可抗拒圣旨，也不能违背綦毋珍之的命令。"至于徐龙驹，就更过分了，他经常打扮成皇帝的样子，住在含章殿，代替皇帝批阅文书。

　　这些事也不是没有人管。武帝临终前让萧子良和西昌侯萧鸾共同辅政。萧鸾是齐高帝萧道成的侄子，由于父亲早逝，自小就跟着萧道成。萧道成对他比亲儿子还亲，封他为西昌侯。武帝即位后，也重用萧鸾，临死前还向他托孤。萧子良为人宽厚，崇尚佛学与文艺，对朝务不怎么上心，而萧鸾见萧昭业行为荒诞、挥霍无度，就经常劝谏。萧昭业不但不听，还恨上了萧鸾。

　　这天，萧昭业悄悄去找鄱阳王萧锵，打算联合他的力量除掉萧鸾，又找不到合适的理由，便问道："您和萧鸾经常见面，有没有听他说要怎么对付我呢？"

　　萧锵听出话外之音，便谨慎地说："萧鸾在皇族成员中最年长，而且奉先帝遗诏辅政，是朝中最能依赖的人，您千万不要多想啊。"萧昭业觉得萧锵是在打圆场，有点儿生气，可是没有萧锵的支持，他也无法扳倒萧鸾，只好暂时搁置此事。

萧鸾得知此事非常生气，就把萧衍找去商议。萧衍出身名门，博学多才，很有智谋，和南齐皇室关系一向密切，尤其受到萧子良的器重，是"竟陵八友"之一，后来又成为萧鸾的亲信。

萧衍一到，萧鸾开门见山地说："主上行为不端，又不思悔改，这样发展下去恐怕祸及江山社稷，我打算另立新皇帝。"

萧衍点了点头，说道："既然有这种担忧，就要早做打算。我觉得随王萧子隆才能出众，且手握重兵，行动前先要召他回京。至于崔慧景等老臣，也要妥善安顿，免得他们阻碍您的计划。"

萧鸾采纳了他的建议，安顿好萧子隆、崔慧景等人，又用心结交萧昭业的心腹武将萧谌、萧坦之，让他们随时汇报萧昭业的动向。

布局完毕，萧鸾先拿萧昭业的宠臣开刀。他上奏历数徐龙驹的罪状，请求将他诛杀。萧昭业见证据确凿，只能同意。接着，萧鸾借口负责宫中保卫工作的将领周奉叔对朝廷傲慢无礼，将他先斩后奏。綦毋珍之非常害怕，就和溧阳令杜文谦密谋发动政变，诛杀萧鸾。但是，他们做事犹疑不决，被萧鸾抢先下手，以雷霆之势将其剪除。

皇帝的宠臣接连被诛杀，宫里纷纷传言："萧鸾大肆诛杀皇帝身边的人，肯定在密谋叛乱！"萧昭业听了，皱着眉头问值班的萧坦之："人们都说萧鸾想废掉我，另立新皇帝，你在外面有没有听到什么风声？"

萧坦之生怕自己勾结萧鸾的事泄露，故作镇定地答道："皇上您多虑了，哪里会有这种事情呢？文武百官是不可能散布这种谣言的，一定是进宫来的那些尼姑出于无聊，随口编派的，哪能相信呢？"萧昭业半信半疑。

过了几天，有人悄悄告诉萧昭业："萧鸾正秘密与王晏、徐孝嗣等大臣接触，恐怕要对陛下不利呀！"

萧昭业赶紧找来皇后的堂叔何胤，对他说："你带兵去把萧鸾干掉。"何胤害怕担责，不敢答应。

萧昭业迟迟不行动，萧鸾却等不及要动手了。隆昌元年（公元494年）七月的一天，萧鸾先派萧谌进宫，杀死值班大臣曹道刚、朱隆之，他自己则带兵从尚书府进入云龙门，准备废黜萧昭业。不过，废立皇帝毕竟是大事，萧鸾心里还是有点儿打鼓，一路上鞋子掉了三次。

萧昭业听到殿外传来嘈杂的声音，知道大事不妙，命人把内殿的门窗全都关严实，又传萧谌前来救驾。

不一会儿，萧谌就带着全副武装的侍卫进入殿中。萧昭业大喜，忙说："有人要杀我，快快救驾！"

哪知萧谌拔出长剑，指着萧昭业说："对，就杀你这个昏君！"萧昭业这才如梦方醒：萧谌不是来救命的，而是来要命的！他慌忙跑进妃子的房中，却被追上来的萧谌等人捉住。

这时，萧鸾也赶来了，他正寻思着要假造太后的手令废黜皇帝，徐孝嗣马上从衣袖中取出准备好的手令递过去。萧鸾满意地看了他一眼，立即宣布废黜萧昭业为郁林王，并杀了他。

随后，萧昭业的异母弟弟、十五岁的萧昭文即位。萧鸾被任命为骠骑大将军，完全控制了朝政。萧昭文做任何事情，都要征求萧鸾的同意，连吃什么也不能自己做主。有一次，萧昭文想吃蒸鱼，负责膳食的官员竟然说："没有萧大将军的命令，我不能做这道菜。"

就连这样的傀儡皇帝，萧昭文也没当多久。这年十月，萧鸾废黜萧昭文，自己入宫即位，成为南齐的第五位皇帝，即齐明帝。

成语学习 ①

家 累 千 金

指家中极富财产。

造　句：他虽然家累千金，但是生活极	
其节俭，经常吃粗茶淡饭，睡	
硬板床。	
近义词：家财万贯、锦衣玉食	
反义词：家徒四壁、一贫如洗	

---

① 这个故事的原文里还有成语"旬月之间"（旬，十天。十天到一个月之间）、"矫情饰诈"（以虚假的现象伪装欺骗别人）。

〖 膏粱子弟 〗

《资治通鉴·齐纪六》

帝与群臣论选调曰:"近世高卑出身,各有常分;此果如何?"李冲对曰:"未审上古以来,张官列位,为膏粱子弟乎,为致治乎?"帝曰:"欲为治耳。"

译 文

孝文帝与群臣议论选拔调派官员一事,他问:"近世以来,出身高卑贵贱,各有定分,依照这样的标准划分如何呢?"李冲反问道:"不知道上古以来,分官列位,是为了那些过惯享乐生活的富家子弟,还是为了治理国家呢?"孝文帝答:"当然是为了治理国家。"

太子站错队伍

萧鸾篡夺南齐皇位时，北魏刚刚完成迁都的工作，孝文帝想趁火打劫，就发兵南征，结果因为出兵仓促，且齐军防守严密，魏军被迫撤退。

回到洛阳后，孝文帝不顾舟车劳顿，立即反思这次南征失败的原因。他意识到，经过太和改革，北魏虽然比以前更富裕了，但是与中原地区相比还有很大的差距。另外，北魏刚刚迁都洛阳，国家还没有从动荡中平息下来，鲜卑人还不适应这里的生活，不少人甚至萌生回平城的想法，人心不稳，打起仗来自然吃亏。当务之急，是要改革鲜卑旧俗，全面推行汉化。

恰逢太子拓跋恂在太庙举行成人礼，孝文帝召集文武群臣，问他们："各位爱卿，你们希望我朝比商朝、周朝强大呢，还是希望我们连汉朝、晋朝都不如？"

咸阳王拓跋禧抢先答道："臣等都愿我朝强于商、周。"

孝文帝微微一笑，又问道："那么我们国家应当移风易俗呢，还是因循守旧、死守老一套的规矩？"

拓跋禧再答："皇上，我们当然要变革求新啊！"

孝文帝继续追问："你们是只愿意自己实行呢，还是希望传给子孙后代？"

拓跋禧大声说："当然希望可以流传万年！"

孝文帝严肃地说："好，就是要你们这个态度！既然话说到这里，那么一旦我下令改变，你们一定不能违背。"

拓跋禧回答："上令下从，谁敢违抗皇上的旨意呀？"

孝文帝扫视了一下大臣们，缓缓地说："古人云：'名不正，言不顺，则礼乐不能兴。'从今天开始，我要禁止使用鲜卑语，全部改说汉语。三十岁以上的人，因为年龄稍大，可以相对宽容，让他们慢慢改变。凡是年龄在三十岁以下，而且在朝廷中任职的，以后不得再使用鲜卑语，谁敢违反，就降职处理。这点你们同意吗？"

拓跋禧等人一起回答："臣等一定遵旨。"孝文帝于是正式颁布了学习汉语的诏令。

随后，孝文帝规定迁到洛阳的鲜卑人，死后要葬在洛阳，不可以回平城安葬。他又依据《汉书》的记载制定度量法，改用长尺、大斗，颁行全国。为了更好地学习汉人的文化与风俗，他还设立了国子、太学、四门小学①等学府。

随着改革的深入，孝文帝又带头改汉姓，他说："我们北方人称'土'为'拓'，称'后'为'跋'。我们的祖先是黄帝的后代，以土德而称帝，所以姓拓跋。土，是黄色，为万物之元，所以我应该改姓为'元'，以后就叫元宏。"

孝文帝带头改汉姓，百官纷纷仿效，拔拔氏改为长孙氏，达奚氏改为奚氏，丘穆陵氏改为穆氏，步六孤氏改为陆氏，贺赖氏改为贺氏，独孤氏改为刘氏，贺楼氏改为楼氏，尉（yù）迟氏改为尉氏。这一时期所改的姓氏，不计其数。

长期以来，鲜卑人与汉人互相看不起对方，为了改变这一现状，促进民族之间的融合，孝文帝还鼓励鲜卑人与汉人通婚，他带头娶了汉臣李冲的女儿，还给六个弟弟都娶了出身于名门望族的汉人女

---

① 北魏孝文帝设置的东、西、南、北四门小学，属太常，负责训教皇宗子弟。

子为妻。自此，鲜卑人与汉人通婚的现象越来越普遍。

孝文帝还打算学习曹魏时选拔官员的制度，便问群臣："近世以来，出身的高卑贵贱各有传袭，我们按门第划分官员品级好吗？"

李冲反问道："我想请教皇上，上古以来，那些根据门第分清官爵与位次的做法，是为了那些养尊处优的膏粱子弟，还是为了治理国家呢？"

孝文帝脱口而出："当然是为了治理天下。"

李冲又问："那么，您为什么要按门第出身，而不按实际才华选拔官员呢？"

孝文帝辩解说："如果一个人特别优秀，就不怕不为人所知。然而，出身于君子之家的人，即使没有特别出众的才能，终归在品行方面要优秀一些，所以我选用他们。"

著作佐郎韩显宗就说："这不是让尊贵的人永远尊贵，卑贱的人永远卑贱吗？"

孝文帝想了想，说："如果遇到出类拔萃的人才，我也可以不拘泥于这一制度。"

于是，魏晋的门第等级制度就在北魏实行开来，鲜卑贵族根据姓族等级高低，授以不同的官位和特权的制度。

这年九月，孝文帝打算出京巡察。出发前，他召见群臣，要他们脱下胡服，改穿汉人的冠服。大臣们暗想："鲜卑人不论男女老少，从小到大都穿自己民族的服装，突然间要他们改穿汉服，谈何容易？反正皇上要外出巡察，这事先答应了再说，也许只是皇上一时心血来潮呢！"于是他们齐声说："臣等遵旨！"

几天后，孝文帝回京，找来留守洛阳的大臣，斥责道："昨天我进城时，看到不少妇女还穿着夹领小袖的胡服，你们为什么不遵行我的诏令，让她们改穿汉服？"

这些官员连忙磕头谢罪："皇上息怒，臣等这就去查。"

孝文帝缓缓地说："如果你们觉得我说得不对，可以当庭争辩。为什么在朝堂上表现得唯唯诺诺，退朝后就不听从呢？"

其实，不仅大臣们对改穿汉服有怨言，太子元恂更是如此。元恂擅长骑马打猎，对读书一点儿兴趣都没有，孝文帝经常劝他："你要多读经书，像汉人那样注意日常礼仪。"元恂当面答应，背后依旧我行我素。

洛阳天气炎热，在平城住惯了的元恂很不喜欢，常常思念故乡，一心想回去。孝文帝下令改穿汉服后，亲自赐给元恂两套汉人的衣帽，叮嘱道："你身为太子，一定要带头学习汉风汉俗。"

元恂满口答应："请父皇放心，儿臣一定做到！"但是，他体形肥胖，每到夏天就热得满头大汗，再穿上长及地面的汉服，更是闷得喘不过气来，所以他每次拜见完孝文帝，回到家就赶紧换回胡服。

太子的侍从高道悦经常劝元恂遵从孝文帝的旨意，不要惹祸。但元恂根本听不进去，他在洛阳越待越烦，觉得身边都是约束他的人，就打算找机会逃回平城。

一天，孝文帝前往嵩山，让元恂留守洛阳。元恂觉得机会来了，就与左右侍从密谋，想骑快马逃回平城。

高道悦苦苦劝谏："殿下，您是国之储君，千万不能做出这种违背圣意的事情啊！"

元恂火冒三丈，一刀杀死高道悦，带兵就往城外冲。大将元俨生怕事情闹大，命人死死守住城门，将元恂劝回东宫，再让尚书陆琇连夜出京向孝文帝禀报。

孝文帝听了，又惊又怒，但他一向沉稳，为了不引起骚乱，他仍按原计划办完事，才不动声色回到洛阳。

当天夜里，孝文帝火速召见元恂。元恂战战兢兢地进了宫，见孝文帝脸色铁青，旁边站着的咸阳王元禧也是一脸凝重，吓得"扑通"一声跪倒在孝文帝面前。

孝文帝瞪着元恂，骂道："逆子，你可知罪？"

元恂磕头如捣蒜，痛哭流涕道："儿臣自打来到洛阳，实在不喜欢这里的炎热天气，所以想回到平城，只是一直不敢和父皇说。今天高道悦出来阻拦，儿臣一时失手将他杀死。请父皇饶恕！"

孝文帝厉声道："事到如今，你还糊里糊涂，不知道错在哪里。

杀死高道悦，只是小罪；你图谋逃回平城，才是弥天大罪！"

元恂抹了一把眼泪，疑惑地问："父皇，平城是我们的故乡，儿臣想回老家，顶多算私自离京，怎么就成了大罪呢？"

孝文帝怒不可遏，骂道："想当初，我花了多少心血，才将京都迁到洛阳。这两年，大臣们表面上不说，实际上仍有许多人想回去。你这次一闹，开了一个极坏的头。若是这些王公贵族都跟着你闹，将来局面怎么收拾？你作为一国储君，一言一行都受到天下人的关注，怎么能干出这种蠢事？你平时就不喜欢汉服，私下常常换回胡服，这次又企图逃回平城！父亲制定政策，儿子站出来反对，这改革还怎么进行？逆子，我今天非打死你不可！"

孝文帝越说越气，干脆抄起木棍，使劲往元恂身上打去。元恂连声求饶，但是孝文帝毫不手软，自己打累了，又让元禧接着打。直到元恂被打得皮开肉绽，不敢叫唤，孝文帝才让人将他抬出去。

元恂躺了一个多月，刚能下床，又被孝文帝囚禁了起来。不久，孝文帝召见群臣，宣布废黜太子。一批痛恨汉化改革的鲜卑旧贵族趁机和恒州刺史穆泰、定州刺史陆睿勾结，密谋在平城起兵。孝文帝得到密报，派任城王元澄迅速平定叛乱，才没有酿成更大的灾祸。

这件事情过后，朝中再也没有人敢反对汉化改革了。孝文帝也稍作通融，考虑到北方的酋长和各位皇子害怕暑热，特意批准他们秋天再来洛阳，春天则返回各自的部落，当时的人称他们为"雁臣"。

孝文帝力排众议的汉化改革，进一步加强了各民族之间的融合，极大地消除了各族人之间的矛盾，使北魏在中原地区站稳脚跟，孝文帝本人也因此名垂青史。

成语学习 ①

膏 粱 子 弟

膏粱，肥肉和细粮，指美味佳肴。富贵人家过惯享乐生活的子弟。

造 句：那些人都是膏粱子弟，只会吃喝玩乐，没有什么真本事。	
近义词：纨绔子弟	
反义词：芝兰玉树	

---

① 这个故事的原文里还有成语"因循守旧"（死守老一套，缺乏创新的精神）、"清浊同流"（形容美丑、善恶混杂，好坏不分）。

【 步步莲花 】

《资治通鉴·齐纪九》

后宫服御，极选珍奇，府库旧物，不复周用。贵市民间金宝，价皆数倍。建康酒租皆折使输金，犹不能足。凿金为莲华以帖地，令潘妃行其上，曰："此步步生莲华也。"

译 文

后宫中的服饰用具，都是精心挑选的珍奇之品，如此奢侈，以致府库中的旧物，已经无法满足其用。萧宝卷让人高价收购民间的金子、宝器，价格都比正常的高数倍。又让人把建康的酒税全都折合成银钱交入官库，却仍不能满足后宫的用度。他命人把金子凿制成莲花贴在地上，让潘贵妃在上面行走，说："这真是步步生莲花呀。"

不爱江山只爱财

太和二十一年（公元 497 年），孝文帝见汉化改革大获成功，就把南征计划提上日程。他留下任城王元澄镇守洛阳，自己率领三十六路魏军，共百万铁甲，浩浩荡荡杀向南朝。

一路上，魏军势如破竹，大败齐将崔慧景、萧衍，连下新野、南阳，却在涡阳①遭到齐将裴叔业的痛击。孝文帝数次派出援军，都被裴叔业击破，只好抽调正在围攻义阳的十多万大军去救援，才迫使齐军撤退。

孝文帝正想继续南下，突然有人来报告说："齐国皇帝萧鸾病死了。"孝文帝想了想，说："按礼制，他国有丧事，不能讨伐。"立即宣布撤军。

回军途中，孝文帝得了重病，经过急救才转危为安，回到洛阳。第二年，齐将陈显达与崔慧景率兵来夺雍州，魏军连吃败仗。孝文帝大急，不顾病体再次亲征，不料病情恶化，只得撤军，途经谷塘原②时，孝文帝驾崩。

南北朝先后失去皇帝，各自进入新旧交替时期。北魏这边平稳过渡，太子元恪即皇帝位，他就是宣武帝。按照孝文帝的遗诏，任城王元澄、太尉公元禧、镇南将军王肃等人共同辅政，继续巩固孝文帝的汉化改革。而南齐自太子萧宝卷接班后，就闹得不可开交。

---

① 治所在今安徽蒙城东北。
② 今河南邓州市东南。

　　明帝萧鸾临死前虽然把朝政委托给徐孝嗣、萧坦之等大臣，但他最信任的是江祏（shí）、江祀兄弟，将更多重任托付给了他们。因此，萧宝卷登基后，江氏兄弟轮流在宫中值班，皇帝的一举一动都要经过他们同意。每当萧宝卷想按自己的想法行事，江祏兄弟都会坚决制止。

　　萧宝卷因此非常愤恨，干脆成日嬉戏游玩，不问政事。江祏苦心劝谏，萧宝卷就是不听。江祏就和几位辅臣商量，要废黜萧宝卷，另立新皇帝。可是辅政大臣们各自怀有私心，在立谁为新皇帝的事上争论不休，迟迟不能决定。很快，有人告发了江氏兄弟的阴谋，萧宝卷派人诛杀了他们。

　　萧宝卷如愿亲政了，却不管事，只知玩乐。他日夜和亲信在后堂鼓吹弹唱，骑马作乐，经常闹到五更才睡，第二天傍晚才起床。因此，大臣们入朝参见的时间改到了傍晚，即便这样，有时他们等到天黑仍不见皇帝出来。尚书们送上来的文书，一个月或者更长时间才能报一次，有的文书最后竟然无影无踪了，原来是被小宦官们拿来包裹鱼肉，带回家去了。

　　宠臣茹法珍、梅虫儿等人趁机揽权，并唆使萧宝卷先后杀了宗室刘暄、老将曹虎、司空徐孝嗣等大臣。每次行动，萧宝卷都喜欢搞突袭，而且手段残酷，搞得大臣们人人自危。

　　驻军江州的老将陈显达也很害怕，又听到朝廷要攻打江州的传言，索性起兵反叛，准备拥立萧宝卷的同母弟弟、建安王萧宝寅为皇帝。萧宝卷火速派崔慧景平定叛乱，斩杀陈显达。萧宝寅吓坏了，赶紧跑去自首，痛哭流涕地对萧宝卷说："那天也不知道什么人硬把我推上车，逼着我造反，我实在是身不由己。"萧宝卷觉得挺好笑，就没有追究他的责任。

　　此后，萧宝卷更加狂妄骄纵，开始喜欢出宫游荡。他每次出宫都不愿意被人看见，凡是来不及躲避的人，一律杀头。因此，当地官员一旦得到皇帝出宫的消息，就会通知百姓躲在家里，以致街道上一个人影都没有。有时，萧宝卷一个月要出去二十多次，弄得商贩无法营业，叫苦连天。

有一次，萧宝卷心血来潮，突然跑到一座庙里。听到风声的和尚都跑得无影无踪，只有一个腿脚不方便的老和尚来不及逃，躲在草丛中。因为害怕，他的身子不住地颤抖，草丛因此发出窸窸窣窣的声音。萧宝卷察觉后，嘴角泛起诡异的笑容，指了指老和尚的藏身处，他身后一百名弓箭手立即搭弓射箭。一阵"嗖嗖嗖"的响声过后，可怜的老和尚像刺猬一样，浑身插满了箭，他趴在地上，惨叫了半天才死。萧宝卷却站在一旁，看得津津有味。

萧宝卷对他人冷酷无情，对一位姓潘的妃子却万般宠爱，恨不得把世间最好的东西都给她。潘妃容颜秀丽，身轻如燕，萧宝卷就命人把金子凿制成莲花贴在地上。潘妃迈着纤纤细步，从莲花上轻盈而过，如阳春三月的细柳，袅袅娜娜。萧宝卷看得如痴如醉，喃喃地说："真是步步莲花呀。"为了讨好潘妃，萧宝卷经常去她的娘家，像个仆人一样，亲自打水下厨。潘妃的父亲则倚仗女儿得宠，横行霸道，无恶不作，地方官吏也不敢过问。

朝廷诛杀陈显达时，镇守边境的裴叔业没有听从调度，朝廷便怀疑他有异心，认为他在边境上，一有风吹草动就会向北魏投降，便派使者前去安抚他。哪知朝廷越安抚，裴叔业就越害怕，最终向北魏献城投降。萧宝卷命崔慧景带兵征讨。没想到崔慧景刚出京城几十里，就宣布起兵造反，调头包围了建康。

萧宝卷大惊失色，征调驻守淮汉边境的大将萧懿前来救驾。当时萧懿正在吃饭，他立即扔下筷子，率领手下几千人马，火速渡过长江，并点燃烽火通知城内。台城中的人见到援军的火光，高兴得击鼓欢呼。

萧懿一心想救驾立功，他的弟弟萧衍却很忧虑，派使者对他说："如果您平定了叛乱，立下不赏之功，即使遇到明君也很难站稳脚跟，何况现在奸臣当道，他们肯定容不下您。所以，诛杀叛逆之后，您应当马上率兵进宫，废掉昏君，另立明主。否则，就赶紧回到驻地。千万不要为了更高的官爵，而放弃手中的兵权，进京任职。一旦失去军队，您就只有死路一条。"萧懿却淡淡一笑，说："我对朝廷绝无二心。"

由于萧懿指挥得当，短短十二天时间就平定叛乱，崔慧景被杀。萧懿被任命为尚书令，他没有听从弟弟的劝告，最终放弃兵权进京任职。茹法珍忌妒萧懿的功劳，诬告他企图废立君主。萧宝卷便赐给萧懿一杯毒酒。

有人劝萧懿逃走，他却从容地说："人都有一死，哪有尚书令叛逃的道理？"死到临头，他仍然想表达对朝廷的忠心，说："我弟弟萧衍在雍州，将成为朝廷的一大忧患。"说完将毒酒一饮而尽。

萧懿的死讯传来，萧衍怒不可遏，当即召开誓师大会，率军攻打建康。百官惊恐，萧宝卷却满不在乎地说："陈显达、崔慧景这样名震天下的老将都败在我手下，一个小小的萧衍算什么！"

没想到萧衍的大军很快就逼近建康，萧宝卷这才召集兵马，准备固守宫城。为了充实军队，他从监狱中挑选了一些健壮的囚犯，至于那些犯了死罪的，为了防止他们趁乱逃窜，干脆全杀了。

萧宝卷平时就喜好摆弄军阵，现在真的要打仗了，免不了与身边的宫人们在殿前进行战斗演习。演习时，他还装作受伤的样子，让侍从用木板把他抬出去，觉得这样做可以在真正的战斗中免除灾祸。

每次演习完了，萧宝卷仍旧嬉戏游玩，日夜颠倒，跟从前没什么两样。不过，一听到外面有击鼓呐喊声，他就披上大红袍，登楼眺望，有一次还差点儿被流箭射中，幸亏旁边的太监及时拉他一把，才逃过一劫。

萧衍攻城的动静越来越大，城中百姓惊慌失措，将士们也逐渐丧失斗志。茹法珍有些沉不住气了，对萧宝卷说："皇上，请拿出一些财物，赏赐给将士们，激励他们死战。"

萧宝卷一向爱财如命，在他看来，为心爱的潘妃花多少钱都可以，赏给那些低贱的将士却万万不行。所以，他朝茹法珍翻了一个大白眼，没好气地说："难道萧衍大军来了只对付我一个人吗？为什么要拿我的钱赏赐？"

茹法珍目瞪口呆，只好转移话题："后堂储放了几百块木料，将士们要求拿去做城防用。"

萧宝卷脸一板，喝道："不行！你们干吗老想动我的东西？这是我留着盖大殿用的。"

茹法珍只得退下。萧宝卷转身就命令手下人："去，督促御府制作三百人用的兵器。等官军大破萧衍，我出城游玩时，侍卫们就可以用它们驱赶那些不知死活的贱民了。"

将士们都非常愤怒，生死关头，皇帝心里想的竟然还是玩乐，于是都不愿再为他出力。围城的时间长了，城内粮食短缺，大家都希望能早点儿逃出去，只是谁也不敢率先行动罢了。

这天一大早，一则消息打破了城中的平静：南康王萧宝融在萧衍的拥戴下，于江陵称帝，这就是齐和帝。和帝宣布废黜萧宝卷，封萧衍为征东大将军。

茹法珍与梅虫儿为了掩饰自己的无能，进谗言说："皇上，事情发展成这样，完全是朝中那些大臣不好好抵抗叛军的缘故，您应该杀几个人来显示天子的威严，激发将士们的斗志！"

　　这个时候杀大臣？萧宝卷犹豫不决。趁这个当口，守将王珍国、张稷悄悄派亲信送了一块明镜给萧衍，表明对他的支持。萧衍大喜，截断一块金子，回赠王、张二人，说明自己愿意与他们同心共事。

　　当天晚上，王珍国率兵潜入皇宫，杀死了萧宝卷。只做了三年皇帝的萧宝卷死后被贬为东昏侯，南齐王朝也将走到尽头。

成语学习

步步莲花

原文为"步步生莲华"。"华"，同"花"。原形容女子步态轻盈。后常比喻渐入佳境。也作"莲花步步生"。

造　句：	那位貌若仙子的姐姐带着浅浅
	的笑意，步步莲花，款款而
	行，最终消失在密林深处。

【 昼伏夜行 】

《资治通鉴·梁纪一》

防守者至明追之，宝寅诈为钓者，随流上下十余里，追者不疑。待散，乃渡西岸投民华文荣家，文荣与其族人天龙、惠连弃家将宝寅遁匿山涧，赁驴乘之，昼伏夜行，抵寿阳之东城。

译 文

天亮以后，看管的人发现萧宝寅不见了，急忙追赶。萧宝寅假扮成钓鱼人，与追赶者在江中并舟而行了十多里，追赶者都没有对他产生怀疑。等到追赶的人离开后，萧宝寅登上西岸，投奔百姓华文荣。华文荣与族人华天龙、华惠连丢弃家业，带着萧宝寅逃到山沟里。后来，他们租了一头毛驴给萧宝寅骑，一行人白天躲藏，夜间赶路，终于来到了寿阳的东城。

梁魏义阳之战

诛杀东昏侯萧宝卷之后，齐和帝萧宝融还没到达建康，就命萧衍为大司马，负责朝政。渐渐地，萧衍萌生了受禅登基的想法，为了杜绝后患，他开始大肆诛杀南齐的诸位亲王。然而百密一疏，萧宝卷的弟弟萧宝寅逃跑了。

萧宝寅头戴斗笠，一身黑衣，趿（tā）拉着双草鞋一路狂奔，惶惶如丧家之犬，跑到长江边时，两只脚都磨出了血泡。他顾不上疼痛，跳上了早已等候在那里的一条小船。寂静的夜里，除了船桨划水的声音，萧宝寅还能清晰地听到自己"怦怦怦"的心跳。

天蒙蒙亮时，河面上突然传来一阵嘈杂刺耳的声音。正睡得迷迷瞪瞪的萧宝寅猛然惊醒，一个鲤鱼打挺想翻身起来，结果一头撞在船篷上。他摸着额上的大包，透过船篷上的缝隙往外瞧，只见一艘大船从远处追来，上面站满了手持大刀的士卒，嘴里还嚷嚷着："萧宝寅肯定是从水路逃跑的！"不少过往的船只都遭到他们的盘问。

萧宝寅努力让自己镇定下来，他拿起船内的一根渔竿，轻声对船夫说："我出舱钓鱼，你就按正常的速度划船！"他坐在船头静静地垂钓，就这样与追赶者在江中并行了十多里，对方都没有生疑。等到追赶的大船远去，萧宝寅就在长江西边上岸，在当地百姓的帮助下，他骑着一头毛驴，昼伏夜行，终于来到了寿阳的东城。这里的守将是北魏的任城王元澄，他非常重视，专门派人护送萧宝寅前往洛阳。

萧衍虽然为萧宝寅这条漏网之鱼感到懊恼，但是也没多想，因为他忙着和亲信沈约、范云商量禅让一事。和帝倒也识趣，先封萧衍为梁王，没过几天，就将皇位禅让给他。南齐只存在了短短二十三年便灭亡了。

公元 502 年，萧衍即位，改国号为梁，史称南梁或萧梁。萧衍就是梁武帝。

梁武帝正当壮年，很想有一番作为，他吸取宋、齐灭亡的教训，推行了很多利国利民的措施。

首先，他学习古代贤君广开言路的做法，命人在公车署的谤木①和肺石②旁各放了一个大盒子。如果普通百姓想对朝政提建议，就写出来投入谤木旁边的盒子里；如果有谁立了功却没有受到应得的赏赐或提拔，可以向上级申诉，把申诉书投入肺石旁边的盒子中。

其次，他重视官吏的选拔任用，每次都挑选清廉公正的官员，把他们召到宫中，讲授一些为国为民的道理。为了更好地激励这些官员，梁武帝特意下诏说："小县城的县长如果政绩出色，可以升到大县任县令。大县的县令干得好，就能提拔为郡守。"因此，南梁开国之初，大多数官吏在任上都勤勤恳恳、廉洁奉公。

此外，梁武帝还以身作则，在全国提倡节俭的风气。虽然贵为皇帝，但他经常穿洗过很多次的旧衣服，袖管磨破了也不舍得丢掉，吃的是粗茶淡饭，有时忙着处理政务，就喝点儿稀饭充饥。

经过一段时间的努力，南梁国内呈现出安定繁荣的局面。可就在这时，一则令人不安的消息传到京城：北魏大举发兵前来攻打。

原来，萧宝寅历经艰辛，终于到达洛阳。他跪伏在洛阳的宫城

---

① 也叫华表木。相传舜在交通要道立木牌，让百姓在上面书写谏言。
② 古时设于朝廷门外的赤石。百姓如有不平，可以击石鸣冤，因为形状如肺，故名。

门下，请求北魏出兵讨伐南梁，助他复国。当时，萧宝寅年仅十六岁，由于长时间徒步行走，一路上东躲西藏，看上去憔悴不堪，像沿途乞讨的流民。但他进入宫城后的一举一动，都庄重文雅，不卑不亢，非常符合儒家礼仪。当时很多北魏大臣仰慕汉人文化，对萧宝寅赞不绝口，十分同情他的遭遇，支持出兵。

无独有偶，南梁大将陈伯之受心腹唆使，率兵反叛南梁，被梁将王茂击败，也前来投降，并请求北魏发兵征讨南梁。宣武帝元恪也有统一天下的想法，就同意了。

自从天下分裂为南北以后，淮南地区就成为江南的屏障。北魏孝文帝迁都洛阳后，南北对峙的重点就转移到淮河沿线，从西到东，分别是义阳、寿阳、钟离①等军事重镇。寿阳城在南齐末年已经被北魏占据，所以这次北魏决定分兵攻取钟离与义阳。

北魏景明四年（公元503年）六月，宣武帝调发五万人马，由元澄指挥，和萧宝寅、陈伯之一起攻打钟离。八月，北魏又派镇南将军元英攻打义阳。

在钟离方向，北魏大军进展相当顺利，连续拿下沿途的八座城池，几个月后，元澄决定攻打阜陵②。

戍守阜陵的太守冯道根非常有忧患意识，刚到任时就安排修筑城壕，训练军队，派兵四处侦察，好像敌人就要来了一样。当时很多官员都嘲笑他，冯道根却不理会。结果，城防还没修好，两万魏兵就杀到了。当时阜陵城的兵马不多，大家都惊慌失措，冯道根却不慌不忙，他穿着一身宽松的便服就登上城头，指挥两百名精锐士卒出城应战，并将对方击败。魏军见冯道根气定神闲，初次交锋又失利，赶忙撤退。冯道根立即出城追击，将魏军打得七零八落，还

---

① 治所在今安徽凤阳东北。
② 治所在今湖北随州市东北。

断了他们的粮道。魏军出师不利，此时又下起了大雨，淮水暴涨，元澄便下令撤回寿阳城。

而义阳方面，元英的大军昼夜不息地攻城。当时义阳城的驻军不到五千，粮食仅够维持半年，偏偏在这个节骨眼上，义阳刺史蔡道恭病倒了。生死关头，蔡道恭只好带病作战，率领梁军将士一次次抵挡住魏军的攻势，与对方相持了一百多天。

由于操劳过度，蔡道恭的病情加重，他对堂弟蔡灵恩、侄子蔡僧勰（xié）等人说："我受到朝廷的厚待，却不能消灭贼寇，心里非常难过。我的日子不多了，我死以后，你们要以死捍卫自己的名节，守住义阳城。这样我在九泉之下，才会感到欣慰。"说完就咽了气。

魏军久攻不下，元英担心粮草告急，原本打算撤军，后来得知蔡道恭死了，他立即振作起来，下令集中火力攻城。

蔡灵恩、蔡僧勰连忙向朝廷告急。梁武帝派老将曹景宗、王僧炳率军救援。不料，王僧炳的先头部队出师不利，在路上遭到魏军伏击，损失惨重。紧随其后的曹景宗见势不妙，就停兵不前，每日只是原地打打猎。

情报传回京城，梁武帝叹道："这两人都指望不上，只能调马仙琕（pín）去救义阳了。"马仙琕是南梁名将，勇武倔强，忠心耿耿。他接到诏令，率军一路奔袭，锐不可当。

元英见马仙琕来势凶猛，决定智取。他先让一队将士在梁军的必经之路修筑战垒，又安排主力部队埋伏在四周的山坡上，最后派出一支看上去弱小的士兵引诱梁军。

马仙琕果然中计，他轻蔑地对左右说："元英就派这些老弱残兵来打，真是可笑！"带头迎了上去。魏军且战且退，把马仙琕引到埋伏圈。马仙琕以为魏军不堪一击，正得意时，四周突然响起震天的喊杀声，他才意识到自己上当了。

魏军中最先冲出来的是年近七十的老将傅永，他身着铁甲，手执长矛，一连刺翻几名梁兵。梁军弓箭手急忙朝傅永射箭，其中一支正中他的左大腿。傅永忍痛拔出箭，往地上一摔，又杀入梁军阵中。在傅永的影响下，北魏将士个个不要命，杀得梁军一败涂地。马仙琕的一个儿子阵亡，他只好下令撤退。

元英见傅永腿上鲜血直流，就劝他："傅将军，赶紧先回营地包扎。"

傅永不肯："从前汉高祖刘邦的脚受伤，但是他用手捂住，不想让别人看到。① 我要是退下了，贼人就会大肆宣扬射伤了我方一员大将！"于是继续追击梁军，直到天亮才返回。

第二天，马仙琕强忍丧子之痛，集中所剩兵力，三次攻打元英，却次次被打败。为了保住最后一点儿人马，马仙琕只好撤军。

义阳城一直没有等来援军，走投无路的蔡灵恩只能向北魏投降。南梁刚刚立国，就丢失了军事重镇，梁武帝只好将防线往南移，在南义阳② 设立治所。

① 实际上，项羽那箭正中刘邦胸口。刘邦怕影响军心，才假装弯腰摸脚，让将士误以为他只是脚受伤了。
② 在今湖北孝昌北。

成语学习①

昼 伏 夜 行

伏，躲藏；行，赶路。白天躲藏，夜间赶路。指为避免被敌人发现所采取的秘密活动。

造　句：	为了躲避美军的空袭，志愿军战士翻山越岭，昼伏夜行，开赴朝鲜战场。
近义词：	昼伏夜动
反义词：	日夜兼程

---

① 这个故事的原文里还有成语"昼夜不息"（息，停止。从白天到夜晚一直不停）。

〖 知难而退 〗

《资治通鉴·梁纪二》

魏诏邢峦（luán）引兵渡淮，与中山王英合攻梁城，宏闻之，惧，召诸将议旋师，吕僧珍曰："知难而退，不亦善乎!"宏曰："我亦以为然。"

译文

北魏诏令名将邢峦领兵渡过淮河，同中山王元英合兵攻打梁城。萧宏得到消息后，大为惊恐，召集众将领商议撤兵。吕僧珍说："知道事情困难就后退，不是非常对的吗?"萧宏说："我也认为应该这样。"

"萧娘"去哪儿了？

南梁丢掉军事重镇义阳之后，梁武帝萧衍非常愤怒，便积极筹备军用物资，大力训练士兵，决心报仇雪耻。天监四年（公元505年），梁武帝任命六弟、临川王萧宏为主帅，大臣柳恢为副帅，率领南梁大军北伐。

一路上，梁军的军容壮观，锐气十足，北方人都惊恐地说："这次南方人真是不惜血本，几十年都没有见过这么大规模的战事啊！"北魏朝廷见梁军来势汹汹，就派义阳之战的功臣、中山王元英率兵迎战，后来又调名将邢峦协同作战。

梁军一路向北，沿途攻下不少城池，到达洛口^①时，传来先头部队攻陷梁城^②的好消息，将士们都很高兴，要求乘胜深入。谁知主帅萧宏生性懦弱，不敢与元英、邢峦的联军交战。他召集吕僧珍、裴邃、马仙琕、昌义之等将领，对他们说："魏国人的后援部队就要来了，我们应当避一避锋芒。"

吕僧珍顺着他的话说："知难而退，也是对的嘛。"

萧宏朝吕僧珍点了点头："我也认为应当这样。"

裴邃长期在边境作战，熟悉军务，他反对撤兵："这次出征，是我们主动进攻敌人的，有什么难要避呢？"

马仙琕更不客气，他瞪着双眼，额头上暴起一道道青筋，咆哮

---

① 在今安徽淮南市东。古时为洛河入淮之口。
② 在今安徽淮南市东北，淮河南岸。

着说："王爷，您怎么能说出这种亡国的话呢？圣上把荡平天下的重任托付给您，我军宁可向前一尺死，决不退后一寸生！"

昌义之也气得头发和胡子都竖了起来，怒吼道："吕僧珍扰乱军心，应当斩首！哪有百万雄师刚出动，还没有遇上敌人就望风而逃的？这样做还有什么脸面回去见圣上？"

另外两名将领干脆拔剑而起，说的话掷地有声："谁要想撤，他自己撤好了，我们誓与魏军一决生死！"

萧宏见众将领剑拔弩张的，既不敢违背大家的意思，又不敢继续行军，便下令就地休整。魏军见梁军一连几天都没动静，纷纷嘲笑萧宏胆小怕事，给他送来女人用的头巾和发饰，还编了一首歌："不怕萧娘与吕姥，只怕合肥有韦虎。"显然，"萧娘"指萧宏，"吕姥"是吕僧珍，至于"韦虎"，则是指名将韦叡（ruì）。

韦叡谋略过人，却体弱多病，虽然经历了无数战役，但是他从来没有骑过马，每次打仗，他都坐在木板车上指挥。平时，他对部下关爱备至，所以上了战场，将士们都愿为他拼命。

这次北伐，韦叡奉命进攻合肥。他率军来到城下，马上巡视四周，察看地势，命人修堰筑坝，又在岸边建造城堡守卫堰坝，打算引肥水灌城。魏军见状，派兵攻占了城堡，淹死堡中一千多人，又乘胜进击。韦叡的部将见魏军来势极猛，就请求退军。韦叡怒道："军败将死，有进无退。"他命人将伞旗立在堤下，表示自己誓死不退。梁军将士受到激励，最终击退魏军。

虽然打了胜仗，韦叡却没有松懈，他下令日夜赶造战舰，并要求舰的高度与合肥城墙相等，之后从四面逼近城池。城里的魏国人都吓哭了，魏将杜元伦登城督战，结果被梁军的弩机射死。梁军士气大振，迅速攻破合肥城，俘虏、斩杀了一万多人。此后，魏军送给韦叡"韦虎"的名号，看到他的旗帜就躲得远远的。

而吕僧珍见魏国人用"吕姥"来嘲讽自己，脸上挂不住了，对萧宏说："我们决不能让魏国人看不起！不如让大部队停在洛口，另派裴邃攻取寿阳。"

萧宏不听，还下令说："敢擅自前进的，一律斩首！"

双方一连几天都没有战事，可把魏将杨大眼憋坏了。杨大眼的眼睛特别大，战斗时常常怒目圆睁，似乎要喷出烈火，气势上就让对手胆战，因而得名"大眼"。这会儿，他瞪着那双铜钱似的大眼，主动向元英请战："让我去攻取洛水。"元英拒绝了，说："萧宏虽然又蠢又胆小，但是韦叡、裴邃等人都是当世良将，不可轻敌，你们先观察观察形势，暂时不要与他们交战。"杨大眼只得眨巴着大眼睛，不再说话。

几天后的一个早晨，梁军的营中突然出现骚乱，有人在传："王爷不见了！"原来，前一天晚上忽然雷声大作，紧接着狂风呼啸，大雨如注，一向养尊处优的萧宏吓得带着几个随从，招呼也不打就骑上马跑了。

梁军将士都傻眼了，嚷嚷道："主帅都逃了，这仗还怎么打呀？我们也赶紧逃吧。"他们弃甲投戈，一哄而散，百万北伐军瞬间成了一盘散沙。

元英笑得浑身颤抖："萧娘吓跑了，真是天下奇闻！"他下令追击，梁军再次遭受重创，损兵折将。

宣武帝元恪大喜，命令元英乘胜荡平东南。元英率军一直追到马头郡①，攻下马头城后，将城中的粮食全都运回北方。梁国人见了，以为魏国人把战利品运回北方，肯定是要撤军了。

梁武帝却看出其中有诈，说："元英是在误导我军，让我们不加

① 治所是马头城（在今安徽怀远南）。

提防，其实他的下一个目标是钟离。"

钟离是南北重要的交通枢纽，如果落入北魏手中，加上已经失守的寿阳与义阳，南梁在长江沿岸的军事布置就形同虚设，魏军必将饮马长江，到那时建康也将危在旦夕。想到这里，梁武帝顾不上追究萧宏临阵脱逃的罪责，下令修筑钟离城，并调昌义之守城。

果然不出梁武帝所料，元英的大军很快就将钟离城围得水泄不通。梁武帝忙令大将曹景宗督率各路人马共二十万前去援救，并嘱咐他先屯驻在道人洲[①]，等各路人马汇集后再一起进发。可是，曹景宗为了抢功，不等部队会合，率军独自前进，结果遭遇暴风，许多人被刮入水中淹死。梁武帝大急，又调韦叡去支援。

而魏军这一路的所向披靡，让元英产生一个错觉，以为攻下钟离如探囊取物。他命人在钟离附近的小岛邵阳洲的两岸架起浮桥，竖立数百步长的栅栏，跨过淮水连通南北道路。元英自己驻扎在南岸，负责攻城，并对南梁的援军严防死守，杨大眼则占据北岸修筑城堡，保证粮道通畅。

昌义之考虑到城内只有三千将士，便采取灵活多变的守城方式。魏军用冲车撞击城墙，撞下一大片土，昌义之就命人用泥巴及时涂补；魏军日夜架云梯苦攻，昌义之就让人袭击云梯上的士兵。就这样，魏军每天攻城数十次，损失一万多名士兵，尸体堆得和城墙一般高，钟离城却岿然不动。

转眼到了天监六年（公元507年）二月，韦叡率领援军赶到邵阳。曹景宗虽然傲慢自大，对韦叡却非常恭谨，两人商议好援救计划后，就进驻邵阳洲。

韦睿连夜命人在曹景宗营地前二十里处挖掘长沟，把带枝杈的

---

① 在今安徽凤阳东北淮河中，西对邵阳洲。

树木竖立其中，在邵阳洲上筑城。太守冯道根有项特殊的本领，他能骑马量地，根据马的步数分配每人的工作量，效率特别高。所以，一夜之间，城垒就建成了。

天刚蒙蒙亮，元英就外出视察，见梁军的城垒矗立在距离自己只有一百多步的地方，惊得像头顶炸了个响雷，他用手杖击打着地面，嘴里嘟囔道："怎么可能这么快？莫非有神灵在保佑韦虎！"

曹景宗担心钟离城内士气低落，就招募水性好的勇士，潜入城中，送上援军到达的情报。城内将士激动万分，信心倍增。

一场决定南梁生死存亡的大战正式拉开帷幕。第一天，梁、魏双方打得异常激烈。北魏由勇冠三军的杨大眼率领一万骑兵打头阵，他挥舞着一柄长刀，横冲直撞，锐不可当，身后的魏兵也如狼似虎，杀得梁军连连后退。

坐在板车上的韦叡见情势危急，下令把战车连接起来组成战阵，并在每辆战车上配备强弩。每当杨大眼聚集骑兵围攻时，韦叡就让所有强弩一齐发射。北魏骑兵纷纷中箭落马，杨大眼的右臂也被利箭射穿，手中长刀跌落在地，他忍住疼痛，拍马就逃。

第二天，元英亲自率部来战。双方交战了数次，元英都被打败，他不甘心，连夜纠集魏军攻城，密集的利箭雨点般射进城中。梁军骚乱不安，韦叡的儿子请求下城墙躲避。韦叡站在城墙上，厉声呵斥："敢退就斩！"军心这才安定。

这时，梁武帝得到前线战报，仔细分析军情后，决定对魏军实行火攻。他命令曹景宗等人修造高大船舰，使其与北魏的浮桥一样高。

当时正是三月，江上刮起了大风，淮水暴涨，韦叡安排了一些水性好的士兵，驾驶着多艘小船，载着灌满膏油的干草，驶向北魏的浮桥，准备点火烧桥，并命冯道根、裴邃等人率领战舰紧跟其后。

在风力的助推下，小船箭一般驶到了浮桥，士兵们纵身跳入水中的瞬间，火苗也同时蹿起，眨眼工夫，桥就被烧断了。冯道根等人趁机向魏军发动总攻。遮天蔽日的烟火和震耳欲聋的喊杀声，把魏军吓得屁滚尿流，他们脱掉盔甲、扔掉兵器，跳水逃跑，结果有十多万人淹死，另有十多万人被斩杀。元英狼狈逃走。

韦叡派人将捷报传入钟离城内，昌义之悲喜交加，不住地说："又活啦，又活啦！"

钟离大战是南朝数十年未曾有的大胜利，此战让南梁稳住了淮南的形势，全力发展经济，迎来富庶昌盛的太平局面。而北魏在战后内乱不断，民变四起，迅速走向衰落。

成语学习①

知 难 而 退

原指作战要见机而行，不要做实际上无法办到的事。后泛指知道事情困难就后退。

造　句：	在学习的过程中，我们要知难而进，绝对不能知难而退。
近义词：	听天由命、望而却步
反义词：	知难而进、力争上游

---

① 这个故事的原文里还有成语"弃甲投戈"（丢下盔甲，扔了武器。形容打了败仗，狼狈逃跑的样子）。

〖 手不释卷 〗

《资治通鉴·梁纪三》

汉光武、魏武帝，虽在戎马之间，未尝废书，先帝迁都行师，手不释卷，良以学问多益，不可暂辍故也。陛下升法座，亲讲大觉，凡在瞻听，尘蔽俱开。然《五经》治世之模楷，应务之所先，伏愿经书互览，孔、释兼存，则内外俱周，真俗斯畅矣。

译 文

汉光武帝、魏武帝虽然忙于戎马征战，却不曾弃读儒书，先帝迁都洛阳的途中，还书本不离手，正是因为儒学益处很多，不可以临时中断。陛下您升上法座，亲自讲解佛法奥义，使听者拨开内心尘蔽。然而《五经》是治世的楷模，处理世务离不了它。希望陛下兼读佛经与儒书，让孔学与佛教并存，如此则内外都能周全，教义和世务都能通畅。

一道密折捅了马蜂窝

北魏在钟离惨败，让宣武帝元恪明白了一个现实：北魏虽然实力强大，但是灭不了南齐。这以后，宣武帝极少对南方发动战争，而是将心思转移到佛教上，每天沉浸于研习佛经，不再读儒家经书。

北魏永平二年（公元509年）冬，宣武帝召集众僧及朝臣，亲自讲解《维摩诘经》①。中书侍郎裴延儁劝谏道："汉光武帝、魏武帝虽然忙于戎马征战，却不曾弃读儒书，先帝迁都洛阳的途中，还手不释卷，正是因为儒学多有益处，不可以临时中断。陛下您升上法座，亲自讲解佛法奥义，使听者拨开内心尘蔽。然而《五经》是治世的楷模，处理世务离不了它。希望陛下兼读佛经与儒书，让孔学与佛教并存，如此则内外都能周全，教义和世务都能通畅。"宣武帝没有采纳。

当时，京城和尚云集，除了本土的和尚，还有三千多名从西域来的和尚。宣武帝为了安置西域和尚，特地在永明寺加建了一千多间禅房。随着信奉佛教的人越来越多，各州郡都在不断建造寺院，鼎盛时全国寺院竟然达到一万三千多座。

宣武帝醉心佛事，朝权就落到了外戚高肇的手里。高肇这个人没什么学识，人品也低劣，掌权之后就开始忌恨有名望的宗室、功臣，还害死了彭城王元勰等皇室重臣。

---

① 大乘佛教的早期经典之一，宣传在世俗生活中也能修炼成佛。因为此经的主人公为维摩诘居士，故而得名。

任城王元澄为了自保，便不再过问国家大事，每天纵酒狂欢，还经常像疯子一样，做出一些不可思议的举动。高肇知道后，对他渐渐放松了警惕。

第二年，皇子元诩降生。宣武帝因为之前生的儿子都夭折了，对这个孩子非常重视，专门安排可靠的人抚育。此外，因为宣武帝信奉佛教，不想杀生，加上朝中大臣刘腾、于忠、崔光等人暗中相助，元诩的生母胡氏不仅没有按旧例被杀，还被封为贵嫔。

又过了五年，宣武帝驾崩，年仅五岁的元诩即位，他就是北魏孝明帝。元氏宗亲借办丧事的机会，召回在外统兵的权臣高肇，将他杀死。随后，胡贵嫔以皇太后的身份开始临朝听政。

胡太后聪明过人，又极具野心，希望像当年的冯太后一样，把国家治理好。一开始她还假托皇帝的命令行事，不久就让百官在上书时称她为"陛下"，后来干脆自称"朕"。她每天批阅各种奏章，裁决重大案件，还亲自考核地方官员，朝野上下大感欣慰。

然而，胡太后的学识、气度都有限，也没有冯太后那样高明的见解与政治智慧，很快就暴露出了她的真面目。她不顾当时国库日益空虚的状况，没完没了地建造华丽的佛寺，在私生活上又不检点，渐渐地让国人感到失望和厌恶。

这年刚过元旦，征西将军张彝的小儿子张仲瑀就上了一封密折，建议胡太后修订考核官员的标准，把文官与武官的考评分开，限制武官晋升的渠道。

北魏本是鲜卑拓跋部凭借武力建立的国家，建国初期征伐不断，武官的重要性不言而喻，因而他们享有崇高的地位。但是，自孝文帝太和改革以来，战事日益减少，武官的地位远不如从前，晋升的渠道与速度都比文官差很多。到了胡太后主政时期，甚至形成轻视武将的风气，所以张仲瑀才提出这个建议。

张仲瑀上的是密折，但不知怎的，内容被泄露出去，一下子就捅了马蜂窝。武官们三三两两地聚在一起，发泄心中的愤懑。

有的说："将士们当初为国家立下汗马功劳，现在天下太平了，朝廷就想卸磨杀驴！"

有的说："张彝的儿子真是个混账东西，照这样发展下去，往后我们的待遇还不如狗呢！"

大家你一句我一句，越说越气愤。这时，一个武官撸起袖子，振臂高呼："反正武官没有前途，不如我们去杀了张彝父子，拼一个鱼死网破得了！"

众人的情绪瞬间被点燃，纷纷挥动手臂，高喊："对，杀了张彝父子！"于是到处张榜，约定二月二十日集合，去杀张彝父子。

洛阳城的大街小巷顿时跟煮沸了似的，人们议论纷纷，奔走相告。有人赶紧通知张彝父子，让他们出城避一避风头。

张彝却漫不经心地说："洛阳可是天子脚下，国家还有王法，他们能闹出什么事啊！"

到了二十日这天，羽林、虎贲等近千名武官聚集在一起，一路走一路喊，浩浩荡荡地冲向尚书省。他们用瓦片、石块砸尚书省的大门，官员们都吓得缩在角落里，没有人敢上前阻拦。

一阵噼里啪啦的乱响过后，门被强行撞开，武官们叫骂着寻找张彝父子，结果，搜遍了尚书省也没有找到，他们就嚷嚷道："走，到张府去把他们父子揪出来！"

消息传回张府，张彝的大儿子张始均吓得翻墙逃了，其他人则闭门不出。可是，武官们个个骁勇壮硕，区区一道门哪里拦得住他们。大门很快被踹开，武官们蜂拥而入，将张家翻了个底朝天，拖出躲在床下瑟瑟发抖的张彝，围着他不住地谩骂，朝他脸上吐口水，还轮番用木棒打他。

"可惜让张仲瑀跑了，这口恶气只出了一半！干脆一把火烧了这宅子。"有个武官提议，其他人立刻取来火把，把张府里里外外全给点着了。

当时张始均还没逃远，见家中浓烟滚滚，担心老父亲的安危，又折回家中。他见父亲被折磨得不成人样，就不住地叩头求情："你们怎么对我都可以，请饶了我父亲吧。"

武官们冷笑道："你要我们饶了你父亲，可是你们父子饶过我们这些武官吗？兄弟们，往死里打！"张始均被打得死去活来，最后被丢进熊熊大火中活活烧死了。张彝被打得气若游丝，第二天也死了。只有张仲瑀侥幸逃脱。

这起骇人听闻的事件，令洛阳百姓谈之色变，人们都希望朝廷能够主持公道，严惩凶手。然而，胡太后却只是象征性地杀了为首的八个人，其余的不再追究。过了几天，她又颁布大赦令安抚武官，还让吏部尚书崔亮重新制订官员考核标准，允许武官按照年纪大小和资历长短有序晋升。

当时的人都预感到国家将要发生大动乱了，从怀朔镇①来京城送信的邮差高欢就是其中之一。

高欢是纯正的汉人，却有一个匈奴名字，叫贺六浑。他的祖父是后燕的燕郡太守高湖，后燕灭亡之后逃到北魏。后来，高欢的父亲高谧在北魏当官时犯了法，全家被流放到怀朔镇。

边镇条件艰苦，高家的日子本就清贫，偏偏高欢一出生母亲就死了，高家的生活越发艰难，等到高欢长大一点儿，便去平城当了兵。

高欢从小就有大志向，可是在平城当了六年的兵，连买一匹马

---

① 在今内蒙古固阳西南。

的钱都没攒下。好在后来他时来运转，被一位名叫娄昭君的富家女孩看上。娄昭君觉得高欢相貌不凡，将来一定能成大事，便让侍女替自己说明心意，还拿出私房钱送给他，让他上门提亲。这可真是天上掉馅饼的美事啊！高欢赶紧抓住这个机会，娶了娄昭君。在娄家的资助下，高欢买了生平第一匹马，还成为镇上的邮差，从此经常往来于怀朔镇与各地之间，增长了不少见识。

张彝父子被打死时，高欢正好在洛阳，亲眼看到富丽堂皇的张府在烈火中变成一堆瓦砾，他的心情非常复杂。回到怀朔镇后，他变卖了家中值钱的东西，用来结交朋友，其中包括司马子如、贾显智、孙腾、侯景等人，他们各有所长，都以仗义而闻名乡里。

一位熟悉高欢的朋友不解地问："贺六浑，你一个穷小子，能娶妻生子，当上邮差，还有了自己的马，多不容易啊，为什么要散尽家财呢？"

高欢说："武官们焚烧张家的住宅，打死朝廷命官，朝廷却因为害怕他们叛乱而不敢追究。国家这么昏暗，将来会怎么样可想而知。人这一辈子很短，这些财物都是守不住的，不如分给大家！"

对于高欢来说，这些财物守不住，他也不想守，在一个大动荡时代到来之前，他必须早做准备。

成语学习

手 不 释 卷

释，放下；卷，书籍。书本不离手。形容勤奋好学。

造　句：	我的哥哥正在攻读博士学位，
	从早到晚都手不释卷。
近义词：	学而不厌
反义词：	不学无术

〖 地广人稀 〗

《资治通鉴·梁纪五》

　　昔缘边初置诸镇，地广人稀，或征发中原强宗子弟，或国之肺腑，寄以爪牙。中年以来，有司号为"府户"，役同厮养，官婚班齿，致失清流，而本来族类，各居荣显，顾瞻彼此，理当愤怨。

译 文

　　从前沿着边境刚开始设置各镇时，由于土地广阔，人烟稀少，或者征调中原豪强的子弟，或者派遣宗室贵戚前去居住镇守，为朝廷分忧。后来，他们的后代被当地官吏们称为"府户"，像对待奴隶那样役使他们，按年纪给他们婚配，以致于他们失去上等人的身份，然而当地原来的门族，各个都荣华显赫，比较一下，他们理应对此愤怨不满。

北魏六镇叛乱

鲜卑拓跋部建立北魏之后，北方的柔然部落经常来侵扰，老百姓叫苦连天。为了保卫京都平城，北魏朝廷便在平城以北，即今天的内蒙古五原东北一带，设置了六个军事重镇，从西向东分别是沃野、怀朔、武川、抚冥、柔玄和怀荒。朝廷挑选优秀的鲜卑贵族子弟担任镇将，许以优厚的待遇和更好的升迁机会，让他们努力抵抗边患。有了六镇做屏障，柔然再也不敢轻易到边境来掳掠，六镇守将的地位日益重要，当时的将士都以能够去六镇驻守而自豪。

后来，孝文帝将都城迁到洛阳，国家重心也随之南移，北方六镇便逐渐荒废，镇将的地位也大不如前。慢慢地，只有那些长期得不到升迁，或者得罪了权贵的官员才出任镇将。镇将的地位下降，待遇自然也跟着下滑，与留在洛阳享受荣华富贵的鲜卑贵族相比，简直天壤之别，他们心里很不平衡，就变本加厉地盘剥镇民。从那时起，仇恨的种子就在镇民心中播下。

北魏正光四年（公元 523 年），柔然发生了严重的饥荒，可汗阿那瓌（guī）向北魏求援。孝明帝元诩派大臣元孚担任使者，前去安抚、慰问。但阿那瓌要的不是口头上的宽慰，而是物质上的好处，为此他扣留元孚，率兵侵扰怀荒镇等地。

孝明帝很愤怒，派尚书令李崇率领十万骑兵攻打柔然。阿那瓌听到消息，驱赶着两千名百姓、几十万头牲畜向北逃窜。李崇追了三千多里，都没有追上，只好撤兵。

李崇的长史魏兰根劝道:"从前沿着边境开始设置各镇时,由于地广人稀,朝廷或者征调中原豪强的子弟,或者派遣宗室贵戚前去居住镇守,为国家分忧。后来,当地官吏称为这些人的后代为'府户',像对待奴隶那样役使他们,按年纪给他们婚配,以致于他们失去上等人的身份。而当地原来的门族,个个都荣华显赫,相比之下,他们当然怨愤不满。因此,应当将镇改为州,下面分别设置郡和县,凡是'府户'都释放为平民,在入仕与升迁上和从前一样,这样文武并用,北方的忧患就可以解除了。"李崇替他上疏给孝明帝,但是事情被搁置下来。

怀荒镇镇民本就过着艰难的日子,现在又被柔然人洗劫一空,实在是不能过活了,就成群结队去找镇将于景,请求他开仓发粮。

于景出身鲜卑贵族,本是将门之后,因为不满当时掌控朝政的权臣元乂,策划将其罢免,失败后,被贬为怀荒镇将。于景一腔怨恨无处发泄,到任后肆意搜刮钱财,完全不管镇民的死活。所以,听说镇民要他开仓发粮,他从牙缝里挤出两个冷冰冰的字:"休想!"

镇民们再也控制不住内心的愤怒,他们约定日期,拿着刀棍,冲进于家,杀死了于景,宣布起兵对抗朝廷。

怀荒镇起义的消息像长了翅膀一样,飞到各个镇。其他镇的镇民,不管是汉族还是胡族,都起兵响应。

第二年三月,匈奴人破六韩拔陵聚集民众,杀死镇将,攻克沃野镇,又一路南下,包围武川镇,占领怀朔镇。

随后,柔玄镇的莫折大提也发动了声势浩大的起义,率领百姓攻克高平镇。莫折大提去世后,他的儿子莫折念生自称天子,改年号为天建。

至此,北方六镇全部起兵,周边各地纷纷告急,孝明帝惊恐之余，想起了李崇的上疏，忙不迭地下令改镇为州，提高六镇的行政级别，改善镇民的待遇，并派使节前去安抚。可是一切都太晚了，叛军根本不买朝廷的账。

无奈之下，孝明帝只好求助于死对头柔然。阿那瓌求之不得，率领十万人马前往六镇地区，配合魏军作战，最终击败了破六韩拔陵等叛军。孝明帝很高兴，派使者送去各种物品慰劳阿那瓌。柔然部落因此渐渐强大起来。

四方兵起，烽火遍地，每一次动荡都是一个机会，有人借助平叛壮大部族实力，比如柔然可汗阿那瓌；也有人倚仗讨逆称霸一方，比如秀容酋长尔朱荣。

尔朱荣是北秀容①人，先祖一直担任契胡部落的酋长。尔朱荣的高祖父尔朱羽健当酋长时，跟随道武帝拓跋珪四处征讨，立下不少战功，家族渐渐兴盛。

后来，尔朱荣的祖父尔朱代勤接位，他体恤下属，深得民心。有一次，尔朱代勤带族人去打猎，一个年轻人想射老虎，由于箭术不精，误伤了尔朱代勤的大腿。年轻人吓得拼命叩头谢罪。尔朱代勤忍痛拔出箭，笑着说：“这是误伤，算不上大罪。以后你可要勤练箭术哟！”大家见酋长这样宽厚待人，都死心塌地追随他。尔朱家族因此进一步壮大，尔朱代勤还被朝廷封为梁郡公。

尔朱代勤死后，儿子尔朱新兴继承了爵位。尔朱新兴精通畜牧业，养的牛、羊、骆驼和马，以毛色分群，漫山遍野，数不胜数。每当北魏出兵打仗，尔朱新兴便献上马匹、粮食以及其他各种军用物资，朝廷因此经常表彰他。尔朱新兴年老后，将爵位传给了儿子尔朱荣。

---

① 今内蒙古清水河、和林格尔到今山西朔州市一带。

尔朱荣从小就很聪明，想干一番大事。六镇起兵时，他招募骁勇善战的勇士，广散钱财结交各地豪杰，组成了一支强大的军队。

几年后，北秀容人乞伏莫于杀死当地太守，宣布起兵；南秀

容^①人万于乞真得到消息，也杀死朝廷官员，起兵响应。尔朱荣终于等来用武之地，便亲自带兵平定了这两场叛乱。

孝明帝真是喜忧参半：喜的是尔朱荣平定了民变，忧的是他的实力壮大，难免生异心。不过，孝明帝也顾不了这么多，当务之急

---

① 在今山西岚县南。

是安置二十万六镇居民，将他们全都迁到河北三州。

这一年，河北闹水灾，镇民饥苦。柔玄镇士兵杜洛周、怀朔镇士兵葛荣再次聚众反叛，叛军队伍迅速发展壮大。朝廷无计可施，只能不断笼络尔朱荣，加封他为讨虏大都督，让他去平定民乱。

尔朱荣积极出战，打了无数胜仗，最终击败叛军，稳住了局势。与此同时，他以平叛为由，不断招兵买马，进一步扩充实力，又从降兵中挑选了不少能力出众的人，其中就包括当初散尽家财、广交朋友的怀朔镇小邮差高欢。

高欢原本追随杜洛周起兵，后来有了取代杜洛周的心思，结果事情没成功，他只好转投葛荣。不久，葛荣与杜洛周火拼，兼并了他的队伍，高欢趁乱投奔了尔朱荣。

尔朱荣听说过高欢的名声，见了面却大失所望。由于长期奔波，高欢身形消瘦，面容憔悴，站在士兵堆里毫不起眼。尔朱荣想探探高欢的本事，便带他来到马棚，然后指着其中一匹烈马，对他说："你给它剪下毛。"

高欢看了看烈马，没有给它套马笼头，也没有捆住马脚，直接上前修剪起来。奇怪的是，这匹马不踢不咬，听话极了。

修剪完，高欢淡淡地对尔朱荣说："制服坏人也跟修剪马毛的道理相同。"

尔朱荣惊叹不已，客客气气地请高欢就座，问他对当前国家大事的看法。

高欢却避重就轻，反问道："人们都说您有十二群马，根据颜色分成不同的马群，这样畜养到底是要做什么呢？"

尔朱荣听出高欢话里有话，诚恳地说："请大胆说出你的看法！"

高欢侃侃而谈："现在主上软弱，胡太后纵情放任，小人专权，朝廷的政策不能贯彻执行。凭您的雄才大略，若趁此时起兵，肃清主上身边的奸佞小人，则可以成就一番霸业。"

尔朱荣觉得遇到了知音，非常兴奋，不知不觉和他从中午谈到半夜。从此，高欢受到尔朱荣的重用，经常参与各种军事谋划。

地广人稀

地方大，人烟少。

造　句：	中国西北的新疆、陕西、宁夏、甘肃、青海五省区，都是地广人稀、经济发展相对滞后的地方。
近义词：	人迹罕至、渺无人烟
反义词：	地狭人稠

---

① 这个故事的原文里还有成语"恩威并施"（恩惠和威严同时使用）。

〖 掩目捕雀 〗

《资治通鉴·梁纪八》

已乃选君于孩提之中，实使奸竖专朝，隳（huī）乱纲纪，此何异掩目捕雀，塞耳盗钟。今群盗沸腾，邻敌窥窬，而欲以未言之儿镇安天下，不亦难乎！

译 文

接着又选立孩童为帝，实际上让奸佞臣子把持朝政，毁坏国家纲纪，这与遮着眼睛捉麻雀、塞住耳朵去偷铃有何区别！现在各地盗匪猖獗，邻国之敌暗中窥伺，朝廷却打算让一个还不会说话的孩子来镇抚、安定天下，不是太难了么！

尔朱荣大开杀戒

北魏孝昌四年（公元 528 年）二月，讨虏大都督尔朱荣忽然接到孝明帝元诩的密诏，上面只有几个字："速带兵进京。"尔朱荣是聪明人，稍一琢磨，就明白这封密诏背后的深意。

自从胡太后把持朝政后，民不聊生，各地起事不断，引发朝野强烈不满。领军将军元义趁机勾结宦官刘腾发动政变，杀掉辅政的清河王元怿，囚禁了胡太后，不准她与孝明帝相见。胡太后在深宫中苦苦煎熬了三年，终于等到刘腾死了，便联合元氏亲王发起反击，诛杀了元义等人，重新掌控朝政大权。

孝明帝渐渐长大，看到朝政被胡太后等人搞得乌烟瘴气，便开始培植亲信力量，试图亲政。胡太后不甘心交出权柄，就借故杀掉孝明帝的心腹亲信，不让他知道宫廷外面发生的事情。从此，孝明帝和胡太后之间就产生了隔阂。

胡太后原本就私生活不检点，这次复出之后，她更加肆无忌惮，与一个叫郑俨的官员私通，并提拔他担任朝中要职，还让他日夜住在宫中。中书舍人徐纥（hé）见郑俨这么受宠，就开始攀附他。郑俨发现徐纥有点儿智谋，就让他为自己出谋划策。自此，徐、郑二人互为表里，权倾朝野。孝明帝对此非常愤怒，只是碍于胡太后的势力，不敢贸然对他们动手，考虑再三之后，他决定召兵力雄厚的尔朱荣进京，以此胁迫胡太后交权。

尔朱荣早就想发兵进入洛阳，诛杀那帮祸乱朝政的奸佞小人了。

不过他的这个打算遭到北魏宗室元天穆和部将贺拔岳的劝阻，他们认为时机还不成熟。现在孝明帝送来的密诏，等于给了尔朱荣一个名正言顺的进京理由。他大喜过望，对左右说："真是天助我也！"当即任命高欢为前锋，命令军队全速开赴京城。

不料，当尔朱荣的军队到达上党时，孝明帝又派人送来第二封密诏。尔朱荣拆开一看，上面又是几个字："暂停进京。"

"怎么回事？"尔朱荣满腹疑虑，派亲信火速进京打探消息。不久，亲信回来说："皇帝驾崩了。"

原来，尔朱荣带兵入京的消息泄露，郑俨、徐纥担心灾祸降临，暗中与胡太后密谋，毒死了孝明帝。因为孝明帝没有儿子，胡太后先是诈称孝明帝的女儿是男孩，立为皇帝，后来又改变主意，改立孝文帝元宏的曾孙、三岁的元钊为帝，方便自己长期独揽朝政大权。

一切发生得太突然了，尔朱荣始料不及，他对胡太后的做法感到十分愤怒，就和元天穆商量："皇帝死得不明不白，还没查清楚原因，就马上立一个幼儿来统治天下，摆明了就是想让奸佞臣子把持朝政，毁坏国家纲纪，这和掩目捕雀、塞耳盗铃有什么区别？我打算借哀悼皇帝的机会除掉那帮小人，重新立一位年纪大一点儿的人，您觉得怎么样？"

"对，就要这么办！"元天穆非常赞同。尔朱荣于是率领大军继续南进。

在路上，尔朱荣与元天穆商议新皇帝的人选，认为长乐王元子攸平时声望很高，便打算拥立他做皇帝。

消息传到洛阳，胡太后慌得六神无主，召王公大臣入宫商议对策。大家都痛恨胡太后平日的所作所为，因此殿上静悄悄的，没有人发言。

徐纥忍不住跳出来说："尔朱荣这个小胡人，简直是吃了熊心豹子胆，竟敢起兵冒犯朝廷！太后请放心，京城的禁军足以制服他们。尔朱荣孤军奔袭，兵疲马乏，我们只要守住险要地区，以逸待劳，一定能够打败他。"

胡太后也没有更好的办法，就按徐纥的建议，命几名将领率官军迎击。此时，尔朱荣的军队已经到达黄河北岸，他派人偷偷地把元子攸接出了洛阳。第二天，元子攸即皇帝位。

随后，尔朱荣率领军队渡过黄河，直抵洛阳城下。官军中有一名叫郑先护的将领，平时与元子攸的关系很密切，听说他做了皇帝，索性打开城门迎接尔朱荣的军队进城。其他将领见状，根本无心抵抗，也逃的逃，降的降。

徐纥、郑俨意识到大势已去，顾不上胡太后，骑着快马逃出京城。胡太后看着空荡荡的宫殿，顿时感到孤立无援，为了保命，只得带着宫中的嫔妃们，削发出家当尼姑去了。

但是，尔朱荣没有放过胡太后，他命人四处寻找，终于在附近的寺庙里找到她和小皇帝，就将他们送到洛阳城郊的河阴①。看着翻腾的黄河水，胡太后吓得脸色惨白，一个劲地求饶。尔朱荣哼了一声，一拂袖，手下人就把她和小皇帝丢进了黄河。

除掉太后和幼帝，该如何处置文武百官呢？尔朱荣正想得出神，他的亲信费穆悄悄地劝道："您的兵马不足万人，从那么远的地方来到洛阳，没有遇到任何抵抗，所以谈不上什么战胜之威，而平时京城军队众多，文武百官势力强盛，他们心里对您并不畏服。如果他们知道了您现在的虚实，恐怕会对您不利。"

这正是尔朱荣所担心的，他忙问："我怎么才能制住这些人呢？"

"最好的办法就是杀掉这些王公大臣，重新培植亲信。否则，您

---

① 指黄河南岸之地。

只要一离京，就会发生内乱。"费穆说。

尔朱荣也认为这是一个好办法。不过，诛杀大臣毕竟是大事，尔朱荣想听听其他人的意见，便问另一名亲信慕容绍宗："洛阳人口众多，又骄奢成性，如果不加以整治，恐怕他们将来不会听我的。我打算趁百官出城迎接新帝的时候，杀掉那些王公大臣。你以为如何？"

慕容绍宗是前燕皇族后裔，胆识过人，深受尔朱荣器重。他竭力劝谏道："千万不能这么做！胡太后荒淫无道，奸臣横行专权，把国家搞得混乱不堪，所以您才起义兵整肃朝廷。如果您不分忠奸，无故诛杀王公大臣，恐怕会失去人心啊！"

尔朱荣最终没有接受慕容绍宗的劝告，选择了大开杀戒。他请元子攸沿黄河向西来到淘渚①，然后以皇帝的名义下诏，命文武百官前来迎接。

等百官都到齐了，突然从四面冲出几千铁骑，将他们包围起来。尔朱荣跳上高台，指着他们大骂："天下大乱，皇帝突然驾崩，都是你们这些当官的贪赃枉法、横行无忌，不能好好匡扶社稷造成的，你们一个个都该死！"话音刚落，几千铁骑就开始屠杀手无寸铁的官员。顿时，刀光四起，鲜血飞溅，凄厉的惨叫声伴着河水的咆哮声，在黄河的上空久久回荡。从丞相元雍、司空元钦以下，被杀的鲜卑贵族与汉族大臣多达两千人。这就是骇人听闻的"河阴惨案"。

杀红了眼的尔朱荣又带着几十人来到皇帝行宫，杀死陪伴元子攸的两名亲王。元子攸十分惊骇，得知百官惨遭屠戮，更是激愤得说不出话来。可是，他什么都做不了，只能派人对尔朱荣说："我来投奔您，只是希望可以活下去，哪敢妄想登上皇位！是将军您逼我

---

① 今河南孟州市南一段古黄河的别称。

做皇帝，我才走到现在这个地步。如果上天有意安排将军您做皇帝，就请您选一个好时机即位吧！"

高欢一听，顺势劝尔朱荣称帝，尔朱荣的部下也大多赞同。尔朱荣自己当然也想做皇帝，但事情发展得太快，他有点儿拿不定主意，就将元子攸幽禁起来。

当时，北方少数民族立君主有一个传统的习俗：铸造金像，以请示上天，如果金像铸成，说明天意让此人做君主；如果铸不成，就说明违背天意，不能立。尔朱荣就命匠人用黄金给自己铸像，结果铸了四次，都没有成功。尔朱荣不甘心，又让占卜师刘灵助占卦。

刘灵助占卜之后，说："现在，无论是从天时还是人事上看，都不是称帝的好时机。"

尔朱荣这才深信不疑，又问："如果我做皇帝不吉利的话，让元天穆做怎么样？"

刘灵助慢吞吞地说："元天穆也不吉利，只有元子攸符合天意。"

折腾了这么久，尔朱荣也有点儿精神恍惚，低头想了好久，才悔恨地说："事情一错再错，我只有以死来向皇上谢罪了。"

贺拔岳向来与高欢关系不好，这时便跳出来说："全是高欢这个小子出的坏主意，必须杀了他，才能给天下人一个交代！"

尔朱荣也觉得事情闹得这么大，应当找个替罪羊，打算采纳贺拔岳的建议，但是他的许多部将都和高欢关系密切，都劝道："高欢虽然愚蠢，说话不过大脑，但是现在天下大乱，大业未成，还得依靠武将，请您饶了他，给他一个将功赎罪的机会。"尔朱荣这才作罢。

公元 528 年，元子攸在洛阳正式即位，他就是孝庄帝。尔朱荣因为杀戮太多，不敢再进洛阳城，而是驻军晋阳，遥控朝政。此时的北魏，虽然还是元氏当皇帝，实际上已经是尔朱氏的天下了。

成 语 学 习 ①

掩 目 捕 雀

遮着眼睛捉麻雀。比喻自己骗自己。

造　句：	大家都知道真相是什么，他却还在掩目捕雀，自欺欺人。
近义词：	掩耳盗铃、欲盖弥彰、自欺欺人
反义词：	开诚布公、光明正大

---

① 这个故事的原文里还有成语"塞耳盗钟"（塞住耳朵去偷铃。比喻自欺欺人）。

〖 养虺成蛇 〗

《资治通鉴·梁纪九》

今乘舆飘荡，主忧臣辱。大王拥百万之众，辅天子而令诸侯，若分兵造筏，所在散渡，指掌可克；奈何舍之北归，使颢复得完聚，征兵天下！此所谓养虺（huī）成蛇，悔无及矣。

译 文

当今圣驾被迫外出，主上忧虑，臣下应当感到羞辱。大王您拥有百万大军，辅佐天子而命令诸侯，如果分兵制造木筏，各个分散渡河的话，破元颢的军队易如反掌，为何却舍此而北归，使元颢又得以修治城池，整治兵器，在四方征集兵员呢！这真是如同将小蛇养成大蛇，后悔不及啊！

千兵万马避白袍

尔朱荣在河阴大肆屠杀王公大臣的消息传开后，镇守外地的北魏藩王如同末日到来，各自盘算对策。当时，北海王元颢奉命前往河北讨伐葛荣的起义军，他畏惧葛荣的兵力强盛，故意拖延行军时间，后来听说尔朱荣掌控了朝权，为求自保，他干脆掉头南下，直奔南梁的都城建康。

一见梁武帝，元颢就痛哭流涕，诉说国恨家仇，请求梁武帝立他为北魏国主，并出兵相助。元颢长相俊朗，言辞悲壮豪迈，颇有一番落魄英雄的气质，梁武帝很欣赏他，便封他为魏王。而对于要不要出兵帮助元颢，精明的梁武帝有自己的打算。

梁武帝早就想一统天下，可是南北对峙多年，双方都没有能力消灭对方。钟离大战之后，南梁经过二十几年休养生息，积蓄了一定的国力，如果能够趁现在北方混乱，出兵帮元颢当上北魏国主，以后北魏就要听命于南梁，到那时，南梁统一天下就水到渠成。但是，梁兵千里奔袭已经够难的了，还要帮元颢复国，可以说是难上加难。梁武帝犹豫了很久，最终，他不甘心放弃这个千载难逢的好机会，决心冒一次险。

派谁护送元颢回国，执行这个特别的计划呢？梁武帝脑海中浮现出一个人的名字，他自言自语地说："还有谁能比陈庆之更合适呢？"

陈庆之出身贫寒，十几岁起就追随在梁武帝左右，因为忠诚可靠，做事勤勉，被任命为主书①。在这个职位上，陈庆之一干就是二十多年，直到他四十一岁时，梁武帝才让他随军出征。谁知文官出身的陈庆之竟然表现出惊人的军事天赋，一举夺回被北魏占领的军事要地寿阳，一战成名。

过了一年，梁武帝又命陈庆之随大将曹仲宗出征，与北魏争夺涡阳城。当时陈庆之率领的军队还没有和主力部队会师，而北魏十五万援军已到，梁军将士都心怀畏惧，不想战斗。陈庆之就亲率两百轻骑突袭魏军前锋部队，取得大胜。接下来的几个月里，梁、魏两军交战了上百次，一直没有分出胜负。梁军将士精疲力竭，几次要求撤退，陈庆之竭力安抚他们，之后频出奇招，连续攻克北魏的三座城堡，最终大败魏军。梁武帝接到捷报，大赞："陈庆之真是一个大丈夫啊！"

南梁大通二年（公元 528 年），陈庆之接到梁武帝的诏令，率领七千精兵，踏上护送元颢北归的征程。梁军一路猛攻，很快打到了梁国城②。

陈庆之为人宽厚仁义，平时善待将士，因此打仗时将士们都愿意为他出力，最终杀得七万魏军落花流水，梁国城的守将丘大千只好投降。元颢就在睢阳城登基即位。

随后，陈庆之给元颢献上一份"登基大礼"：用水攻的方式，打败了驻扎在考城③的两万北魏羽林军，活捉了济阴王元晖业。

元颢任命陈庆之为卫将军、徐州刺史，率军直扑洛阳。孝庄帝元子攸不敢怠慢，命人在洛阳周边的荥阳、虎牢等军事重地镇守。

当时驻守在荥阳的北魏将领杨昱有七万大军，陈庆之的北伐军开始没能攻克，士气有所下降。等到元天穆与尔朱荣的侄子尔朱兆

---

① 掌管文书档案。
② 今河南商丘市一带。
③ 在今安徽凤阳西南。

先后率军前来增援时，梁军将士开始恐惧不安。

陈庆之来到将士们身边，他解下马鞍，一边喂马，一边说："兄弟们，我们远道而来，在这里攻城夺地，与北方人可算是结下血海深仇。我们才七千人，对方却有三十万，怎么办呢？"他见大家听得认真，就继续说道，"这次敌人的骑兵很多，在野外作战我们没有胜算，所以要趁他们的大部队还没有汇集，迅速攻下荥阳城，作为我们的据点。各位兄弟，眼下除了拼死力战，我们没有别的选择。"将士们听了，便抛下顾虑，决心死战。

当天，陈庆之请将士们吃饱喝足，养足精神。之后，他跳上高台，亲自擂鼓助战。梁军将士受到鼓舞，浴血奋战，最终大败魏军，攻下荥阳。陈庆之又乘胜进击虎牢，守将尔朱世隆见梁军勇猛，吓得弃城逃走。

陈庆之仅凭数千精锐将士，沿途攻占了三十二座城池，大小历经四十七次战役，终于攻到洛阳。由于梁军将士都穿白色战袍，打到哪里都所向披靡，所以他们还没到达，洛阳城就传唱起了一首童谣："名师大将莫自牢，千兵万马避白袍。"

孝庄帝打算离开京城，以躲避"白袍大军"，却不知道该往哪里去。中书舍人高道穆说："您一定要走的话，不如渡过黄河，召元天穆、尔朱荣各自率军前来会合，进讨元颢的军队，一月之内，一定能取得胜利，这是万全之策。"孝庄帝便采纳他的建议，渡过黄河，前往河内郡的北边。

元颢顺利进入洛阳城，黄河以南的州郡纷纷向他投降。元颢见形势一片大好，便产生了骄傲懈怠之心，重用一批故旧亲朋，整日饮酒设宴，丝毫没有治理国家的打算，他手下的将士也开始欺压城中的百姓。百姓对元颢大失所望，暗暗盼着他失败。

这时，尔朱荣已经打败了葛荣的起义军，得知孝庄帝的下落，连忙召集各路人马，赶往河内，准备消灭元颢。

大敌当前，元颢不思考怎么对付强敌尔朱荣，反而琢磨起背叛南梁、排挤陈庆之来了，还私下找来临淮王元彧、安丰王元延明商量此事。不过，考虑到当时洛阳的局面还很混乱，需要借助陈庆之的兵力压制，所以他与陈庆之表面上仍然一团和气。

陈庆之有所察觉，打算向梁武帝求援。这天，他见元颢又在饮酒作乐，就劝道："我们远道而来，迅速占领了洛阳，其实并没有收服人心。如果敌军知道我们的虚实，集中全部兵力包围洛阳，我们这么少的兵力，怎么抵御呢？"

元颢心不在焉地说："我们的确需要防备。"

陈庆之趁机建议道："我们应当奏请梁国天子，再增些精兵前来。"

元颢打算采纳，又怕陈庆之另有图谋，便说："容我考虑一下。"

陈庆之走后，元延明对元颢说："陈庆之手中不过几千精兵，就已经很难驾驭了，如果再增加兵力，将来他还肯听您的命令吗？一旦您失去大权，一举一动就都要受他人掌控了。"

元颢便没有采纳陈庆之的意见。他担心陈庆之暗中请求梁武帝增兵，于是给梁武帝写了一封信，说："现在河北、河南全部平定了，只有尔朱荣还在垂死挣扎，您不用担心，我与陈庆之很快就能抓住他。不过，各州郡刚刚归服，人心不稳，我们要以安抚为主，如果大量增兵，恐怕百姓惶恐不安。"梁武帝觉得他说得有道理，便命令正在进军的各部队都停在边境上，不要再前进。

洛阳城中的南梁军队不足一万，而尔朱荣的兵力是梁军的十倍。梁将马佛念非常担忧，就对陈庆之说："您战功赫赫，威震中原，现在被元颢猜忌，一旦发生不测，后果不堪设想呀。不如找个机会杀了元颢，占据洛阳。这可是千载难逢的机会。"陈庆之虽然知道他说得没错，却不愿意这样做。

增兵没指望了，陈庆之就向元颢提出要去镇守徐州。元颢不让他去，还说："圣上将洛阳全权委托给您，您却要去徐州，只怕圣上会认为您不顾国家大局，只贪图个人富贵。到那时，不仅您的声誉受损，恐怕连我也会受到圣上责难。"陈庆之便不好再说什么了。

很快，梁、魏两军展开决战。尔朱荣与元颢、陈庆之的军队隔河相对。陈庆之镇守北中城，元颢亲自据守河桥南岸。三天之内，陈庆之的军队打了十一场仗，杀伤很多敌人。尔朱荣的军队试图破桥渡河，遭到元颢的顽强阻挡。尔朱荣就打算撤军。

高道穆就劝他："圣上被迫逃离京城，是百官的耻辱。将军您强兵在手，辅天子而令诸侯，如果分兵制造木筏，分散渡河的话，击破元颢的军队就指掌可取。现在撤军放过元颢，就是养虺成蛇，再想消灭他，就不容易了！"

尔朱荣想了想，觉得有道理，便采纳了他的建议，征调百姓的木材，制造木筏，又在木筏中间安排一些舟船，沿黄河排列开来，因为首尾相距数百里，元颢不知道该防哪里好。尔朱荣的大军乘夜渡过黄河，击败了元颢的儿子元冠受的部队。元延明的士兵知道后，纷纷溃逃。元颢成了孤家寡人，只好向南逃走。

陈庆之知道大势已去，便聚集起自己的人马，向东逃归。之前攻取的那些城池，又投降了北魏。尔朱荣亲自率军追击陈庆之。恰逢天降大雨，河水暴涨，陈庆之的将士死的死、逃的逃。陈庆之只得剃光头发、胡须，穿上一件旧僧衣，乔装成和尚，走小路逃回建康。

元颢很快被诛杀，这场北伐复国行动虽然失败了，然而南梁军队攻破北魏的都城洛阳，这是自南北朝对峙以来的第一次，所以梁武帝还是重赏了陈庆之。

成语学习①

养虺成蛇

虺，小蛇。比喻纵容敌人，听任其强大起来。

造 句	纵容坏人，就是养虺成蛇，坏人强大了，好人就会遭殃。
近义词	养虎为患
反义词	斩草除根

---

① 这个故事的原文里还有成语"万全之策"（极其周到的计谋、办法）、"乘其不备"（利用别人没有防备的时机，去侵害对方）、"指掌可取"（手掌里的东西随时可以取得。形容非常容易）。

〖 不以为意 〗

《资治通鉴·梁纪十》

尔朱世隆疑帝欲为变，乃为匿名书自榜其门云："天子与杨侃、高道穆等为计，欲杀天柱。"取以呈荣。荣自恃其强，不以为意，手毁其书，唾地曰："世隆无胆。谁敢生心！"

译 文

尔朱世隆怀疑孝庄帝有所企图，便写了封匿名信贴在自己家门上，信上称："天子与杨侃、高道穆等人策划，打算杀掉天柱将军尔朱荣。"尔朱世隆又取下这封信呈送给了尔朱荣。尔朱荣仗着自己力量强大，对此并不在意，亲手撕了这封信，朝地上唾了一口道："尔朱世隆太没有胆量了。谁敢有这样的想法！"

天子秒变刺客

北魏孝庄帝元子攸已经不是第一次想杀死天柱大将军尔朱荣了。

两年前，尔朱荣在河阴残杀了两千多名王公大臣，又想废掉孝庄帝自立。后来因为占卜的结果不如意，迷信的尔朱荣才放弃称帝。当天晚上，尔朱荣辗转难眠，跑到孝庄帝的行宫里，为白天杀百官的事情谢罪，他不住地叩头痛哭，指天发誓："我尔朱荣绝对不会对朝廷有二心的！皇上请您相信我。"

孝庄帝当然不相信这样的鬼话，他恨不得将尔朱荣千刀万剐，但他知道自己无能为力，只好把尔朱荣扶起来，也发誓说："我绝对不会怀疑你。"

尔朱荣非常高兴，吩咐左右："皇上与我坦诚相待，快拿酒来，我们要喝个痛快！"

侍从端上美酒，尔朱荣一杯接一杯地喝，直喝得烂醉如泥，伏在案上打起呼噜来。孝庄帝看着不省人事的尔朱荣，想趁机杀死他。左右大臣苦苦劝谏："行宫外都是尔朱荣的人，杀了他，您马上也会没命的。这种事应当从长计议啊！"孝庄帝这才作罢，命人把尔朱荣抬到另一个屋子里睡觉。

一转眼，"河阴惨案"过去了两年，孝庄帝仍在苦苦寻找除去尔朱荣的机会。然而，尔朱荣本人虽在晋阳，但他在朝廷中安插了许多眼线，后来又将女儿嫁给孝庄帝做皇后，所以，朝廷里的一举一动，他都知道得一清二楚，孝庄帝根本找不到机会。

孝庄帝只好将一腔悲愤化为治国的动力，他虽然处处受制于尔朱荣，却勤于理政，曾经多次查看诉状，还亲自审理冤案。尔朱荣听说后，很不高兴，经常从中阻挠。

有一次，孝庄帝想整顿一下官吏选拔上的不正之风，就把吏部尚书李神儁找去商议。当时尔朱荣推荐了一个县令的人选，李神儁认为此人不合适，就另派了他人去上任。尔朱荣大怒，命令他推荐的那个人前往当地抢夺县令一职。李神儁吓得连夜辞了官，他的职位就被尔朱荣的族弟尔朱世隆得了去。堂堂北魏皇帝，连个小县令的任命都做不了主，孝庄帝气得说不出话来。

后来，尔朱荣又想让北方人担任河南各州的刺史，孝庄帝不答应。尔朱荣就让元天穆进宫劝说，孝庄帝还是不松口。

元天穆很生气，狠狠地盯着孝庄帝，威胁道："天柱大将军对国家有大功，即便他要求调换全国各地的所有官员，恐怕皇上您也得答应。为什么现在他只是安排几个人当河南各州的刺史，您竟然就不允许呢？"

孝庄帝毫不示弱，说道："如果尔朱荣不想做人臣，我这个皇帝可以让给他做；如果他还守人臣的本分，绝对不会想更换天下百官。"

尔朱荣听了元天穆的报告，气得破口大骂："元子攸啊元子攸，你也不想想，是谁让你当上皇帝的！这才两年工夫，就不听话了！"

尔朱皇后生性忌妒，每次孝庄帝宠幸其他妃子，她都大发脾气，对他说一些恶毒怨恨的话。孝庄帝特地派尔朱世隆去劝她，她却叫嚣道："天子是我尔朱家立的，现在他竟敢这样待我！当初我父亲如果自己当皇帝的话，现在不就什么事都没有了吗？"尔朱世隆附和道："就是嘛，要是当初天柱大将军自己做了皇帝，我现在也可以封王了！"

就这样，孝庄帝在朝廷受到尔朱荣的威逼，回到后宫又要面对尔朱皇后的轻慢，心里实在是太憋屈了。唯一让孝庄帝欣慰的是，由于关陇一带起事不断，尔朱荣的大部分精力被平定叛乱牵扯，没有太多的心思放在他身上。

但是，孝庄帝很快就开心不起来了。因为尔朱荣带兵打仗很有水平，接连平定了关陇地区的叛乱，捷报频频传到朝廷。孝庄帝怅然若失，对临淮王元彧说："从此以后，天下就没有贼寇了！"元彧见他脸色阴沉，便说："我担心您的烦恼才开始呢！"孝庄帝怕左右的人起疑，连忙搪塞道："是啊，朝廷要安抚饱经战乱的百姓，确实烦恼啊。"

城阳王元徽、侍中李彧见尔朱荣权势显赫，又屡立战功，非常忌妒，就劝孝庄帝除掉他。孝庄帝也觉得不能再拖下去了，否则一旦被尔朱荣占了先机，到时候不仅自己皇帝做不成，恐怕连性命都保不住。于是，他秘密找来亲信大臣杨侃、元晖业、元罗、李侃晞等人，谋划诛杀尔朱荣。恰好尔朱皇后快要生孩子了，尔朱荣打算入朝探望，元徽等人便劝孝庄帝趁这个机会刺杀尔朱荣。

天下没有不透风的墙，尔朱世隆听到风声，就写了一封匿名信贴在了自家门上，信上说："天子密谋诛杀天柱大将军尔朱荣。"然后又命人揭下信，送给尔朱荣。

尔朱荣仗着自己力量强大，不以为意，亲手撕了信，还朝地上唾了一口，说道："尔朱世隆的胆子也太小了吧？谁敢有这种想法！"尔朱荣的妻子北乡长公主却很担忧，劝他不要入朝。尔朱荣不听，执意要进京。

这天晚上，天空有彗星划过，一向迷信的尔朱荣不由得忐忑起来，问通晓天文的下属高荣祖："这是吉还是凶啊？"

高荣祖说："这是除旧迎新的预兆。"尔朱荣非常高兴，率领四五千骑兵前往京城。

尔朱荣还在路上，就听到各种传言，什么"尔朱荣要反叛朝廷啦"，什么"天子肯定要杀了尔朱荣"。一到洛阳，他就大摇大摆地跑到宫中，问孝庄帝："听说您要杀我？"

孝庄帝很机智，马上应道："外边的人还说你想杀了我呢，这种话怎么可以相信呢？"尔朱荣一想也有道理，哈哈大笑起来。之后每次入宫，他都只带几十个随从，也不带兵器。

孝庄帝见他这样随意，反倒犹豫了：尔朱荣不像要反叛的样子呀，为什么要杀他呢？何况，刺杀他风险太大，一旦失败，自己的脑袋就要提前搬家。

元徽看出孝庄帝摇摆不定，顿时急了："即使尔朱荣不反叛，怎么能容忍他在您面前这样嚣张呢？又怎么能保证他以后不反呢？"孝庄帝听了，仍拿不定主意。

尔朱荣进京后，他的亲信经常聚在一起，肆无忌惮地交谈。这个说："这次天柱大将军来到京城，怎能不加九锡呢？当今天子太不懂事了。"那个说："何止加九锡呀，今年估计得写禅让诏书了呢！"

这些话很快就传到了孝庄帝的耳中，一气之下，他又打算实施诛杀计划，还策反了尔朱荣安插在宫中的亲信奚毅。奚毅告诉他一个重要的情报："尔朱荣打算趁围猎的时候胁迫您迁都。"

过了几天，尔朱荣果然奏请说："最近侍卫们都不练武了，这样下去可不行。皇上处理公务辛苦，应当率五百骑兵到外面围猎，一则放松一下，二则也趁机训练训练他们。"

孝庄帝想到奚毅的话，坚定了灭掉尔朱荣的决心。他把杨侃等人找去，对他们说："我们要马上行动！这件事情，冒死也要做，何况还不一定死呢！我宁愿像高贵乡公那样死去，也不愿像常道乡公那样活着[①]！"

[①] 高贵乡公，是曹魏的皇帝曹髦，因反抗司马昭而被杀。常道乡公是曹魏的末代皇帝曹奂，他将帝位禅让给了司马炎。详见本系列第四册《三国鼎立》。

这天，孝庄帝找了一个理由，约尔朱荣与元天穆一同入朝饮酒。可是刚坐下来还没怎么喝，他们就有事先走了，埋伏在东侧殿的杨侃等人来不及行动。第一次刺杀行动失败了。

由于事情拖得太久，参与的人也多，孝庄帝的计划遭到泄漏。尔朱世隆再次提醒尔朱荣："天子要杀你，你还是赶紧离开京城！"尔朱荣轻蔑地哼了一声："元子攸能成什么事！"

孝庄帝得知，担心夜长梦多，就召集参与计划的成员，商定再次行动的方案。

这天，孝庄帝对外声称："皇后早产了，生了皇太子。"元徽火速出宫去请尔朱荣，孝庄帝则在殿中埋伏了不少武士。

元徽到了尔朱荣府上，见他正与元天穆玩赌博游戏，就笑吟吟地上前摘下尔朱荣的帽子，拿在手上盘旋，向他祝贺："恭喜天柱大将军，皇后生了皇太子。"众人纷纷向尔朱荣道喜，随行的宫中信使也催促尔朱荣入宫。尔朱荣高兴得忘乎所以，当即和元天穆一起来到宫中。

孝庄帝听说尔朱荣马上到了，不禁惊慌失色，一旁的随从提醒他："皇上，您脸色都变了，当心被尔朱荣瞧出破绽。"孝庄帝赶紧喝下几杯酒，脸色才红润起来。

不一会儿，尔朱荣进了殿，见孝庄帝在东墙下朝西坐着，就与元天穆在御榻西北面朝南坐下。元徽随后进来，刚行了一个叩拜礼，李侃晞等人就拿着大刀闯了进来。

尔朱荣吓了一跳，起身快步来到孝庄帝的身旁坐下。孝庄帝朝他微微一笑，猛地抽出事先藏在膝下的刀，朝他的胸口刺去。尔朱荣惊叫一声，难以置信地看着孝庄帝，缓缓地倒了下去。李侃晞等人又一阵乱砍，把元天穆和尔朱荣的随从全给斩杀了。

尔朱荣一死，他的侄子尔朱兆就率领骑兵占据了晋阳，尔朱世隆前来与他会合，共同推举长广王元晔即皇帝位。随后，尔朱兆被任命为大将军，晋爵为王，组织兵马对抗孝庄帝。三个月后，尔朱兆攻破洛阳，活捉了孝庄帝，把他押到晋阳处死。公元 531 年，尔朱家族经过商议，改立与皇族血缘关系较近的广陵王元恭为皇帝，他就是北魏节闵帝。

不 以 为 意

不放在心上。表示对人和事抱轻视态度。

造　句：	他对别人的劝告不以为意，依然我行我素，迟早要栽跟头。
近义词：	嗤之以鼻、满不在乎
反义词：	郑重其事、三思而行

〖 如汤沃雪 〗

《资治通鉴·梁纪十一》

高欢将与兆战，而畏其众强，以问亲信都督段韶，韶曰："所谓众者，得众人之死；所谓强者，得天下之心。尔朱氏上弑天子，中屠公卿，下暴百姓，王以顺讨逆，如汤沃雪，何众强之有！"

译 文

高欢将与尔朱兆交战，却畏惧对方军队强大，便向亲信都督段韶问计。段韶说："所谓军队多，乃是得到众人的拼死效力；所谓强大，乃是得到天下的人心。尔朱氏上弑天子，中间屠杀公卿百官，对下凌残百姓，大王您以顺讨逆，就如同用开水浇雪，尔朱氏有什么军队强大可言！"

尔朱家的莽夫

有一次，北魏的天柱大将军尔朱荣很随意地问左右："如果我死了，谁可以统领军队？"

左右都说："您的侄儿尔朱兆。"尔朱兆勇猛好战，擅长骑射，经常跟尔朱荣一起去打猎。每到悬崖深渊，别人都退缩不前，尔朱兆却毫不犹豫地冲在最前面；遇到凶猛的野兽，他也敢徒手上前搏斗。尔朱荣非常器重这个侄子，总是委以重任。后来，尔朱兆数次平定地方叛乱，因功被立为车骑大将军。所以，众人都觉得尔朱兆是最合适的接班人。

尔朱荣却摇了摇头，说："尔朱兆虽然勇猛善战，但他行事鲁莽，最多能统领三千骑兵，多了就会乱套。将来能够代替我统领军队的，只有高欢啊。"于是任命高欢为晋州刺史，还特地告诫尔朱兆："你不是高欢的对手，最终听人穿鼻，受其制约。"

后来，尔朱荣被孝庄帝刺死，尔朱家族就率军对抗朝廷。尔朱兆邀请高欢一起讨伐。高欢认为这是谋逆，不想参与，就派长史孙腾去见尔朱兆，推辞说："我现在正在讨伐地方上的叛乱，不能半途而废。等到平定叛乱，我马上前来，与您隔河构成犄角之势。"

尔朱兆很生气，对孙腾说："你回去告诉高刺史，这次我一定会攻无不克。"高欢知道尔朱兆猜忌自己，就产生了脱离尔朱家族的念头。

等到尔朱兆活捉了孝庄帝，准备押到晋阳处死时，高欢连忙率兵拦截，可是没能赶上。高欢只好写信给尔朱兆，劝他不要杀害皇帝，以免承受弑君的恶名。尔朱兆盛怒之下，拒绝了他的劝谏，最终在晋阳的一座寺院里缢死孝庄帝。

恰在此时，河西的叛军首领纥豆陵步蕃攻破尔朱氏的老巢秀容郡，逼近晋阳。尔朱兆慌了，只好召高欢前来抗敌。高欢虽然答应了，路上却故意拖延时间。纥豆陵步蕃的军队气势越来越盛，尔朱兆屡战屡败，接连向高欢告急。高欢这才急行军前来，与尔朱兆合力反击，斩杀了纥豆陵步蕃。

尔朱兆感激不尽，一下就忘了从前的不快，与高欢歃血为盟，结为兄弟，随后又摆起了庆功宴。在酒席上，尔朱兆向高欢大吐苦水：“六镇叛乱虽然平定了，可那二十多万镇民流放到并州等地之后，受当地胡人的欺压，所以不停地起来闹事。他们一闹事，我就要出兵，虽然已经杀掉了一半镇民，但是叛乱并没有停止。你主意多，你说我该怎么办？”

高欢心中一动，六镇是他起家的地方，如果能得到这些镇民，壮大自己的实力，将来就能脱离尔朱氏了。他脑子一转，有了主意，对尔朱兆说：“不能把叛民全杀了。您应该选派一位可靠的人去统领六镇。如果再发生叛乱，就杀几个领头的。”

尔朱兆拍了拍高欢的肩，赞道：“好主意！派谁去呢？”尔朱兆的部将贺拔允平时与高欢关系不错，便向尔朱兆建议：“高欢很会办事，让他去最好。”没想到他话音刚落，高欢的一只拳头已经砸在他的嘴角上，打落了他的一颗牙。

贺拔允非常愤怒，还没张嘴，就听高欢大声呵斥道：“天柱大将军在世的时候，我高欢事事都听他的；现在天下事都由尔朱兆大王决定，几时轮到你指手画脚了？请大王将贺拔允斩了，以正军纪！”

尔朱兆听了，内心无比受用，认为高欢对自己忠心耿耿，忙说：

"哎，都是自家兄弟，不要说见外的话。那就辛苦高欢兄弟，替我好好统领六镇吧。"

高欢欢喜得心都要跳出胸膛了，又怕尔朱兆酒醒后反悔，便果断走出营帐，对将士们大声宣布："我受尔朱大王的委托统领六镇，你们愿意跟我的，可以到汾河东岸集合。"

士兵们平时都憎恨霸道的尔朱兆，乐意做高欢的部下，所以纷纷前往东岸。过了几天，高欢又派亲信刘贵向尔朱兆请求："并州一带大旱，镇民饥饿难忍，只能挖田鼠充饥。请大王允许他们到太行山以东找吃的，等解决温饱问题，再做其他的安排。"

尔朱兆想都不想就同意了，他的亲信慕容绍宗却竭力劝阻："不能答应他。如今天下大乱，人人各怀心思。高欢英雄盖世，如果再让他握有重兵，就如同蛟龙得雨。到那时，他就不受您控制了。"

尔朱兆是个大老粗，哪能想到这么多利害关系，不耐烦地说："您想多了，我与高欢可是结拜兄弟！"

慕容绍宗忧虑地说："亲兄弟都不能完全相信，何况你们只是结拜兄弟呢！"

当时尔朱兆的左右大多已被高欢重金收买，便趁机说："慕容绍宗与高欢有私怨，所以在您面前挑拨离间。"尔朱兆大怒，就把慕容绍宗关了起来，还一个劲催促高欢早点儿出发。

高欢顺利地离开晋阳，路上遇到尔朱荣的妻子北乡长公主，便将她随行的三百匹好马抢了过来。尔朱兆得知后大怒，想起慕容绍宗的话，赶紧放他出来，问道："现在该怎么办？"慕容绍宗说："高欢还没走远，仍是您的掌中之物，快追！"

尔朱兆于是亲自带兵追赶，追到襄垣县① 时，正值漳河暴涨，

---

① 今属山西。

桥梁被冲坏了。高欢隔着漳河，朝尔朱兆拜了拜，说："我向公主借这三百匹好马，并没有恶意，只是为了防备山东的盗贼罢了。没想到大王您竟然听信谗言，亲自来追，我倒不是害怕过河到您面前受死，而是担心我一死，我的这些部下要叛乱。"

尔朱兆最怕的就是叛乱，便大声说："咱们是好兄弟，我可没有这个意思。"说完，骑马过了河，和高欢并肩坐在一起，又将自己的佩刀递给他，然后把脖子伸过去，说："如果不信，你现在就杀了我。"

高欢突然放声痛哭："自从天柱大将军去世后，除了您，我还能依靠谁呢？我一直祈祷上苍，您能活到一百岁，让我为您效力到死。没想到，您竟会说出这种令人伤心的话来！"

尔朱兆也很感动，把刀丢到地上，命人杀了一匹白马，再次与高欢指天盟誓，并留下来与高欢通宵宴饮。当天晚上，高欢的属下想杀死尔朱兆，高欢阻止道："现在杀了尔朱兆，他的部将肯定不会善罢甘休。尔朱兆这个人没什么本事，以后有的是机会杀他。"

第二天早晨，尔朱兆归营，见到慕容绍宗，又后悔前一晚自己的言行，就邀请高欢到自己营中。高欢哪肯自投罗网，带着人马就往山东跑，悔得尔朱兆指着他的背影破口大骂。

就这样，高欢脱离了尔朱兆的控制，真正拥有了自己的军队。他到了太行山东面后，对士兵严加约束，不许他们侵犯老百姓。每次行军路过麦地，高欢总是下马步行，远近的人听说后，都称赞他带兵有方，跑来投奔他。当部队到达信都时，高欢受到当地人的拥护，很快站稳了脚跟，并网罗到高乾、封隆之、高敖曹、杨愔（yīn）等人才。

实力壮大之后，高欢打算与尔朱兆彻底决裂，发兵征讨他。为了让手下将士死心塌地跟随自己起兵，高欢假借尔朱兆的名义写了一封信，说要把六镇的人发配给胡族酋长当部下，大家听了都很恐惧。接着，高欢又伪造了一份并州的符令，说要征调高欢的军队去讨伐胡人。

高欢假模假样地集合了一万人马，准备出发。将士们自六镇叛乱以来，一直颠沛流离，好不容易有了高欢这样体恤将士的统帅，都不愿意离开。孙腾等人向高欢请求停留五天再走，高欢同意了。过了五天，将士们还是不想走，于是又停留了五天。

到了不得不出发那天，高欢亲自到郊外送行，他流着眼泪与将士们告别。大家都失声痛哭，高欢安慰他们说："我和你们一样，都是失去故乡的人，这段时间我们朝夕相处，情同一家，没想到上面竟然征调大家去打胡人！"

将士们听了，哭得更厉害了。高欢见状，也哽咽道："如果早几天出发，可能已经死了。不过，我们一再延误军期，按军法也要处死啊，怎么办呢？"

众将士再也忍不住了，哭着喊道："只有造反了！"

高欢暗喜，却装出无奈的样子，说："只能如此了。造反必须有首领，你们看谁合适呢？"

众人一齐叫道："高欢！高欢！"

高欢严肃地说："当初葛荣起兵，号称百万大军，为什么还是失败了？最大的问题就是没有军纪。你们既然推举我当首领，就必须听从我的号令。"

众人又大声说："我们一定听从您的号令！"

于是，高欢宰牛杀猪，犒劳将士，宣布起兵。为了名正言顺地发号施令，高欢又拥立皇室宗亲、勃海太守元朗为皇帝，然后上表新朝廷，历数尔朱家族的罪状，正式讨伐尔朱兆。

尔朱兆听说高欢要讨伐自己，勃然大怒，集结了二十万大军，准备狠狠教训只有三万人马的高欢。

敌众我寡，高欢有点儿畏惧，就向亲信段韶问计。段韶说："所谓人多，就是得到众人的拼死效力；所谓强大，乃是得到天下人的心。尔朱氏弑虐天子，屠杀公卿百官，凌残百姓，大王您以顺讨逆，如汤沃雪，尔朱氏有什么可怕！"

高欢听了，信心倍增，从容调兵遣将，命封隆之镇守邺城，自己率军驻扎在邺城西北，高敖曹率三千人跟随。为了逼将士们死战，高欢又在韩陵山下布置了一个大圆阵，用绳索把牛、驴等牲畜系在一起，堵塞了退路。

尔朱兆率军来到城下，远远地指着高欢痛骂："你这个忘恩负义的叛徒！"

高欢冷冷地说："你还好意思骂我！从前我与你结为兄弟，为的是同心协力辅佐皇帝，请问现在皇帝在哪儿？"

尔朱兆恼羞成怒："皇帝冤杀天柱大将军尔朱荣，我只是替他报仇罢了。"

高欢大声反驳道："你撒谎！尔朱荣企图反叛才被诛杀。何况，君要臣死，天经地义，你又有什么仇可报的？从今日起，你我之间恩断义绝！"

一番唇枪舌剑后，两军展开激烈的交战。高欢从正面进攻，高敖曹、高欢的堂弟高岳从左右两边夹击尔朱兆。尔朱兆大败，他的部将贺拔胜等人缴械投降。

尔朱兆摸着胸口对慕容绍宗说："真后悔没有听您的话，才落到今天这个地步啊。"说完，狼狈地逃往晋阳。

北魏中兴二年（公元532年），高欢率军进入洛阳，废黜傀儡皇帝元朗，另立平阳王元脩为皇帝，即北魏孝武帝。随后，孝武帝毒杀节闵帝元恭，封高欢为大丞相、天柱大将军，并立他的女儿为皇后。

次年，尔朱兆兵败自杀，慕容绍宗率众归降高欢。尔朱荣鼎盛时拥有的名号与权势，现在统统归高欢所有。

成语学习①

如 汤 沃 雪

汤，热水；沃，浇。像用热水浇雪一样。
比喻事情非常容易解决。

造　句：这件事不难办，如汤沃雪，分	
分钟就解决了。	
近义词：轻而易举、易如反掌、唾手可得	
反义词：寸步难行、难如登天、来之不易	

---

① 这个故事的原文里还有成语"听人穿鼻"（比喻听凭别人摆布）、"掎角之势"（比喻战争中互相配合、夹击敌人的态势，或分出兵力牵制敌人）、"蛟龙得雨"（传说蛟龙得水后就能兴云作雨飞腾升天。比喻有才能的人获得施展的机会，也比喻摆脱困境）。

【 穷兵黩武 】

《资治通鉴·梁纪十二》

　　近虑宇文为乱，贺拔应之，故戒严，欲与王俱为声援。今观其所为，更无异迹。东南不宾，为日已久，今天下户口减半，未宜穷兵极武。

译　文

　　近来由于担心宇文泰犯上作乱，以及贺拔岳响应他，所以采取了戒严措施，想和您相互声援。如今观察他们的所作所为，并没有一点儿叛逆的迹象。东南方不服从我们的情况已经持续很久，如今天下的户口减少了一半，所以不宜再穷尽兵力好战不厌了。

北魏大分裂

高欢觉得晋阳城四面环山，拥有天然屏障，就在那里建立丞相府，遥控北魏朝政。孝武帝元脩不甘心当一个傀儡皇帝，就和近臣斛斯椿等人密谋，暗中联系镇守关中的大将贺拔岳，想借助他的力量对付高欢。

对于孝武帝的拉拢，贺拔岳有些举棋不定。他原是尔朱荣的得力干将，一度与高欢交恶，后来随尔朱氏东征西讨，打了不少胜仗，官拜雍州刺史。高欢诛杀尔朱兆后，尔朱氏的势力仍遍布各地，其中贺拔岳最让高欢忌惮，就征召他担任冀州刺史。贺拔岳客客气气地回信推辞了，还派使者冯景去晋阳探听虚实。

高欢见了冯景，热情得不得了："你们贺拔公是不是想我了呀？"然后与冯景歃血为盟，约定与贺拔岳结为兄弟。

冯景回到关中，对贺拔岳说："高欢这个人，奸诈有余，真诚不足，不可信！"

贺拔岳听了，沉默不语。他的部将宇文泰见状，自告奋勇地说："我也走一趟晋阳，看看这个高欢到底是啥货色。"

宇文泰来自鲜卑宇文部，世居武川郡。早年，他随父兄一起参加六镇起义，先后追随葛荣、尔朱荣作战，被收编在贺拔岳的帐下。贺拔岳一向赏识宇文泰，见他主动替自己分忧，真是求之不得。

很快，宇文泰见到了高欢。当时，高欢已是权倾朝野的大丞相，宇文泰却只是一位名不见经传的武官。所以，一开始，高欢并不把宇文泰放在眼里。然而，两人交谈时，宇文泰思维敏捷，应对自如，让高欢大为惊叹："没想到贺拔岳手下有这样出色的人才。"他想把宇文泰留下来为自己效力。

可是，宇文泰坚决要求回关中复命，高欢只好同意。宇文泰刚走，高欢就后悔了，命人骑快马去追，结果一直追到潼关都没追上。

回到关中后，宇文泰对贺拔岳说："高欢有篡夺帝位的野心，之所以迟迟没动手，正是因为忌惮你们兄弟。"贺拔岳的哥哥贺拔胜当时担任荆州刺史，也握有重兵。

贺拔岳就问宇文泰："接下来我应当怎么做？"

宇文泰略一思索，建议道："您只要悄悄地准备，对付高欢其实并不难。现在关中地区除了您有军队外，秦州刺史侯莫陈悦、夏州刺史斛拔弥俄突、灵州刺史曹泥、河西贼帅纥豆陵伊利，这几个人手里也有些人马，不过您的实力比他们都要强大，可以用武力威慑、收服他们，再招纳羌、氐部落的族人，一起剿灭高欢，辅助皇室。"

贺拔岳这才决定接受孝武帝元修的拉拢，合力诛除高欢，于是派宇文泰去洛阳密陈有关情况。孝武帝大喜，加封宇文泰为武卫将军。为了表明决心，孝武帝还割破自己心口前的皮肉，取出一些鲜血，派使者送给贺拔岳。

贺拔岳很感动，当即带兵向西进发，收服了纥豆陵伊利等人的部队，秦州、南秦州等四州刺史也表示接受贺拔岳的指挥，只有灵州刺史曹泥归顺了高欢。

一切都朝着宇文泰为贺拔岳谋划好的方向推进。贺拔岳考虑到夏州地处边境，十分重要，便上书孝武帝，请求派宇文泰去夏州当刺史。谁知宇文泰刚走，贺拔岳就出事了。

北魏永熙三年（公元 534 年），贺拔岳邀请侯莫陈悦前来，商议讨伐曹泥一事。岂料侯莫陈悦已被高欢重金收买，他假装答应出兵。

贺拔岳十分欢喜，大摆酒席招待他。结果在酒席上，侯莫陈悦乘贺拔岳不备，拔刀刺死了他。

高欢得知，喜不自禁，派部将侯景前去收编贺拔岳的兵马。侯景是羯族人，骁勇好斗，很懂谋略，原来也是尔朱荣的部下，后来归附了高欢。

侯景领了命就出发，还没到关中，就遇到匆匆赶来的宇文泰。两人都停住了马，四目相视，空气紧张得几乎要凝固。

宇文泰冷冷地说："贺拔岳虽然死了，但我宇文泰还活着。你来干什么！"原来，贺拔岳一死，军中群龙无首，部将们就拥戴平时颇得人心的宇文泰为新首领。

侯景被他的气势震住了，惶恐地说："哎呀，你何必动怒呢！我不过是一支箭，主人把我射到哪儿我就到哪儿。"说完，掉转马头灰溜溜地回去了。

宇文泰顺利收编了贺拔岳的军队，他做的第一件事就是带兵攻打侯莫陈悦，为贺拔岳报仇。侯莫陈悦打不过，被迫自杀。宇文泰将侯莫陈悦府中的财物全部拿来犒赏将士。接着，他又一鼓作气消灭了曹泥的军队。至此，关中之地被宇文泰尽收囊中。

高欢闻讯，差人送来贺信和厚礼，想与宇文泰结交。宇文泰拿不定主意，就问亲信于谨的意见。

于谨说："您已经占据了肥沃的关中，手下将士骁勇善战，力量强大。现在皇上在洛阳受到一群凶恶之徒的胁迫，如果您向皇上表明心迹，讲明利害关系，请他迁都到长安，您就可以挟天子以令诸侯，讨伐叛乱，建立大业了。"宇文泰听从了他的意见，封好高欢的书信，派使者张轨送到洛阳。

孝武帝正为贺拔岳的死而烦恼，张轨的到来让他重燃希望。斛斯椿却有点儿不放心，问张轨："不知道宇文泰的才能与贺拔岳相比怎么样？"

张轨答道："宇文公文可管理国家，武能平定叛乱。"

斛斯椿喜上眉梢，对孝武帝说："果真如此的话，这个宇文泰倒是可以依靠。"

不过，孝武帝还是不敢与高欢公开决裂，只能偷偷地做准备。他先下诏说"我要亲自带兵讨伐梁国"，接着征调河南各州的兵马，还给高欢写了一封密诏："宇文泰盘踞关中，贺拔胜占据荆州，两人都有叛逆之心，所以我假装说要讨伐梁国，暗中进行军事准备，其实是想对付他们。您也应该做出增援的样子。此事机密，阅后即焚。"

精明的高欢一下就识破了孝武帝的伎俩，立即上书说："贺拔胜、宇文泰企图叛乱，我身为丞相，怎能不为国家分忧呢？让我去对付他们。"

孝武帝没想到会弄巧成拙，想制止高欢出兵。谁知高欢紧跟着上了第二份奏章："皇上受到奸臣的挑唆，因而对我产生了怀疑。我要是胆敢辜负皇上，就让上天惩罚我。要是皇上相信我的赤胆忠心，不想干戈相见，希望您清除身边的奸臣。"

话说到这份上，孝武帝知道到了决裂的时候，便回复说："我连短刀都不曾动用一下，就这么顺顺当当做了皇帝，说起来都是您的功劳。这个道理我怎么会不明白，又怎么会无缘无故背叛您呢？我只是担心宇文泰犯上作乱，怕贺拔胜响应他，才采取了一些措施，本想和您相互声援。现在观察此二人的言行举止，并没有叛逆的迹象，如今天下苍生都盼着和平安定，我们应当止戈散马，不宜再穷兵黩武。我不知道身边谁是奸臣，倒是知道有几个逃离京城的叛臣，现在都在您那里。您若一心一意为国为君，为什么不将他们的头颅送给我？您如果安心待在北方，我即使手握百万大军，也不会有算计您的心思；您要是发兵向南，企图问鼎轻重，我纵然没有匹马只轮，也要与您战斗到死。"

这时，大将王思政向孝武帝建议道："如今最好能把都城迁到宇文泰的关中，将来再想办法光复旧都。"

孝武帝也有投奔关中的想法，就派人告诉宇文泰。宇文泰正求之不得呢，恭恭敬敬地请求前去迎接孝武帝的车驾。

高欢知道后，立即调拨军队，增运粮食到邺城，打算逼孝武帝迁都邺城。然后，他打着铲除斛斯椿等奸臣的名义，率领军队向洛阳进发。

消息传到长安，宇文泰忙向各州郡发布声讨文书，列举高欢的罪行，并亲自带领大军前来讨伐。

高欢的大军到达黄河北岸十余里的地方时，他再次派使者向孝武帝申明自己的诚意。孝武帝为了躲避他，带着南阳王元宝炬等人，在五千骑兵的保护下仓皇出了京城，向西逃奔。高欢立即命娄昭、高敖曹等大将率领精锐骑兵追赶。

孝武帝等人一路狂奔，顾不上休息，干粮吃完了，就喝山泉垫肚子。不少人跑了，等到了关西地区，孝武帝身边只剩下几百人。这时，宇文泰的部将赵贵、梁御率领两千名骑兵前来迎驾。

孝武帝流着泪对他们说："黄河水向东流，而我却往西去，如果有一天我能重回洛阳，亲自到皇陵宗庙祭祀，那可都是你们的功劳呀。"

在赵贵、梁御的护送下，孝武帝终于到达长安。宇文泰早已经准备好了威严的仪仗队，恭恭敬敬地在驿站迎接。一见孝武帝，他就摘去帽子，哭着跪下请罪："没有阻止奸贼的侵犯，害得皇上颠沛流离，这都是我的罪过。"

孝武帝一把将他扶起，并说："你的忠心，令人感动。我现在就把国家大事托付给你，你好好努力吧！"

高欢听说孝武帝已经到了长安，气得简直要吐血，一连递交了四十份奏折请求他东归，都没有得到回复。高欢无奈，只得拥立孝文帝元宏的曾孙元善见为新皇帝，将国都迁往邺城，史称东魏。元善见即东魏第一位皇帝孝静帝。

孝武帝本以为到了长安，可以摆脱当傀儡皇帝的命运，没想到宇文泰就像另一个高欢，紧紧地把控着国家的军政大权。孝武帝再次成为傀儡，他灰心丧气，开始纵情享乐。宇文泰渐渐地讨厌他，半年后，干脆用一杯毒酒送他归了西。公元 535 年，宇文泰立元宝炬为皇帝，史称西魏。元宝炬即西魏文帝。

自此，北魏一分为二。东魏与西魏都认为自己才是正统的，不承认对方，相互之间不断攻伐。

成语学习 ①

穷 兵 黩 武

原文为"穷兵极武"。随意使用武力，不断发动侵略战争。形容极其好战。

造　句：美国是一个穷兵黩武的国家， 　　　　到处挑起战争。	
近义词：大动干戈、兴师动众	
反义词：休养生息、和平共处	

---

① 这个故事的原文里还有成语"贪而无信"(贪婪而又不守信用)、"远水不救近火"(远处的水救不了近处的火。比喻慢的办法救不了急)、"口血未干"(古时订立盟约，要在嘴上涂上牲口的血。指订约不久就毁约)、"止戈散马"(停用兵戈，放还战马，意指结束战争)、"问鼎轻重"(问鼎的大小轻重。指妄图夺取天下)、"匹马只轮"(一匹战马，一只车轮。微不足道的一点儿兵马装备)、"为山止篑"(比喻功败垂成)。

【 彼众我寡 】

《资治通鉴·梁纪十三》

候骑告欢军且至，泰召诸将谋之。开府仪同三司李弼曰："彼众我寡，不可平地置陈，此东十里有渭曲，可先据以待之。"

译文

外出侦察的骑兵回来报告说高欢的部队快要到达，宇文泰马上召集各位将领商量对策。开府仪同三司李弼说道："对方人多，我们人少，所以我们不能在平坦的地方布置战阵，此处以东十里有一个叫渭曲的地方，我们可以先占据那里等待高欢的人马。"

宇文泰渭曲种柳

北魏分裂为东魏与西魏之后，东魏由高欢掌权，西魏则由宇文泰主政。东魏继承了北魏的大部分国土，又占据经济发达的关东地区，可谓兵精粮足，国力强盛；西魏所占的地盘很少，除了关中相对富裕，其他地区都属于贫瘠之地。高欢冷静分析双方情况之后，就想趁宇文泰刚刚建立政权，人心不稳，一举消灭他。

东魏天平四年（公元536年）年底，高欢亲率三路大军讨伐西魏。大将高敖曹奉命攻打上洛，大都督窦泰负责进取潼关，高欢自己则驻军蒲坂，他命人在黄河上建造了三座浮桥，准备渡河。

真是来者不善！宇文泰立即把军队开到广阳，然后召开军事会议，对将领们说："高欢摆出要渡河与我们决战的架势，看上去的确很吓人。但是，高欢一向狡诈，我认为他的真实用意是牵制我军主力，掩护窦泰的军队顺利进入关中。高欢起兵以来，一直任用窦泰当前锋。窦泰最近又打了许多胜仗，难免骄傲自大。如果我们前去偷袭他，一定能将其击败。窦泰一败，高欢肯定不战而逃。"

除了达奚武、苏绰等少数人，其他将领都不同意这个方案，还说："高欢就在眼皮底下，窦泰离我们很远，怎么能不顾近处的敌人反而袭击远处的呢？假如失败，那就后悔莫及了。现在最好的办法是分兵抵御他们。"

其实，宇文泰的心里也没底，他返回长安，问足智多谋的侄子宇文深："你可有退敌妙计？"

宇文深沉思了片刻，说道："如果先攻高欢，窦泰就会前来救援，我军将腹背受敌，太危险了！不如挑选精锐部队悄悄出小关袭击窦泰。窦泰性格急躁，一定会和我们决战，而高欢一向谨慎，不会立即救援。这样我们就能迅速击溃窦泰，再掉过头来阻击高欢，准能取胜。"

"我也是这样想的。"宇文泰兴奋地拍着宇文深的肩说。

第二天，宇文泰悄悄率领精锐部队往东疾行，很快抵达小关，逼近窦泰大营。窦泰仓皇应战，结果全军覆没，窦泰羞愤自杀。高欢本想率军施救，可是当时河面上的冰层太薄，无法过河。等到窦泰的死讯传来，高欢也无心再战，便下令拆除浮桥，引兵东归。当时，高敖曹已经攻克上洛，正准备深入关中，高欢怕他有闪失，让他也一同撤军。东、西魏的第一次大战就这样以东魏的失败而告终。

不久，关中闹起了饥荒，很多百姓饿死，西魏的军粮也开始告急。宇文深劝宇文泰夺取素有粮仓之称的恒农，以解燃眉之急。宇文泰就统率李弼、独孤信等十二位将领，倾全国之力讨伐东魏，攻下恒农并驻扎下来，每天安排将士们往外运粮。

真是旧恨未消，又添新仇！高欢暴跳如雷，立即统领二十万兵马前往蒲津渡口，又让高敖曹率领三万人马从河南出发，迅速攻打恒农。很快，高敖曹率军包围了恒农。

高欢召集众将领讨论下一步计划。薛琡说："宇文泰目前极度缺粮，所以这次才冒死来抢。现在高敖曹已经包围了恒农，城中的粮食再也运不出去，时间一长，关中的百姓就会一个接一个饿死，到那时还愁宇文黑獭①不乖乖投降吗？所以我们没必要渡过黄河，与他们决战，只要在各条道路上布置好兵力，和他们对峙就行，耗死

---

① 宇文泰，字黑獭。

他们。"

侯景也建议说："我们这次倾全国之力出兵，万一不能取胜，局面将很难控制。不如把兵力分为前后两部，相继前进，一旦前面的部队得胜，后面的就赶上去，全力支持，如果前面的部队失败，后面的就顶替它冲上去。"

高欢一心想为爱将窦泰复仇，所以不听他们的劝告，执意从蒲津渡过了黄河，在许原的西面安营扎寨。

宇文泰率军到达渭河南岸，向各州征召兵马，结果没有人来。西魏将领认为众寡不敌，请求等高欢继续西进时，观察其动向再做打算。宇文泰不听，下令建造浮桥，让将士们准备三天的干粮，轻装渡过渭河。几天后，宇文泰的军队到达沙苑，离东魏大军仅有六十里路。

众将都非常恐惧，唯独宇文深大声对宇文泰说："丞相，我要祝贺您！"

宇文泰微微一笑："为什么呢？"

宇文深说："高欢的根据地在河北一带，他在那里经营多年，深得人心，假如他待在河北，一心守卫原有的地盘，我们要想算计他，还真是不容易。可现在他孤军渡河，深入我方地界，为的只是报仇雪耻，这就是所谓的愤怒之师。对付这样的军队，只要一次交战即可擒拿，因此我要提前祝贺您。"宇文泰听了哈哈大笑。

恰在这时，负责侦察敌情的达奚武回来了，报告了高欢军营的情况。宇文泰马上召集众将商议。李弼对当地的情况很有研究，便说："现在彼众我寡，如果在平原上决战，我军必败。在我们驻地东边十里处有一个叫渭曲的沼泽地，那里三面环水，芦苇丛生，易守难攻。我们迅速占领渭曲，等高欢前来。"

宇文泰赞道："好主意！"他立即在渭曲背靠河水的东西两面布

置好战阵，由赵贵和李弼分别指挥左、右方阵，又命令将士们埋伏在芦苇丛中，听到鼓声就冲出来战斗。

西魏紧锣密鼓地布阵迎敌的同时，东魏也浩浩荡荡开往渭曲。一路上，东魏将士都非常乐观，觉得双方实力悬殊，东魏一定会大获全胜。高欢也觉得胜券在握，抵达渭曲之后，马上召集斛律羌举、彭乐、侯景等将领，开起了战前动员会。

斛律羌举对高欢说道："这次宇文黑獭疯了，几乎出动全国兵力，摆明了要和我们拼命。他们虽然兵力少，但兔子急了也能咬人一口，我们还是要小心提防。渭曲这个地方芦苇深，烂泥淤积，我军无法发挥人多的优势。现在他们后方空虚，我们不如一边在这里与他们相持，一边秘密派出精锐部队突袭长安，端掉他们的老巢，到时候宇文黑獭就可以不战而擒了。"

高欢不以为然，转而问其他将领："这个季节芦苇丛干燥易燃，我们用火攻怎么样？"

"火攻倒是一个好办法！"几名部将齐声赞同，侯景却狂妄地说："我们应当活捉宇文黑獭，带回京城让老百姓围观，如果把他烧焦了，黑乎乎的，混在一堆人中，谁能相信他真的完蛋了呀？"

彭乐更是嚣张地说："我们这么多人，他们才几个呀！我们一百人抓他们一个，还有什么可担心的？"

大家说了一堆乐观的话，高欢听得有些忘乎所以，便不再坚持火攻，而是下令正面攻击。

战斗一开始，东魏兵见西魏兵人数少，个个都想立功，争先恐后往前冲，原来整齐的队列一下子变得不成样子。

宇文泰瞅准时机，命人敲响了战鼓，埋伏在芦苇丛中的西魏将士全都手持利器，大喊着跳了出来。赵贵和李弼指挥着各自方阵中的铁甲骑兵横向冲过来，一下就把东魏军从中间给截断了。东魏军前后不能相顾，很快就一败涂地，由于道路泥泞，他们无法后撤，只得硬着头皮迎战。

彭乐上阵前饮了一壶酒，此刻虽然还带着几分酒意，却也看出形势不妙，不过他没有退缩，立刻策马冲入敌阵，狂舞长刀。一番激烈的搏杀后，西魏人刺破了他的肚子，肠子都流了出来，他眉头都没皱一下，把肠子塞回肚里，继续战斗。

然而，东魏军士气越来越低落，西魏兵却越战越勇，李弼的弟弟李檦（biǎo）虽然身材瘦小，却无比勇猛，他将身体隐藏在鞍甲之中，几次纵马跃入东魏的军阵中，痛快砍杀。东魏兵见了，都尖叫道："小心那个小孩子！"

宇文泰见状，不由得感叹道："拥有这样大的胆量与决心，又何必非要八尺之躯呢！"

高欢见东魏军落了下风，准备收兵休整，择机再战，就派人到各个军营清点人数，没想到所有军营都空荡荡的，士兵都跑光了。高欢呆呆地坐在马鞍上，不知如何是好。他的心腹斛律金上前劝慰道："现在人心离散，短时间内无法再战了，我们还是尽快赶往河东。"高欢神思恍惚，依然一动不动。斛律金急了，一鞭子抽在他的马背上。那马受了惊吓，猛地往前一窜，高欢这才回过神来，迅速撤离。

宇文泰一直追到黄河边，见高欢已经远去，才带着军队回到渭河以南。正好从各州征召的将士已经到达，宇文泰就让他们每人在交战的地方种一棵柳树，以纪念这场来之不易的胜利。

这一仗，高欢损失了八万士兵，牲畜、辎重更是不计其数，元气大伤。而宇文泰凭借这场以少胜多的伏击战，巩固了刚刚建立的西魏政权。自此，东西两魏割据北方的局面得以巩固，它们与南梁三分天下。

成语学习①

彼众我寡

指对方军队势众，而我方力量单薄。

造　句：	在彼众我寡、后勤供应中断的险恶情况下，我军还是打了一个漂亮的翻身仗。
近义词：	寡不敌众、众寡悬殊
反义词：	旗鼓相当、势均力敌

---

① 这个故事的原文里还有成语"众寡不敌"（少数敌不过多数）。

〖 严阵以待 〗

《资治通鉴·梁纪十四》

侯骑白欢曰:"贼距此四十余里,蓐(rù)食干饭而来。"欢曰:"自当渴死!"乃正阵以待之。戊申,黎明,泰军与欢军遇。

译 文

外出侦察的骑兵回来向高欢报告说:"贼兵距离这儿有四十多里,他们是清早饱食了一顿干饭之后来的。"高欢说道:"他们一定会渴死的!"接着,他下令摆正阵势,等待敌人的到来。戊申(十八日),黎明,宇文泰的部队与高欢的部队相遇了。

彭乐立功挨揍

宇文泰接连在小关、沙苑大败高欢后，乘胜又向东攻伐，只用了半年时间，就拿下包括洛阳在内的河东、河南大片土地，西魏国内一片欢欣鼓舞。

高欢一代枭雄，哪这么容易就认栽？东魏天平五年（公元538年），他派大将高敖曹、侯景率军围攻驻守洛阳的独孤信，发动了东西魏之间的第三次大战——河桥之战。

侯景夺下洛阳西北角的金墉城，又纵火焚烧了城中所有的官衙以及大部分的民宅。熊熊大火连烧了几天几夜，独孤信急忙向宇文泰求援。

当时宇文泰正准备陪西魏文帝元宝炬回洛阳祭扫皇陵，闻讯后迅速率军杀到洛阳。侯景乘夜突围出了金墉城，占据黄河边上的河桥，与宇文泰展开激烈的交锋。

侯景的将士异常勇猛，齐齐拉开弓箭射向西魏的军阵，不少西魏兵中箭倒下。宇文泰的战马也中了流箭，胡乱地狂奔起来，把他从马背上颠了下来。东魏的士兵追到跟前时，宇文泰身边的人大都逃散了，都督李穆急中生智，跳下马来，挥鞭猛抽宇文泰的后背，骂道："你这个没用的小兵，你们的头儿在哪里？为什么你一个人待在这儿？"东魏士兵以为宇文泰只是个无名小卒，就从他旁边过去了。李穆把自己的马让给宇文泰，两人一起逃了回去。

宇文泰不甘心失败，重整队伍后，再次向东魏军发起猛攻。这次东魏军惨败，将士们四处奔逃。高敖曹一向心高气傲，与西魏军交战从没失败过，为了羞辱宇文泰，他故意命人竖起华丽的旌旗、伞盖，以显示军阵的威风。由于旌旗过于扎眼，西魏兵便集中兵力向高敖曹攻去，打得他全军覆没。

高敖曹只好单枪匹马投奔河阳南城。守将高永乐曾经与高敖曹结仇，这时就故意关紧城门。高敖曹仰头大吼："放一根绳子下来！"等了好一会儿，城内都没人理睬，他就拔刀劈砍城门。

门还没有劈开，西魏的追兵就到了身后。高敖曹知道难逃一死，索性昂起脑袋对西魏追兵说："来吧！送你一个当开国公的机会。"追兵便砍下他的脑袋离去。

高欢得知噩耗，真是肝胆俱裂，痛打了高永乐二百大棍。宇文泰则重赏了斩杀高敖曹的士兵一万段布匹与绢帛①。

这一天的战役，东、西魏布置的军阵都非常庞大，首尾相距很远，从早晨到晚上，双方交战了十几次，直杀得天昏地暗，尘土飞扬。东魏这边尽管损失了高敖曹，但兵力依然强劲。最终，西魏的独孤信、李远、赵贵等人败下阵来，加上战场混乱，他们找不到宇文泰，便都选择了撤退。宇文泰得知后，就烧掉营帐返回。

东魏虽然获得胜利，但是伤亡惨重。经此一战，高欢与宇文泰都退回国内休养生息，几年内都没有再发动攻战。直到五年以后，因为一件小事，这对宿敌又在邙山展开了第四次大战。

事情要从东魏大臣高仲密说起。高仲密是高敖曹的哥哥，娶了美丽聪慧的李氏为妻。有一次，高欢的长子高澄偶遇李氏，非常喜欢，就上前拉拉扯扯，把她的衣服都撕破了。李氏挣脱之后跑回家，哭哭啼啼地告诉了丈夫。

---

① 由于数量太多，所以每年给一部分，一直到北周灭亡，这一万段布匹与绢帛都还没有给完。

　　高仲密怒不可遏：不久前高澄在孝静帝元善见面前说他的坏话，已经让他心生怨恨，这次高澄竟公然调戏他的妻子，简直欺人太甚，要是将来高澄接替高欢的位置，哪里还有他高仲密的活路？这么一想，高仲密就生出了叛离东魏的心思。

　　不久，高仲密离开京城去北豫州①当刺史，这时高欢也对他产生怀疑，另派了亲信奚寿兴主管北豫州的军事，只让高仲密负责一些民政事务。高仲密恼了，索性活捉奚寿兴，占据北豫州的治所虎牢，向西魏献上降书。宇文泰喜出望外，果断率领几路大军前来策应，很快就包围了河桥南城。

　　但高欢也不是吃素的，岂能让宇文泰白占这么大的便宜，他亲率十万人马奔赴黄河北岸，准备与宇文泰拼个你死我活。

　　宇文泰早有防备，把部队撤到上游，打算放出火船烧掉河桥，阻止高欢过河。东魏大将斛律金派人找来一百多条小船，每条船上载着长锁链，等到西魏的火船靠近时，就用钉子钉住它，再用锁链拖到岸边，保住了河桥。

　　高欢大军顺利渡过黄河，占据了南岸的邙山。邙山不算险峻，但是进可攻、退可守。部队驻扎好后，高欢每天只是派人到敌营侦察情报，看起来没有进军的意向。

　　宇文泰却有点儿沉不住气了，他远道而来，希望速战速决。这天晚上，宇文泰准备夜登邙山，袭击高欢。

　　半夜，侦察兵向高欢报告："宇文泰发起偷袭，距离我军四十多里。"

　　高欢不紧不慢地问："他们路上吃了什么？"

　　"吃了一顿干饭。"侦察兵答道。

---

① 辖境相当于今河南郑州、荥阳、巩义、密县、原阳、中牟等地。

高欢胸有成竹地说:"他们一定会渴死的!"于是让全军严阵以待。

天快亮时,西魏大军赶到邙山,两军展开激烈的交锋。彭乐率领几千名东魏骑兵作为右翼,冲击西魏军的北边。他冲到哪个阵中,哪个阵就溃乱不堪,后来他干脆冲入西魏的军营。

有人误以为彭乐投敌,向高欢报告:"彭乐反叛了!"

高欢大怒:"等我抓住彭乐,定将他碎尸万段!"话音刚落,只见西北方向尘土飞扬,彭乐的手下跑来报告:"彭将军已经俘虏了四十八名敌将,斩首三万多。"

高欢转怒为喜,大笑道:"彭乐真是神勇啊!让他快去活捉宇文泰!"

彭乐得到命令,快马加鞭追赶宇文泰。宇文泰慌不择路地逃入一片小树林,谁知彭乐很快就追来,大喝一声:"宇文黑獭,看你往哪里逃!"

宇文泰一惊,索性不跑了,调转马头,和他攀谈起来:"哎呀,这不是彭乐将军吗?你是来追我的吗?唉,你怎么这么傻呢?古人说:'狡兔死,走狗烹。'要是今天我被抓了,明天高欢就不会留你了。你为什么不赶快回去,收取属于你的金银财宝?"说完,丢了一袋金条过去。

彭乐一愣,正琢磨宇文泰的话时,宇文泰趁机拍马就跑。彭乐也没有去追,只是从地上捡起宇文泰留下的那袋金条,返回营中。

高欢见了他,劈头就问:"追到宇文黑獭没有,是不是把他杀了?"

彭乐却避重就轻:"我差一点儿就杀了宇文黑獭,可惜让他溜走了,不过他已经吓破了胆!"

高欢虽然对彭乐打了胜仗感到高兴,但也恼怒他没有活捉宇文泰，骂道："什么差一点儿！我看分明是你把他放跑了！"说完，命令彭乐趴在地上，亲手揪住他的头髻（jì），连连往地上撞，一边撞一边骂，结果越骂越气，后来干脆举起大刀，想把他劈死，但想到临阵杀将是兵家大忌，就悻悻地放下刀，气鼓鼓地坐在那里。

彭乐忙叩头求饶："请丞相拨给我五千名骑兵，我再去活捉宇文黑獭。"

高欢看着他可怜兮兮的样子，又好气又好笑，说道："你刚才为什么要放走宇文黑獭？现在又为什么要再去捉？"说完，命人拿来三千匹绢压到彭乐的背上，就算是奖给他的。

第二天，两军再次交战。宇文泰与赵贵、若干惠各率一支人马，从左、中、右三路对东魏军发动猛攻，俘虏了东魏的所有步兵。战斗中，高欢失去了坐骑，幸亏亲信拼死掩护，才得以逃回营中。

当天晚上，一名东魏小兵逃到宇文泰那里，泄露了高欢的所在。宇文泰连夜招募了三千死士，让贺拔胜率领，前去偷袭高欢。东魏军毫无防备，被打得抱头鼠窜。

混乱中，贺拔胜一眼认出了老冤家高欢，他迅速抓起长矛，与十三名死士追了上去。眼看着就要追上了，贺拔胜一边将手中的长矛刺向高欢，一边喊着高欢的鲜卑名字："贺六浑，拿命来！"

矛尖几乎要触到高欢的身体了，吓得他几乎背过气去。在这千钧一发之际，他的部将刘洪徽与段韶射死了贺拔胜的马，高欢才得以跑掉。摔倒在地的贺拔胜眼睁睁地看着高欢绝尘而去，叹息道："今天我没带弓箭，不然他死定了！难道是天意？"

高欢逃回营中，他又气又恨，聚集起离散的士兵，卷土重来。东魏的将士又振作起来，战场形势因此发生逆转：西魏军被打得落花流水，宇文泰无心再战，下令撤军。

　　高欢率军急追，追到陕州①时，他勒住缰绳，凝望着西边潼关的方向，陷入沉思："宇文泰的主力遭受重创，如果继续往西追，进入关中，有机会消灭他，统一北方。可是，这场战事已经持续了很久，我军兵疲马乏，并不适合长距离地追赶。"

　　想到这里，高欢怅然地望着潼关的方向，又回头看了看身后疲乏的将士，叹息了许久，才下令全军返回。

---

① 治所在今河南三门峡市西。

严 阵 以 待

原文为"正阵以待"。形容做好充分战斗准备，等待着敌人。

造 句：面对挑衅，我边防军严阵以待，做好了随时战斗的准备。	
近义词：枕戈待旦	
反义词：麻痹大意	

〖 昼夜不息 〗

《资治通鉴·梁纪十五》

　　东魏丞相欢攻玉壁，昼夜不息，魏韦孝宽随机拒之。城中无水，汲于汾，欢使移汾，一夕而毕。

译　文

　　东魏丞相高欢的军队日夜不停地进攻玉壁，西魏的韦孝宽随机应变地抵抗东魏的进攻。玉壁城中没有水源，城中的人要从汾河汲水，高欢便派人在汾河上游把水决开，使汾河水远离玉壁城，他们在一个晚上便完成了这一工程。

关西汉子韦孝宽

东魏武定四年（公元 546 年）冬天，大雪漫天飞舞，咆哮的寒风像一头愤怒的野兽，撕扯着东魏军的帐篷。将士们缩在冰窖一样冷的军帐内，不住地搓手呵气，军中弥漫着一种悲观的气氛。

几名士兵实在冷得不行，就哆哆嗦嗦地挤在一起。一个年纪很小的惴惴不安地说："自从玉壁①撤兵，就没见着丞相的人影。"

另一个大一点儿的朝四周望了望，压低声音说："大家都在传，说宇文泰的人用强弩射中了丞相……"

旁边一人小心地问："丞相会不会已经……死了？"

"别瞎说！当心掉脑袋！"一个小头领呵斥道。

突然，一阵高亢的歌声在他们耳边响起："敕勒川，阴山下，天似穹（qióng）庐，笼盖四野。天苍苍，野茫茫，风吹草低见牛羊。"

那个年纪小的士兵忙说："这是斛律金将军的声音！"大家侧耳细听，便都欢呼起来："还有丞相的声音，他没有死！"

高欢没有死，但他病得相当重。这天，他得知军中盛传自己中箭而死，为了激励大家，便勉强支撑病体，命斛律金作了一首《敕勒歌》。斛律金的歌声真挚、豪迈，感染了在场的所有人。高欢看着竭力宽慰他的战友，也跟着唱了起来。

在雄浑的歌声中，高欢的思绪飘飞，飞到怀朔镇的城头，飞到

---

① 在今山西稷山西南。

信都、沙苑、邙山……又飞到玉壁。

想到玉壁，高欢的心中一阵颤抖，自从他在信都起兵，征战无数，胜负有常，此刻都如过眼云烟，只有玉壁是他心中永远的痛。

玉壁城是南北朝时期的军事重镇，自东魏、西魏对峙以来，成为双方殊死争夺的焦点。

当初，西魏夺得河东地区后，大将王思政就意识到玉壁的咽喉地位，便上书请求修筑玉壁城并移军镇守。玉壁城建在黄河断崖之上，像一座巨大的土堡，易守难攻，既可拱卫西魏的京都长安，又对东魏的晋州产生极大的威胁。

东魏兴和四年（公元 542 年），高欢发兵攻打玉壁。开战前，他写了一封劝降信给王思政："如果你能弃暗投明，我就让你当并州刺史。"并州是王思政的故乡，高欢这招可谓用心良苦。

王思政的回信意味深长："我们这边有个叫可朱浑道元的，已经向你投降了，你当初把并州许诺给他，为什么他到现在都没有得到呢？"

高欢恼羞成怒，下令包围玉壁，强行攻城。结果，东魏大军一连攻了九天，都没能攻下。当时正是隆冬，天降大雪，士兵们饥寒交迫，高欢只好下令撤军。回去后，他赌气地任命可朱浑道元为并州刺史。

虽然无功而返，但高欢并没有放弃夺取玉壁的想法。东魏武定四年（公元 546 年），高欢召集全部兵马，再次浩浩荡荡开赴玉壁。这一回，他的野心更大，打算通过夺取玉壁，引诱西魏大军出战，再一举将其歼灭。

一个月后，东魏大军抵达玉壁城下，稍作休整，便擂起战鼓，向守军发起挑战。

城外鼓声震天，呐喊连连，城内的守将韦孝宽却不慌不忙，从容备战。

　　韦孝宽出身将门，沉稳机敏，善于洞察人心。前不久，王思政调到荆州当刺史，临行前，极力推荐韦孝宽镇守玉壁。韦孝宽来到玉壁后，仔细观察地形，形成了非常清晰的守城思路：城中将士不多，与敌军正面交战，无异于以卵击石，但玉壁城固若金汤，最好的办法就是坚守城池，以逸待劳。所以，无论东魏将士怎么昼夜不息地挑战，他都闭门不出。

就这样，两军相持了一个多月，高欢渐渐沉不住气了，心想：这次兴师动众西征，到现在双方连像样的交战都没有，眼看着天气转冷，需要更多的御寒物资，如果再这样消耗下去，恐怕会像四年前那样白跑一趟，必须迅速攻下玉壁。

高欢带着几队将士，围着玉壁城转了一圈，寻找突破口。他们发现玉壁城建筑在悬崖之上，城中并没有水源，人马喝的水都是从汾河汲取的。高欢大喜，命人在汾河上游给河水改了个道，以断绝

城内的水源。不料，玉壁城地下水极为丰富，韦孝宽亲自带领军民挖井取水，轻松地解决了饮水问题。

一计不成，再施一计！玉壁城高大厚实，东魏大军对城内的情况一无所知，所以攻城困难，高欢就命人在城的南面垒起了一座高高的土山。第二天清晨，他带领众将士登上土山眺望城内，得意地说："城内一览无余，现在攻城不难了。"

此时韦孝宽还没起床，他的士兵惊慌失措地进来报告："不好了，我们完全暴露在敌军的眼皮底下。"

韦孝宽披上衣服，站上城墙瞭望，果然见高欢领着一群人在土山上比比画画，不禁失声笑道："高欢这老头儿，办法不少嘛。"他有意考考身边的将士，便问道："我们要怎么应对呀？"

几名将士苦思冥想，却没有好办法，便向韦孝宽请教。韦孝宽淡淡地说："高欢可以筑土山，我们也可以加高城楼呀！"

玉壁城内原来就有两座城楼，韦孝宽当即命人取来木材，绑在楼上接高，使城楼高于土山，然后从高楼上不断向城外的东魏兵射箭。

高欢见视线被挡，就派人传话给韦孝宽："就算你把城楼加到天那么高，也守不住城，因为接下来我要凿地洞攻克你。"他找来一个懂得掘地的行家，又挑选了一些身体强壮的兵士，日夜不停地挖了十条地道，然后调集人马，从地道进攻玉壁城北面。

城北是幽深的山谷，足智多谋的韦孝宽叫人挖了一条长长的大沟，以长沟阻截高欢挖的地道。他挑选了一批精兵，在大沟上面守株待兔，每当有东魏兵穿过地道前来，就把他们抓住或杀掉。与此同时，他还让人准备了大量干燥的柴草和鼓风的皮囊，一旦发现地道里有敌人，就点燃柴草，塞入地道，并不断往里鼓风。不一会儿，地道内就浓烟滚滚，烈焰熊熊，东魏兵被烧得哭爹喊娘，没命地往回跑，来不及跑的都被烧成焦炭。

韦孝宽的几次强劲反制，激起了高欢旺盛的斗志，他让人搬出巨大的冲车，准备正面攻城。这种冲车的车顶上用铁链挂着一根巨大的圆木，圆木的首尾都有金属头，称为攻城槌（chuí）。冲车所撞之处，没有不被摧毁的。高欢一边下令进攻，一边让人向城内喊话："韦孝宽，看你还能坚持多久！"

"冲车刚猛，硬碰硬不行，但是我们可以以柔克刚呀。"韦孝宽让人把布匹缝制成一条巨大的幔帐，顺着冲车撞城的方向张开它，因为布幔是悬在空中的，冲车根本撞不破它。韦孝宽也命士兵向城外喊话："高欢，还有什么招尽管使出来吧！"

高欢火冒三丈，命人把松枝等易燃物绑在冲车前的一根长竿上，又在上面淋了油，打算点火烧毁幔帐。

韦孝宽见了，让人拿来一种长长的钩竿，把钩尖磨利，等东魏的火竿快要到时，用长钩一切，火竿就被切断，绑在竿上的松枝纷纷坠落，掉到东魏士兵的头上，惊得他们乱窜。

高欢不死心，又祭出"绝杀技"，让人在玉壁城墙的下方挖了二十条地道，一边挖一边在地道中立起木柱以支撑地上的城墙，之后再放火烧掉这些木柱。木柱一毁，大片的城墙就坍塌了。城内将士都很惊慌，以为敌人就要攻进来了，只有韦孝宽不慌不忙，城内木料充足，每坍塌一处，他就让人在坍塌处修起栅栏。

至此，高欢真有点儿黔驴技穷了，但是韦孝宽的计谋还绰绰有余，他趁高欢无计可施时，突然率军出城，夺占了那座土山。高欢差点儿没被气死。

硬的不行，试试软的吧。高欢派秘书郎①祖珽出面劝韦孝宽投降。祖珽文采出众，足智多谋，他对韦孝宽说："您坚守玉壁已经一

---

① 负责图书收藏及校写事务。

个多月了，宇文泰到现在都不出兵救您，明摆着抛弃您了。玉壁城迟早会被我们攻下，您还是趁早投降吧！"

韦孝宽朗声答道："玉壁城池坚固，兵足粮多，你们是攻不下的。你担心我没有救兵，我倒担心你们这么多人有来无回。我韦孝宽堂堂关西汉子，宁死不降！"

祖珽见韦孝宽不吃自己这套，就又写了一张悬赏令，让人射进城内，上面写着："凡能斩杀韦孝宽并投降的，就让他做太尉，加封为开国郡公，赏赐一万匹绢帛。"韦孝宽拿到悬赏令，直接在背面写道："能杀掉高欢的人，可得同样的赏赐。"然后让人射出城外。

高欢见劝降不成，便抓来韦孝宽的侄子，威胁说："再不投降，就杀了他。"韦孝宽毫不理会，城中将士都深受感动，决心誓死追随。

天气转冷，凛冬将至，东魏将士在玉壁城苦攻五十天，战死、病死的士兵达七万之多。高欢心智用尽，又气又急，也生起了病。这天晚上，一颗流星划破玉壁的夜空，东魏的将士都很恐惧，高欢觉得这是天意，便下令撤军回国。

"天苍苍，野茫茫，风吹草低见牛羊……"歌声把高欢的思绪从玉壁拉回了现实。他凝视着军营外茫茫的白雪，悲哀之情油然而生：和宇文泰交锋多年，各有胜负，这次倾全国之力攻打玉壁，没想到又失败了，以后恐怕没有机会了。想到这里，他不禁怆然泪下。左右将士见了，也跟着痛哭流涕。

第二年正月初一，北方出现日食，病榻上的高欢叹息道："日食是因为我吗？死又有何恨啊！"

成 语 学 习

昼 夜 不 息

从白天到夜晚一直不停。

造　句：九曲黄河，奔流到海，昼夜不息。	
近义词：夜以继日、通宵达旦	

【 飞扬跋扈 】

《资治通鉴·梁纪十五》

　　景专制河南，十四年矣，常有飞扬跋扈之志，顾我能畜养，非汝所能驾御也。

译 文

　　侯景控制河南已有十四年了，他一直骄横放肆，目中无人，有夺取天下的志向，只有我能驾驭他，你很难驾驭他。

高欢留下秘密武器

高欢知道自己剩下的日子不多了，趁着脑子还清醒，就把嫡长子高澄召来，交代了身后事。末了，高欢问："虽然我病重，可是你好像还为别的什么事情担忧？"没等高澄回答，他接着问："是担心侯景反叛吗？"

高澄心中一凛，他没想到父亲病入膏肓，仍能洞察细微，便答道："是的。"

高欢叹了一口气，说："当初，我考虑到宇文泰在西边虎视眈眈，不得不重用侯景，由他全权管理河南，到现在已经有十四年了。他一直飞扬跋扈，有夺取天下的志向。我活着的时候，他不敢轻举妄动；等我一死，他就要兴风作浪了。"

高澄心中一沉，忙问："我应当怎么办呢？"

高欢没有直接回答，而是先一一点评东魏的将领："库狄干和斛律金都是性格耿直的人，绝对不会背叛你。可朱浑道元、刘丰生远道前来投奔我，也一定没有背离之意。潘相乐原来是一个道人，和善厚道，你们兄弟几个会得到他的帮助的。韩轨耿直愚鲁，你们要宽容他。彭乐这个人不好说，得提防着点儿。段韶忠直仁厚，有勇有谋，军机大事一定要和他商量。"接着，他顿了顿，说出了高澄最想要的答案："在所有人中，将来能够收拾侯景的，只有慕容绍宗一个人。这些年我一直没有重用他，就是要把他留给你。"

几天后，高欢就去世了。高澄没有马上发丧，而是以高欢的名义给侯景写了一封信，召他来晋阳。

侯景读了信，轻蔑地说："高澄这个鲜卑小子，还是太嫩了，居然想用一封假信夺我兵权。"

他的心腹谋士王伟拿过信仔细地看了看，不解地问："这信像高欢的笔迹呀！您怎么断定它是假的？"

侯景得意扬扬地说："这你就有所不知了。我曾与高欢约定，说我在远处掌握军队，很容易被人从中搞鬼，以后凡是他写给我的信，都要加一个小黑点。现在这封信上没有黑点，一定是高澄伪造的。我敢断定，高欢已经死了！"

五天后，侯景在河南起兵反叛。高澄迅速派遣韩轨督率各路大军讨伐。侯景没想到高澄的动作这么快，心慌意乱之下，就向西魏的宇文泰献地求降。

宇文泰何等聪明，心想："侯景追随高欢多年，雄霸一方，现在高欢尸骨未寒，他就跳出来造反。这种背信弃义的小人，得防着点儿。不过，侯景手中的地嘛，还是挺诱人的……"于是派各路大军前往河南接收侯景的地盘，并要求侯景交出军队，前往长安。

"好你个宇文黑獭，想收我兵权？门儿都没有！"侯景悻悻地想。不过此时他真有点儿骑虎难下，高澄出兵攻打他，宇文泰不信任他，怎么办？想来想去，他决定拖延去长安的时间，暗中向南梁请降。

于是，侯景命王伟给梁武帝写了一封求降信："我与高澄之间水火不容，请允许我率领豫州、郢州^①、荆州等十三个州前来归附。到时候，我将尽全力帮贵国攻取北地，统一天下。"

梁武帝当时已经八十四岁，在位也有四十五年了。他年轻时

---

① 治所在今湖北武汉市武昌城区。

锐意进取，勤于政务，将国家治理得有声有色，老了以后却十分宠信奸臣朱异，让他管理朝政，自己一门心思信奉佛教，到处修建寺庙①，甚至不顾天子之身，四次跑去同泰寺出家当和尚。国不能一日无君呀，每次朝廷都要花巨款为他赎身。

侯景的求降信让梁武帝心动不已，虽然他吃斋念佛多年，无心治理国家，但是北方十三州实在太诱人了。梁武帝重新燃起了攻打北方、统一全国的斗志，便不顾百官的反对，接受了侯景的投降，封他为河南王，并派司州刺史羊鸦仁带领三万兵马先去接应。

高澄得知后大怒，对左右说："我们一直与梁国友好往来，现在萧老头儿竟然接纳我国的叛将，夺走我国的土地，看来我们只能用武力说话了。"他命韩轨立即进攻侯景。

侯景退守颍川，等待羊鸦仁的救援。结果梁军还没到，韩轨的大军就包围了侯景。侯景很害怕，再次向宇文泰求救，表示愿意割让四城。荆州刺史王思政趁机派了一万多荆州兵占据颍川。宇文泰命李弼、赵贵率领一万人马前去为侯景解围。

西魏救兵如约前来，侯景怕引起梁武帝的怀疑，断了自己的后路，便写信向梁武帝解释："因为路途遥远，您的援军到现在还没到达，而我这里情况十万火急，只好先向宇文黑獭求援。我既然不屑于和高澄共事，又怎么会甘愿投到宇文黑獭的麾下？我这么做实在是螯手解腕，万不得已，您千万不要误会。"

侯景既然不甘居于高澄与宇文泰之下，又怎么会甘心投奔南梁？也许梁武帝真的老糊涂了，他根本不考虑这些，马上回复侯景："你根据实际情况处理就好了。朕相信你的一片诚心，何须多加解释呢？"

---

① 唐代诗人杜牧曾经写诗形容当时佛寺兴盛的景况："南朝四百八十寺，多少楼台烟雨中。"

读了梁武帝的信，侯景得意忘形地对王伟说："这个姓萧的老头儿挺好骗的嘛！"

王思政见侯景一直不去长安，疑心有诈，就秘密安排人马占领了侯景管辖的七个州、十二个镇。侯景情知不妙，便假称要攻取州郡，带领军队离开颍川城，驻扎在悬瓠，并写信向宇文泰摊牌："我耻于和高澄那鲜卑小儿共事，又怎么甘心同大兄弟您比肩呢？"对此，宇文泰并不意外，便召回前去救援的各路大军。

这时，羊鸦仁的军队到达悬瓠，与侯景会合。梁武帝任命贞阳侯萧渊明为主帅，统领军队讨伐东魏。按照梁武帝的部署：萧渊明在寒山①修筑堤堰，拦截泗水，到时候水淹彭城。夺下彭城后，再与侯景形成掎角之势，夹击东魏大军。

萧渊明于是驻军寒山，由侍中羊侃负责监督修建堰坝，结果只用了二十天时间就完工了。羊侃认为，应当趁着水势攻打彭城，萧渊明没有听从。众将领与萧渊明商议军机大事，他也不能当机立断，总是说："到时候再议吧。"

东魏的彭城守将王则连忙向高澄告急。高澄起初想让部将高岳去救援，后来想起父亲的遗言，就让慕容绍宗一同前去。

侯景熟悉兵法，打了许多胜仗，所以平时很瞧不起其他将领，就连东魏响当当的猛将高敖曹、彭乐，他也不放在眼里，经常说："这些人就像受惊的野猪，打仗时只会横冲直撞，能有多大能耐？"

所以刚起兵时，侯景听说东魏派来对付自己的是韩轨，就嗤之以鼻，说："这个吃猪肠的小子能干什么！"

后来，他又听说援救彭城的是高岳，更是不屑一顾："兵士倒都是精锐，但是领兵的人就很一般了。"

---

① 在今江苏徐州市东南十八里。

没多久，侦察兵又来报告："慕容绍宗也一起来了。"侯景大惊失色，不住地敲打着马鞍，尖叫道："啊！他怎么来了？到底是谁给高澄这个鲜卑小儿出的主意？高欢一定没有死！"原来，侯景刚出道时，曾经向慕容绍宗请教过兵法，所以慕容绍宗对他的作战风格、战术谋略了如指掌。

几天后，慕容绍宗率领十万人马逼近寒山。羊侃几次劝萧渊明说："现在慕容绍宗远道而来，人困马乏，我们应当马上进攻！"萧渊明每次都推托道："啊，明天召众将商讨一下！"然后就不了了之。羊侃无奈，便率领自己的部队，驻扎到新修好的堰坝上。

慕容绍宗的军队一来到城下，就发动步兵和骑兵一齐攻打，箭像雨点一样射向城内。南北朝和平相处多年，南梁将士很久没有打过仗了，很快就败下阵来。以萧渊明为首的多名梁将被俘虏，只有羊侃带着他的人马安全撤退。

侯景没想到萧渊明如此无能，更没想到梁军这么不堪一击，只得带着四万人马退守涡阳。慕容绍宗统率十万士兵，一路旌旗飘摇，敲着战鼓追赶。侯景十分恐惧，派人前去试探慕容绍宗："您这是想送我一程呢，还是要与我一决生死？"

慕容绍宗回答得挺干脆："一决生死。"随后，他排兵布阵，准备进攻，并叮嘱将士们："大家当心，侯景诡计多端，喜欢从背后进攻。"

果然不出慕容绍宗所料，侯景命令士兵身披铠甲，手持短刀，从背后进入了东魏军的阵营。他们弯着腰，对着东魏士兵的小腿和马腿砍。东魏的军队于是溃败，慕容绍宗被迫撤退。

双方相持了几个月，侯景的粮食吃完了，不少部将投降了慕容绍宗。慕容绍宗从降将口中得知侯景的虚实，便带着五千精锐骑兵前后夹击他。

此时，侯景的军中人心惶惶，侯景就欺骗大家说："你们的家人全被高澄杀了，你们回去也是死路一条，只能拼死一战了。"

慕容绍宗听到后，就冲侯景的将士大喊："我以性命担保，你们的家人都平安无事，如果你们回来，原来的官职不变，待遇不变。"说完，他披头散发指着北斗星发誓。

侯景的将士本就不愿意离开北方，一听慕容绍宗这么说，纷纷解甲投降。侯景的人马开始溃败，士兵们争相抢渡涡水，人数多得几乎阻断了河水。侯景只得收拾残兵剩将逃跑。

慕容绍宗昼夜追击，眼看就要追上了，侯景派人对他说："如果侯景被抓，您还有什么用呢？"慕容绍宗沉思片刻，便停止追击。侯景这才得以仓皇逃到寿阳。

成语学习 ①

飞 扬 跋 扈

飞扬，放纵；跋扈，蛮横。原指意态狂豪，不受约束。现多形容骄横放肆，目中无人。

造　句：《水浒传》中的蒋门神飞扬跋	
扈，不可一世，结果被武松打	
得满地找牙！	
近义词：盛气凌人、目中无人	
反义词：虚怀若谷、平易近人	

---

① 这个故事的原文里还有成语"斩手解腕"（比喻为了顾全大局而忍痛牺牲局部）、"亲密无间"（形容十分亲密，没有任何隔阂）、"果如其言"（指事情的变化和预想的一样）。

【 狼子野心 】

《资治通鉴·梁纪十七》

何者？狼子野心，终无驯狎（xiá）之性，养虎之喻，必见饥噬之祸矣。侯景以凶狡之才，荷高欢卵翼之遇，位忝台司，任居方伯，然而高欢坟土未干，即还反噬。逆力不逮，乃复逃死关西；宇文不容，故复投身于我。

译 文

为什么呢？因为狼崽子虽然幼小，却有凶恶的本性，最终也不会有驯服、顺从的秉性，以喂养老虎为例，一定会出现被饥饿的老虎吃掉的祸患。侯景凭借着他的凶狠与狡猾，受高欢的豢养和保护，身居高位，独据一方，然而，高欢死后坟土还未干，他就起兵反叛。因为叛逆的力量还不足，他又逃奔到了关西。宇文泰没有收容他，所以他才投靠了我们。

侯景祸乱南梁

"寒山战事失败，贞阳侯被抓走了！"

当南梁宠臣朱异进殿报告这个坏消息时，梁武帝被吓得神情恍惚，差点儿从御座上跌下去，幸亏旁边的太监眼疾手快，扶着他坐稳。

梁武帝叹道："难道朕也要像晋朝皇帝那样，落得一个江山被异族人夺走的下场吗？"过了一会儿，他稍稍缓过神来，问道："侯景呢？"

"侯景全军覆没！人们都说他已经死了。"

梁武帝懊恼万分，这次出兵，南梁不仅没有得到侯景许诺的十三州土地，还把东魏得罪了，真是竹篮打水一场空啊！

这时，太子萧纲宽慰梁武帝说："侯景一定没有死，人们只是瞎传罢了。"

侍中何敬容则说："侯景反复无常，只会给我们带来动乱。现在他死了，对我们只有好处，没有坏处！"

梁武帝一言不发，挥手示意大家退下，然后他缓缓地起身，走向佛堂，开始诵经。几天后，侯景写来一封信，说兵败后退到寿阳城，请求革职贬官。梁武帝这才转忧为喜，根本不打算追究他的责任。

捅了这么大娄子却没有受到任何惩罚，侯景心中窃喜，又请求梁武帝为自己的军队补充给养。

有臣子就劝梁武帝："像侯景这样狼子野心的人，是无法改变的。高欢生前那么重用他，结果高欢刚死，坟上的土都还没干，他就起兵造反。因为实力不够，他又逃奔到关西。宇文泰没有收容他，所以他才投靠我们。这种人抛家弃国就像脱掉脚上的鞋一样轻率，背弃国君、亲人就像丢掉草芥一样容易，他怎么可能忠于我们梁朝呢？"梁武帝不听，命人照办。

侯景尝到甜头，从此更加得寸进尺，不断地向梁武帝提要求，要战袍、要武器。梁武帝全都满足了他。侯景更加放肆，竟然上奏说："我想娶王家或谢家的女子为妻。"

这次，梁武帝拒绝了，回复说："王、谢两家门第高贵，你与他们不相配。朕可以从朱姓、张姓以下的家族中寻访合适的女子，许配给你。"

侯景大怒："嫌我出身低是吧？将来我要把吴地人的女儿许配给奴仆！"不久之后的一件事，加剧了侯景对梁武帝的怨恨，从而引发了一场毁灭南梁的叛乱。

原来东魏丞相高澄为了专心对抗西魏，就想与南梁恢复友好关系，几次派人送来国书，梁武帝都没有回复。萧渊明被俘之后，高澄对他一直很客气，这时便对他说："我们两国交好已经十几年了，这次交战，都是侯景煽动的结果。如果双方能够重新交好，我愿意放回被俘的梁军将士。"

萧渊明很想回到南梁，就写信劝梁武帝与东魏恢复邦交。这封信由使者夏侯僧辩送到建康，梁武帝读了，想到骨肉亲情，不禁泪水滂沱，于是召集大臣商议。

朱异一向善于察言观色，猜出梁武帝的心思，就说："两国讲和，可以让百姓休养生息，对我们来说是大好事。"

大臣傅岐却强烈反对："这一定是高澄设下的离间计，目的是让侯景产生猜忌之心。侯景心神不宁，就一定会图谋叛乱，到那时，高澄就可以坐收渔人之利。"

梁武帝厌倦了战争，想迎回萧渊明，就让夏侯僧辩带信回东魏，表示愿意和谈。谁知夏侯僧辩路过寿阳时，被侯景抓住，一番盘问之下，他交代了所有事情。侯景害怕自己会成为交换萧渊明的筹码，连续上奏劝梁武帝不要与东魏议和，梁武帝都没有理睬。侯景又写信给朱异，并送上三百两黄金，请求他在梁武帝面前替自己说话。朱异不动声色收下黄金，却不替侯景办事。

不久，梁武帝为了表明和谈的诚意，特地派使者去慰问高澄，吊唁高欢。侯景急坏了，再次上书说："我与高氏已经结下了血海深仇，投靠梁朝是指望您可以消灭他们。现在您准备与高氏讲和，那我怎么办呢？"

梁武帝写信安慰他："朕只想两国之间停止干戈，让百姓休养生息。你考虑的只是你一个人，而朕要考虑整个国家的利益。朕乃堂堂一国之君，一言九鼎，既然答应了高澄讲和，岂有失信的道理！"

侯景的心都凉了，为了进一步试探梁武帝，他伪造了一封来自东魏朝廷的信，上面写明两国和谈的条件是用萧渊明换侯景。

梁武帝信以为真，回复道："只要萧渊明早上到，侯景晚上就会押送回去。"

这封回信自然又落到侯景手中，他愤怒地对左右说："我就知道这个老东西没安好心！从前他的各种恩赐都是假仁假义，你们看，现在他还不是把我给卖了。"

王伟在一旁火上浇油："既然坐在这里是死，反叛也是死，侯王您就决定一个死法吧！"

侯景恶狠狠地叫嚣道："我们反了，搅他个鸡犬不宁！"从这天起，侯景强行命令城中的百姓入伍，以扩充军队，又与王伟合计，打算在建康城找个内应。找谁好呢？思来想去，他们觉得梁武帝的侄子、临贺王萧正德是最合适的人选。

梁武帝早年还没生儿子时，曾经把萧正德过继为养子，想让他将来当太子。后来梁武帝自己生了儿子，萧正德就回归本宗。好端端的太子做不成了，萧正德从此心怀怨恨，索性胡作非为，惹得民怨沸腾。梁武帝因为内疚，对萧正德一味姑息纵容，每次都是短暂免了他的职，很快又重新启用。但是，萧正德不思悔改，反而变本加厉，暗中豢养死士，准备物资，打算有所行动。

侯景探明情况，就派萧正德的好友徐思玉前去游说。双方一拍即合，约定到时候里应外合，共同起事，事成之后，侯景扶立萧正德为皇帝。

寿阳城中有个小官吏因为害怕，就逃到京城，向梁武帝报告了侯景的反常举动。梁武帝根本不相信，连声说："这怎么可能呢？这怎么可能呢？"

不久，鄱阳王萧范也察觉到侯景的异常，于是秘密上奏，说侯景正紧锣密鼓准备叛乱。主管边境事务的朱异怕梁武帝怪罪自己工作不力，就对梁武帝说："不可能呀，边境上好好的，什么动静都没有。"梁武帝便深信不疑，写信给萧范说："侯景因为与高氏结仇才投靠我们，怎么可能再反叛呢？"

萧范不甘心，再次上书，梁武帝不耐烦地回复说："这事你别管了，朝廷自会处理。"但是，萧范不屈不挠，继续上书请求调集合肥的军队讨伐侯景。朱异阴阳怪气地说："哎呀，鄱阳王竟然不允许朝廷养侯景这样一名食客。"自那以后，萧范给梁武帝的奏表，都被朱异扣压下来。

侯景听说朝廷没有采取任何措施，就派信使游说梁将羊鸦仁一同反叛。羊鸦仁拘捕了信使，并上报此事。朱异轻蔑地说："侯景才几百人，能有什么作为！"梁武帝就下令放了那名信使。

从此，侯景更加肆无忌惮，故意上奏说："我请求您将长江西部的一块地区交给我掌管。否则的话，我将出兵来到长江之滨，杀向闽、越地区。到那时，不仅朝廷将蒙受耻辱，恐怕文武百官都会顾不上吃饭。"他这番话里的反意再明显不过了，可昏庸的梁武帝以为他不过是发发牢骚，为了安抚他，还源源不断地封赏，表明自己对他的信任与宠爱。

太清二年（公元548年）八月，经过数月的准备，侯景的军队迅速壮大到八千人马，于是打着诛杀朱异等奸臣的旗号，起兵反叛。

梁武帝听说侯景真的反了，不怒反笑："侯景那点儿人马，能干出什么事！我折断一根木棍就能把他打扁。"他命大将裴之高、柳仲礼、萧范、萧正表为东、西、南、北道都督，又命六子、邵陵王萧纶监督各路大军，征讨侯景。

侯景有点儿慌，问王伟："萧老头派来这么多兵，我该怎么应对？"

王伟很有见识，分析道："彼众我寡，正面迎击，我们一定打不过，不如放弃淮南，率领轻骑兵直扑建康。到时候，萧正德在城内起兵，大王你在城外发动攻势，里应外合，没有不胜利的道理。"

侯景觉得有理，对外宣称出城打猎，带着军队悄悄出了寿阳，只留下少量人马守城。不久，他又扬言要进攻合肥，实际上却向建康扑去。

由于朱异等人玩弄权术、欺骗梁武帝多年，导致南梁朝政黑暗，百姓困苦。所以，当人们听说侯景起兵诛杀朱异时，都拍手称快，沿途各城的梁军也无心作战，叛军日夜兼行，很快到达长江边上。

梁武帝不淡定了，召羊侃询问对策。羊侃建议道："派两千人马快速占据江防要地采石，另外再派一支人马袭击侯景的老巢寿阳，让侯景前不能进，后又无处可退，他的那些乌合之众，自然也就土崩瓦解了。"

朱异却跳出来说："侯景只是吓唬吓唬朝廷，一定不会渡过长江。"梁武帝一向听朱异的，就没有采纳羊侃的建议。

羊侃退下后，担忧地说："我朝就要败亡了。"

这时，梁武帝还不知道萧正德与侯景暗中勾结，因此命他负责京城的军事。萧正德当即派出几十艘大船，骗人说这些船是用来运芦苇的，实际上是去接应侯景的军队过江。

侯景的军队顺利过江，抵达采石，士气极盛，打败了邵陵王萧纶的军队。随后，侯景在萧正德的带领下，迅速攻破朱雀门，进入了建康城。

梁武帝怒了，派了一名使者去问侯景："你带兵前来，到底是为什么？"

侯景脱口而出："想当皇帝。"

王伟担心侯景说这话会丧失人心，赶紧上前打圆场，对使者说："朱异等奸臣专横枉法，扰乱朝政，我们是来诛灭他们的。"

可是，侯景的狼子野心再也藏不住了，他也不想藏了，他要把那个天天吃斋念佛的老皇帝从御座上拉下来，自己取而代之。

成语学习

狼子野心

狼子，狼崽子。狼崽子虽幼，却有凶恶的本性。比喻凶暴的人居心狠毒，习性难改。

造　句：	日本狼子野心，发动侵华战争，妄图将中国变成他们的殖民地。
近义词：	野心勃勃、狼心狗肺
反义词：	赤子之心、心地善良

【 锦衣玉食 】

《资治通鉴·梁纪十七》

今日国家池苑，王公第宅，僧尼寺塔；及在位庶僚，姬姜百室，仆从数千，不耕不织，锦衣玉食；不夺百姓，从何得之！

译文

今天国家的园林池苑、王公贵族的住宅、僧侣尼姑的寺塔，还有那些在位的官员，妻妾成群，随从和仆人达几千人，他们既不耕作，又不织布，穿的却是锦绣衣服，吃的是珍贵食物。如果他们不掠夺百姓，从哪儿会得到这些东西呢？

活活饿死了老皇帝

侯景的叛军进入建康的消息，像一声惊雷，震撼着南梁的国都建康城。老百姓惊慌失措，争先恐后地涌入相对安全的台城。不少官兵都冲进入武器库，抢夺兵器与盔甲，管事的人根本无法制止。当时朝中已经没有老将，青年将领都在外面征战或防守边境，幸亏军师将军羊侃有胆有识，他划分区域进行防守，安排皇室成员到各处监督，又斩杀了私取兵器的士卒，大家的心才稍稍安定。

这天一大早，侯景就命人在台城的四周竖起黑色的旗帜，然后射了一封信进城，信上说："朱异作威作福，我被他陷害，如果皇上能杀掉他，我就收兵回北方。"

梁武帝也是吓糊涂了，竟想斩杀朱异换取侯景退兵。太子萧纲劝道："不能答应侯景！他只是为叛乱找个借口罢了。如果我们杀了朱异，侯景还会提新的要求。当务之急是击退叛军。"梁武帝这才作罢。

侯景见梁武帝没动静，就抓来许多百姓，逼迫他们在城东、城西垒起两座土山，凡是反抗的、瘦弱的，全都杀掉填入土山中。百姓为了活命，只得顺从。

羊侃针锋相对，也在台城东西两边建造土山。太子以下的亲王、大臣们亲自手握铁锹挖土，用簸箕装上，背到土山上去。土山筑好后，朝廷临时招募了两千名死士，称为"僧腾客"，给他们穿上厚厚的铠甲，分配到东、西土山上，日夜不停地与叛军交战。

不料，此时天降大雨，城内的土山崩塌了，侯景趁机从高处往城内吊送士兵。僧腾客从地上爬起来，奋力抵抗，却挡不住源源不断下来的叛兵。羊侃急中生智，让人不停地投掷火把，形成一道火墙，才切断叛兵的来路，接着他命人在城内筑起城墙，让侯景的军队无法攻进来。

侯景气得哇哇大叫，抓来羊侃的一个儿子，叫嚣着要杀死他。羊侃镇定地说："我羊氏一族为国尽忠，怎么会在乎一个儿子？要杀你就早点儿杀。"侯景只得暂时作罢。

过了几天，侯景又把羊侃的儿子押到阵前。这次还没等侯景喊话，羊侃就高声对儿子说："我以为你早死了，怎么还活着？不能因为你而动摇军心，我今天就杀了你。"说完，拉弓要射。侯景敬重羊侃是条汉子，就没有杀他的儿子。城中百姓听说后，既钦佩，又感动，纷纷表示要死守城池。

侯景无奈，只好给城中的官兵写了封信，说："近年来，梁朝奸臣当权，那些大官，既不耕作，也不织布，却锦衣玉食，如果他们不掠夺百姓，这些东西是从哪儿得来的呢？我之所以来到这里，是要杀掉这些奸佞之人，并不是想推翻国家。"他命人筑造长围墙，隔绝台城与外界的联系。

太清二年（公元548年）十一月，临贺王萧正德自立为帝，任命侯景为丞相，又拿出自己的财物，给侯景当军费，让他抓紧时间攻城，城一破就杀死老皇帝和太子萧纲。

驻守在外的南梁将领们听说建康危急，纷纷率领各自的人马前来援救，他们推举司州刺史柳仲礼为大都督，并传信给还在路上的藩王们，以便统一号令。柳仲礼开始还雄心勃勃，后来在与侯景的一次交战中负了伤，差点儿丢了性命，从此就变得畏首畏尾，不敢出营了。

大都督得过且过，藩王们也心怀鬼胎。梁武帝有八个儿子，太子萧统英年早逝，梁武帝就立了三子萧纲做太子，其他儿子都不服。所以这次进京勤王，他们都想保存实力，个个借口要等待四方援兵，逗留不前。

偏偏在这节骨眼上，羊侃病逝了，建康城里更是人心惶惶。不过，侯景也好不到哪儿去，他见台城久攻不下，自己的军粮也快吃完了，就派人去抢掠百姓。很快，能抢的都抢光了，他的士兵都饿得头昏眼花，四肢无力。

侯景急得不行，心想再这样拖下去，不完蛋才怪，于是把王伟找去商量："东府城①里有粮食，但是道路被永安侯萧确的援军阻断。怎么办？"

王伟说："您假装与皇帝和谈，逼他们撤走援军，拖延时间抢夺粮食。等粮食到手，再打他们一个措手不及！"侯景听从了他的意见。

梁武帝听说要和谈，愤怒地说："跟侯景和好，朕还不如去死！"

大臣傅岐也坚决反对和谈："侯景诡计多端，提出和谈只是想让援军撤退，绝对不能相信他！"

太子却再三请求说："城外的援军不肯救援，台城坚持不了多久，不如暂时答应议和，以后再做打算。"

梁武帝只好答应，把孙子萧大款送给侯景做人质，命令各路援军一律不得再前进，并颁下诏书："善于用兵的人不必以刀兵定胜负，止戈为'武'，能够停止战争才称得上'武'。"

于是，双方各自派人登上神坛，杀猪宰羊，订立盟约。然而，

---

① 在建康城东南，今南京市通济门附近，南临秦淮河。

侯景非但没有解除对台城的包围，还不断地提出各种要求。太子明知侯景说的都是假话，却抱着一丝幻想，一一满足了他的要求，希望他撤军。

又过了几天，侯景向梁武帝上书说："永安侯萧确隔着栅栏骂我，说订立盟约是皇上的事，他反正迟早要打败我。我乞求皇上把永安侯召进城去。"梁武帝也是二话没说，就派人把萧确召走了。

萧确一走，他的军队群龙无首，侯景趁机出兵把东府城的粮食

弄到手。第二天，侯景就给梁武帝上了一份奏章，痛斥他的十大过失，下令继续攻城。

梁武帝由于信奉佛教，平时经常吃蔬菜，台城被包围的时间长了，御膳房里的蔬菜都吃光了，负责膳食的宫人也跑了，他就开始自己煮鸡蛋吃。收到侯景的奏章时，梁武帝正吃着亲手煮的鸡蛋。读完后，他无比愤怒，狠狠地将鸡蛋掷到地上，然后快步走到太极殿前，在那里设立祭坛，禀告天地，号令全城将士与侯景进行生死决战。

台城被围困得太久了，城里的十几万人，大多饿得身体浮肿、气喘吁吁，路上到处都是饿死的人，尸体多得来不及掩埋。真正能够登上城墙作战的不足四千人，由于长期挨饿，他们也瘦弱得仿佛一阵风都能吹倒。危难时刻，人人都寄希望于城外的援军。

可是，援军主帅柳仲礼只知饮酒作乐，部将天天向他请战，他都置之不理。

这时，被侯景打败的邵陵王萧纶收拾残兵，前来与柳仲礼会合，但他也只是观望，不再出战。有人劝他说："台城危在旦夕，殿下却不去救援，如果真的发生了意想不到的事，您还有什么脸面在世上立身？"萧纶没有理睬。

柳仲礼的父亲柳津急了，登上城楼向儿子喊话："你的君王与父亲正在受难，你却不能竭尽全力救援。你有没有想过，百世之后，人们会怎么评价你？"谁知，柳仲礼就跟没听见似的。

梁武帝心中不安，问柳津："现在应该怎么办？"

柳津叹道："还能怎么办？皇上您有邵陵王这样的儿子，我有柳仲礼这样的儿子，他们都不忠不孝，侯景怎么能平定啊！"

时间一长，城中将士都忍受不了，纷纷出城投降，侯景的军队不断壮大，最后竟然发展到十万之众。

太清三年（公元 549 年）三月，侯景对台城发起最后的猛攻，他命人挖开皇宫石门前的玄武湖，引湖水灌城，然后指挥叛军从四面八方攻城。城内的将领眼看台城就要失守，纷纷出城投降，并引导叛军爬上城墙。

永安侯萧确奋力搏杀，终于寡不敌众，只得跑去向梁武帝报告："台城陷落了。"

梁武帝一动不动地躺在床上，平静地问道："还可以再打一仗吗？"

萧确叹了口气，说："军心涣散，无法再战。"

四十七年前建立南梁时的辉煌时刻，已成过眼云烟，如今大厦将倾，八十六岁的梁武帝却无能为力，他叹道："自我得之，自我失之，有什么可遗憾的呢！"

随后，梁武帝让侯景前来觐见。这是他第一次见到侯景。侯景身材不高，样貌丑陋，右腿比左腿短，走起路来一瘸一拐，一双眼睛看上去凶狠、阴险，让人心里直打冷战。

梁武帝高高在上，神态如常，说："你带兵打仗这么长时间，真是劳苦功高呀！"

侯景伏在地上，汗水流了一脸，他能坦然面对刀丛箭雨，却不敢抬头正视这个瘦削的老头儿，更别提答话了。

梁武帝又问："你是哪里人呀，敢到这里来，你的妻儿还在北方吗？"

侯景仍然战战兢兢，无法回答。站在一边的部将只好替他回答："臣侯景的妻儿都被高澄杀光了，只身一人投靠了您。"

梁武帝点点头，又问道："你渡江过来的时候有多少人？"

侯景这才敢开口，说道："一千。"

梁武帝继续问道："包围台城时共有多少人？"

侯景略略抬了一下头，说："十万。"

梁武帝再问："现在有多少人？"

这时，侯景挺直了腰，正视着梁武帝，大声答道："四海之内都是我的人。"

梁武帝低下头去，不再看他。

侯景囚禁了梁武帝，然后派人带着诏书解散外面的援军。

柳仲礼召集各路将领商量。大家都说要跟侯景决一死战，柳仲礼却始终不发一言。将领们只好率领人马返回各自的驻地。

柳仲礼选择了投降，他进入京城后，先拜会侯景，再觐见梁武帝。梁武帝不跟他说话。柳仲礼又去见父亲。柳津痛哭道："你不是我的儿子，何必来见我！"

一开始，侯景害怕梁武帝，不敢对他怎么样，后来梁武帝再三拒绝侯景的要求，侯景就恼了，断绝梁武帝的饮食供应。梁武帝忧愤交加，很快就病倒了，他躺在床上，由于多日滴水未进，嘴里一阵阵发苦。他想喝点儿蜂蜜水，可是叫了很久，四周死一般寂静，回答他的只有他喉咙里发出的"嗬！嗬！"两声。当晚，梁武帝就咽气了。

侯景封锁消息，把梁武帝的遗体收殓后，移到昭阳殿，又派人接来太子，要他像平常那样入朝。由于王伟等人在旁边监视，太子只能默默地流泪，不敢发出声音，殿外的文武百官都不知道梁武帝已经死了。

锦衣玉食

锦衣，鲜艳华美的衣服；玉食，珍美的食品。形容豪华奢侈的生活。

造　句：他从小就过着锦衣玉食的生活， 所以不懂得劳动人民的疾苦。	
近义词：穷奢极侈	
反义词：粗衣粝食	

---

① 这个故事的原文里还有成语"自我得之，自我失之"（从我手里得到的东西，又从我手里失去。比喻兴败无常或得失相抵）、"止戈为武"（意思是武字是"止""戈"两字合成的，所以要能止战，才是真正的武功。后也指不用武力而使对方屈服，才是真正的武功）。

【 鞠躬屏气 】

《资治通鉴·梁纪十六》

　　每侍宴，俯伏上寿；帝设法会，乘辇行香，欢执香炉步从，鞠躬屏气，承望颜色，故其下奉帝莫敢不恭。

译　文

　　每次侍宴，高欢都俯下身子向皇帝祝寿；孝静帝举办法会，乘坐銮驾去进香时，他手持香炉，徒步跟在后面，屏住气息，弯腰鞠躬，看皇帝的眼色行事，所以他的下属在侍奉孝静帝时也没有人敢不恭敬。

从此天子姓了高

东魏大将军高澄一直密切关注着南朝的局势，他趁着侯景之乱，派大军侵扰两淮之地，吞并了南梁的大片土地。还有不少南梁的州郡实在受不了侯景叛军的侵扰，干脆转投东魏。不到一年的时间，东魏就轻而易举地得到南朝的二十三个州，并重新夺回了淮南重镇寿阳，把疆域从淮河以北拓展到了长江沿线。高澄的个人威望也在此时达到了顶点。

东魏武定七年（公元 549 年），高澄以大将军的身份兼任相国，并封齐王，享受一系列特殊礼遇。在他的主持下，东魏朝廷将治国的政策张榜公示，允许百姓自由发表意见，对于那些提出好的建议与批评的人，往往给予优厚的赏赐，即使有人言辞激烈，也不会被追究责任。

高澄还改革了东魏官员的选拔制度，废除论资排辈的做法，开始重用德才兼备的寒门读书人。

当初，孝武帝元脩出逃长安投奔宇文泰，高澄的父亲高欢引以为耻，所以他对孝静帝元善见一直恭恭敬敬，谨守君臣之礼。孝静帝举办法会，乘坐銮驾去进香时，高欢便手持香炉，徒步跟在后面，鞠躬屏气，看皇帝的眼色行事，所以他的下属在侍奉孝静帝时也没有人敢不恭敬。

高澄却对父亲的做法嗤之以鼻，他认为东魏的江山是高家打下的，天子也应当由姓高的人做。所以，高欢一死，他就提拔心腹崔季舒当黄门侍郎，监视孝静帝的一举一动，打算取而代之。高澄经常写信问崔季舒："那傻子和以前比怎么样了，他痴傻的程度有没有好一点儿？你给我用心盯着点儿！"

有一次在酒席上，高澄举起大酒杯对孝静帝说："臣高澄劝陛下喝一杯！"说话的腔调就好像他们是平起平坐一样。孝静帝非常气愤，说："自古以来没有不灭亡的国家，朕也不需要靠帝王的虚名活着。"高澄恼羞成怒，将酒杯一摔，说："什么朕……朕的，狗脚朕罢了！"[①]说完让崔季舒打了孝静帝三拳，然后扬长而去。

孝静帝忍受不了这种侮辱，便和几个亲信密谋，打算挖地道从宫中逃出去，组织天下兵马对抗高澄。地道挖到千秋门时，守门的卫兵发觉地下有异动，便报告了高澄。

高澄火速带兵入宫，见了孝静帝，他也不叩拜，直接就坐下来，生气地质问："陛下为什么要谋反？我们父子有什么对不起陛下的地方？"

孝静帝知道事情败露，索性板起脸说道："自古以来只有做臣子的谋反，没听说过君王谋反的。你自己要造反，却跑来责怪我？我杀掉你，江山社稷就会安定，不杀你则国家就会很快灭亡。如果你一定要弑君的话，那就动手吧！"

高澄见孝静帝的态度突然如此强硬，一时没了主张，只好起身向他叩头，痛哭流涕地道歉请罪。接着，两人一起痛饮，一直喝到深夜，高澄才离开皇宫。

然而，高澄前脚刚离开皇宫，后脚就命人把孝静帝囚禁了起来，并把参与密谋的人全都用大锅煮死了。

---

① 除了"朕"，古代皇帝也会用"我"来自称。南北朝的皇帝就常常自称"吾"或"我"，而"朕"往往用在诏书和书面命令中，还有就是需要以皇帝的身份对某件事表态时，会用"朕"，具有重要的政治意义。孝静帝元善见对高澄轻慢自己很不满，所以自称"朕"，以示自己是九五之尊的皇帝。高澄自然不高兴，所以骂他是"长着狗脚的朕"。

接下来，逼孝静帝禅位，就是顺理成章的事。这天，高澄把身边的侍卫都打发走，与陈元康、杨愔、崔季舒等心腹讨论禅位后怎么安排文武百官一事。正当他们谈得热火朝天时，一个厨子端着食盘走了进来。高澄厉声喝道："我没叫你，退下！"厨子便低着头出去了。

厨子名叫兰京，是南梁大将兰钦的儿子，在与东魏交战时被俘。高澄发现他厨艺不错，就留他在府中当厨子。兰钦心疼儿子，多次提出用重金赎回他，都被高澄拒绝。兰京自己也多次请求离开，高澄每次都用木棍打他，说："再啰唆，我就杀掉你！"兰京心生怨恨，就和几个同伙合谋准备杀掉高澄。

这会儿，兰京退出去后，高澄愤愤地对陈元康等人说："昨天晚上，我梦见这个奴才举刀砍我，太晦气了，得早点儿把他杀了。"

过了一会儿，兰京又端着食盘走了进来，并说："请大王享用点心！"

高澄勃然大怒："狗奴才，你好大的胆子！我没要东西，你为什么又进来？"

兰京突然暴喝一声："来杀你！"说话间，他从食盘下抽出一把尖刀，猛地刺向高澄。高澄一惊，飞起一脚想踹开兰京，不料用力过猛，脚崴（wǎi）了一下，只好拖着脚钻到大床底下躲避。兰京追上去，掀开床板，举刀猛砍。

屋内的人都被这场突如其来的变故吓得魂飞魄散，杨愔反应快，拔腿就往门外跑，慌乱中一只靴子还掉了。崔季舒则跑进厕所里藏了起来。只有陈元康回过神来，扑上去抢夺兰京手中的尖刀，并用自己的身体护住高澄。双方扭打中，陈元康被尖刀扎破了肚子，肠子都流出来了，他双手捂着肚子，跌倒在地上。兰京转过身，又朝床下的高澄猛砍。一开始，还能听到高澄的喊叫，但很快就没有了声息。

朝廷内外听说此事，都无比震惊。高澄的弟弟、太原公高洋当时正在城东，听到这骇人的消息，却面不改色，他迅速带着一支人马赶到相国府，斩杀了兰京及其同伙。然后，他慢慢地走出来，对大家说："这帮奴才造反，伤了大将军，还好，伤势不算严重。"

其实，高澄已经死了。为了稳住局势，高洋对外封锁了他的死讯。当晚，陈元康也因伤重去世，高洋把他的遗体收殓在自己家中，对外则宣称派陈元康出城公干去了，还授予他中书令的职务。

几天后，高澄的死讯还是传到孝静帝的耳中。他兴奋地对左右说："这是天意啊，高澄死了，皇室应当重振权威了！"很快他就发现自己过于乐观了，因为他与所有东魏朝臣一样，低估了高洋。

高洋是高欢的次子，长得很丑，皮肤黝黑，下巴尖尖，全身布满鳞纹。在高欢所有的儿子中，高洋是最不讨人喜欢的，但是，他的聪明才智丝毫不逊于父亲与兄长。高洋十几岁时，高欢为了考察几个儿子，特地拿出一团胡乱缠绕的丝线，说："给你们一炷香的时间，看看你们谁最先解开！"大家都满头大汗地拆解线团，高洋却不慌不忙地抽出腰刀，将这团丝线砍成数段，还说："乱者必斩！"高欢惊喜万分，说："我这个儿子啊，真让人刮目相看！"

哥哥高澄却很看不起高洋，经常对人说："这种相貌的人怎么也配生在我们这样的富贵人家呢？"高洋听了，一点儿也不生气，常常贬低自己，处处顺从高澄。高洋经常为妻子李氏做一些精巧的手工制品，高澄见了总要占为己有。有时候李氏气不过，不想给，高洋就笑着劝她说："这种小东西我可以再做，现在自家哥哥想要，我们不能这么小气吧？"高澄听了很惭愧，就说："哎呀，我不要了。"

但是，高洋的另一面鲜为人知。每次下朝回到家，他就关闭房门，在里面静坐，即使对李氏，他也能整天不说一句话。有时候他会突然发神经似的，赤着脚在院子里又跑又跳，把李氏吓得不轻，责怪他："你怎么啦？"高洋轻描淡写地说："我只是变个戏法逗逗你。"①

在高澄遇刺前，几乎没有人瞧得上高洋。高澄死后，高洋却迅速出来主持大局，先斩杀兰京等人，然后去拜见孝静帝。

高洋一走进宫殿，他身后的两百名披甲卫士就踏上台阶，手按剑柄，好像随时准备刺杀敌人。高洋朝孝静帝拜了两拜，说："我还有一些家事要去办，必须马上离开！"没等孝静帝说话，他就飘然离开。

孝静帝意识到高洋比高澄还难应付，不禁大惊失色，目送着他远去的背影，喃喃说道："看来这个人容不下我啊，真不知道我会死在哪一天！"

接着，高洋大会文武百官，他语言犀利，见解不凡，处理事情雷厉风行，完全超乎大臣们的想象。会后，他对高澄制定的政策、下达的命令中不合理的地方都做了修改。就这样，高洋平稳地接手了父兄的政权，控制住了混乱的局面。

高洋的智谋与手段彻底震惊了孝静帝，他只得继续忍。可是高洋不想忍，他觊觎皇位并非一朝一夕。公元 550 年，高洋逼孝静帝禅位，东魏至此灭亡。高洋登基即位，改国号为齐，史称北齐，高洋即北齐文宣帝。

高洋篡位的消息传到西魏，高欢的老对头宇文泰亲自率领大军前来，想试探一下这位新皇帝的虚实。高洋也明白宇文泰的用意，于是纠集了六州的鲜卑战士，举行军事演练。一时间，漫山遍野都是东魏兵，山上刀枪林立，鼓声震耳，声威浩大。

宇文泰驻足观望了好一会儿，感慨万千地说："高欢并没有死啊！"说完，他下令偃旗息鼓，退回关中。

---

① 其实高洋是在锻炼身体。

成语学习①

鞠躬屏气

指弯腰屈体，屏住呼吸，一副恭谨畏葸（xǐ）的样子。

造　句：	在领导面前，他鞠躬屏气，在下属面前则颐指气使。
近义词：	卑躬屈膝、奴颜媚骨
反义词：	趾高气扬、颐指气使

---

① 这个故事的原文里还有成语"遗簪弊履"（比喻旧物或故情）。

【 偃旗息鼓 】

《资治通鉴·梁纪二十》

僧辩乘城固守，偃旗卧鼓，安若无人。壬戌，景众济江，遣轻骑至城下，问："城内为谁？"答曰："王领军。"骑曰："何不早降？"僧辩曰："大军但向荆州，此城自当非碍。"

译 文

王僧辩据城固守，他命令卷起旗帜，藏起战鼓，城内安静得像没有人一样。壬戌（十九日），侯景的军队渡过了长江，他派轻骑兵来到城下，问道："城内守将是谁？"城内士兵回答："是王领军。"轻骑兵高声喝问："为什么不早早投降？"王僧辩从容回答："大军尽管指向荆州，我这城池自然不会构成阻碍。"

恶魔的末日

梁武帝饿死之后，侯景过河拆桥，把围攻台城时扶立的皇帝萧正德废了，改立太子萧纲为皇帝，即南梁简文帝。侯景封自己为相国，控制着南梁的朝政大权，掌握着百官甚至皇帝的生死。

为了显示威风，侯景挖空心思，给自己想出了一个牛气冲天的封号，叫作"宇宙大将军"。当他把这个封号呈上去时，简文帝哭笑不得，说："将军哪有叫宇宙的？"说归说，简文帝不得不答应他。

"宇宙大将军"这个封号虽然前无古人，后无来者，但实际上侯景的军队只占有建康及周边地区，若想圆皇帝梦，必须征服萧姓藩王占据的三吴和荆州等地。于是，侯景命令宋子仙、刘神茂、侯子鉴等部将分兵攻打三吴地区。出兵前，他告诫部下："一旦攻下某座城池，就要杀它个干干净净，让天下人见识一下我宇宙大将军的厉害！"

三吴一带自古富庶，是南梁王公贵族的聚居地，这些人世世代代享受朝廷的优待，一生下来就锦衣玉食，过着骄奢淫逸的生活，有些当官的甚至一辈子都没骑过马，更别说打仗杀敌了。所以，侯景的军队很快就控制住了吴地，并在当地烧杀抢掠，无恶不作，甚至杀人取乐，给百姓带去深重的灾难。

侯景在三吴地区尝到甜头，便命令军队沿江西进，先后拿下江州、郢州。一路凯歌，让侯景得意忘形，又乘胜进攻巴陵[①]。结果在

---

① 治所在今湖南岳阳市。

这里，侯景遇到了他的大克星——湘东王萧绎。

萧绎是梁武帝的第七子，文武全才，受命镇守荆州。侯景的叛军围困台城时，萧绎为了保存实力，选择见死不救。梁武帝一死，萧绎就着手铲除皇位竞争者，先后攻打河东王萧誉、邵陵王萧纶，又击退了岳阳王萧詧（chá），迫使他投降了西魏。之后，萧绎才腾出手来对付侯景。恰逢侯景也要打他，他便命令大都督王僧辩率军迎战。

侯景让宋子仙打前锋，带领一万人马进逼巴陵，命部将任约挥师攻打江陵，他自己则亲率大军水陆并进，几天后来到巴陵城下。

王僧辩下令据城固守，偃旗息鼓。侯景见巴陵城内安静得像没有人一样，不禁感到疑惑，就派一名轻骑兵朝里面大声问道："城内守将是谁？"

这时，一个声音飘了出来："王僧辩。"

那名轻骑兵喝道："为什么不早点儿投降？"

王僧辩不慌不忙地答道："侯景不是要夺荆州吗？小小的巴陵城自然不在话下。有种就放马过来！"

侯景气得半死，命令将士挖通道，肉搏攻城。原本静悄悄的城内突然鼓声大作，喊声震天，巨石、飞箭如雨点一般落下来，侯景的将士死伤惨重，活下来的都抱头鼠窜。侯景忙命大军撤退，结果城中冲出来一支轻骑兵，打得他们晕头转向。待侯景下令回击时，这些轻骑兵却一阵风似的跑回了城里。过了一会儿，梁军的轻骑兵又冲了出来，还是打一阵就撤，这样连续出击了十几次，次次都获胜。

自从在南朝掀起乱局，侯景还没这么狼狈过，他怒而披上铠甲，坐在马上亲自督战。他远远地望向城内，见王僧辩披着战袍，坐着轿子，巡视慰问守城将士，身后的军士奏着鼓乐，看上去从容镇定。

侯景不禁叹服："这个王僧辩真是大胆啊！"他不甘失败，又整顿军队，不断地向巴陵城发起进攻，却始终攻不下来。

时间一长，侯景军中粮食告急，许多将士又染上疾病，死了不少人。不久又传来任约被萧绎的部将胡僧祐活捉的消息，侯景便无心再战，下令烧了营帐，留下宋子仙守郢州，自己逃回了建康。王僧辩趁机带兵东进，杀了宋子仙，夺回郢州。

侯景逃回大本营，正惊魂未定，听说宋子仙等猛将战死了，担忧自己活不长，就想早日过把皇帝瘾。王伟看出他的心思，建议道："自古以来，夺取他人的政权，都要有废有立，这样既显示您的权威，又可以断了老百姓的念想。"侯景听从了他的建议，逼简文帝禅位给豫章王萧栋，随后杀死了简文帝。

公元551年，侯景逼萧栋把皇位禅让给了自己，改国号为汉。王伟建议按礼仪建立七庙。侯景是个没念过什么书的大老粗，便问道："什么叫七庙？"

"七庙是天子祭祀自己往上数的七代祖先的宗庙，"王伟说，"请陛下说出上数七代祖先的名讳。"

侯景摸了摸脑袋，为难地说："其他祖先的名字我不记得了，我只记得我父亲名叫标，而且他在北方，哪能跑到南方来吃祭饭！"左右听了都觉得好笑。

从前当宇宙大将军的时候，侯景喜欢交朋结友，出门玩乐，可自从当了皇帝，王伟老是用一些皇家礼仪约束他的言行，轻易不让他接见过去的部将，部将们都很有怨言。侯景不能随心所欲，也很不开心，经常自言自语地说："好端端的我当什么皇帝呀？当了皇帝连见老部下的自由都没了，跟遭到抛弃有什么两样！"

萧绎听说侯景称帝，命王僧辩统帅大军，全面讨伐侯景，又派部将陈霸先率军与他会合。

陈霸先是吴兴人，出身贫寒，早年熟读兵书，精通武艺，起初只是一名油库的小吏，后来在平定交州的叛乱中立下大功，被誉为"岭南一带的擎（qíng）天柱"。梁武帝还专门让人画了他的像放在朝堂内观赏。侯景之乱爆发后，陈霸先召集兵马，打算讨伐，后来考虑到自己势单力薄，就率众投奔了实力强劲的萧绎。萧绎很欣赏他，对他委以重任。

天正二年（公元552年）秋季，陈霸先与王僧辩在白茅湾^①顺利会师，两军筑坛歃血，将士们个个慷慨激昂，誓死杀敌。不久，王僧辩的大军抵达芜湖，守将张黑弃城逃跑。侯景得知后，非常害怕，却装模作样地发布诏书，说要赦免萧绎、王僧辩的罪行，许多人私底下都嘲笑他。

当时，侯景的部将侯子鉴率领水军驻扎在姑孰一带，侯景曾经告诫他："萧绎的将士擅长水战，你千万不要和他们在水上决高下。上次任约就是在水战中失败的。你最好安营扎寨，引他们到陆地上打一仗，这样胜算就很大。"于是，侯子鉴命将士们下船上岸，紧闭军营大门，不轻易出来。

王僧辩的军队在芜湖停留了十几天，有人就对侯景说："王僧辩害怕我军强大的实力，看样子要逃跑，如果我们不出击，就会让他们溜了。"侯景又命令侯子鉴作好水战的准备。

几天后，王僧辩率军抵达姑孰，侯子鉴率领一万多人渡过水洲，在岸上挑战。王僧辩指挥小船，让它们都退到后头去，只留大舰船在两岸夹江停泊。

侯子鉴的士兵误以为对方的水军要撤退，争相追赶。王僧辩见状，命令大船开过去，截断侯子鉴的归路，然后让将士们一起呐喊

___

① 在今江西九江市东北。

鼓噪，从两边夹击，把对方逼到江心交战。结果，侯子鉴大败，几千士兵跳进水里淹死。

战报传来，侯景大惊失色，泪流满面，他怕被左右瞧见，便拉过被子躺下，过了很久才起来，叹息着说："侯子鉴，你可把老子害惨了！"

王僧辩乘胜督率各路水军抵达建康。两天后，陈霸先在石头城西面的落星山扎营筑栅，并依次修建了八个城堡，包围了建康城。侯景让王伟守台城，自己率领一万名步兵、八百铁甲骑兵迎战。

为了分散侯景的兵力，陈霸先兵分几路进攻。侯景的人马打不过陈霸先，就吓得退回了营栅，一名将领心中害怕，偷偷打开北门投降。侯景只好带着一百多骑兵，扔掉长矛，手执短刀，与陈霸先展开了白刃战，结果还是不敌，侯景便仓皇逃回宫中。

侯景派人叫来王伟，责备道："都怪你，为什么劝我当皇帝？你把我害苦了！"说完准备骑马外逃。

王伟上前一把抓住侯景的马鞍，劝道："宫中还有很多卫兵，不如组织起来，和敌人决一死战！如果今天离开这里，您将到哪儿去安身呢？"

侯景叹息说："我过去打败贺拔胜，击破葛荣，威震北方，后来南渡长江，攻破台城，降服几十万梁军易如反掌。这次是老天爷要收拾我啊！"说完，他丢下王伟，带着几名亲信逃出建康。他们抢到一条小船，准备从水路逃回北方。

这时，同行的羊鹍（kūn）、王元礼等人觉得跟着侯景没有前途，便趁他睡觉时，命船家调转船头。侯景醒来发现方向不对，便问："怎么回事？"

羊鹍等人把刀架在侯景的脖子上，对他说："当初我们为您出了不少力，到头来什么好处也没捞着，现在想借您脖子上的人头换点儿富贵享用。"说完，挥刀杀死他，将其尸体运回建康。

王僧辩把侯景的首级传送到江陵，又砍下他的手，派人送到北齐，再将他的尸身扔在市集上。

侯景之乱历时四年，使繁华的江南变成人间地狱，社会经济遭到毁灭性的破坏。这场动乱虽然结束了，但由它引发的南朝大动荡并没有停止。

成语学习 ①

偃 旗 息 鼓

　　原文为"偃旗卧鼓"。原指行军时隐蔽行踪，不让敌人觉察。现比喻事情终止或声势减弱。

造　句：	一遇到挫折，就偃旗息鼓，是永远做不成事情的。
近义词：	销声匿迹
反义词：	大张旗鼓

---

① 这个故事的原文里还有成语"且战且走"（一边作战，一边逃跑）。

〖 罪不容诛 〗

成语说
资治通鉴

《资治通鉴·梁纪二十一》

帝拔任约于狱，以为晋安王司马，使助法和拒纪，谓之曰："汝罪不容诛，我不杀，本为今日！"因撤禁兵以配之，仍许妻以庐陵王续之女，使宣猛将军刘棻（fēn）与之俱。

译 文

梁元帝萧绎把任约从监狱里放出来，任命他为晋安王司马，让他协助陆法和抵抗萧纪，并对他说："你的罪恶大到了极点，我不杀你，就是为了今天让你戴罪立功。"于是，把宫廷警卫部队也撤销了，把他们配给任约指挥。元帝仍然答应任约把庐陵王萧续的女儿嫁给他，还派宣猛将军刘棻和他一块儿出发。

亡国都怪万卷书

公元 552 年，湘东王萧绎在江陵称帝，他就是梁元帝。

元帝博览群书，下笔成章，还画得一手好画，是当之无愧的才子皇帝。他早年因为生病，一只眼睛失明，所以喜欢听人朗诵，有时听着听着就睡着了，但如果那人读错或者漏读，他会马上惊醒，指出错误所在。元帝还喜欢收藏图书，几十年的时间里，积攒下了十几万册图书，平定侯景之乱后，他特地把建康的几万册藏书运到江陵。

这天，元帝正在欣赏那些藏书，有人匆匆来报："武陵王萧纪率军攻打荆州，说是要讨伐侯景。"

萧纪是梁武帝的第八个儿子，出任益州刺史。萧纪精明能干，很有军事谋略，治理蜀地十几年，政绩卓著，梁武帝对他很满意，不断给予各种封赏。这让其他皇子十分忌恨。侯景之乱爆发后，萧纪想发兵救援建康，元帝怕他趁机壮大实力，就写信说："别担心，有哥哥我在呢！"萧纪便没有发兵。

梁武帝一死，萧纪就抢先在成都称帝，由于蜀地偏远，音信不通，他并不知道侯景之乱已经平定。萧纪的儿子萧圆照想鼓动父亲攻打荆州，就隐瞒元帝平定侯景的消息，对他说："侯景还没平定，我听说他已经攻破荆州了，父亲您应该赶快发兵。"萧纪信以为真，所以带着大队人马火速攻打荆州。

元帝早就对萧纪抢在自己前头称帝不满，现在听说他出兵东进，认定他是冲自己来的，就说："老八啊老八，你若想打我的主意，那我这个做哥哥的也不会客气！"他气鼓鼓地找来一个会法术的方士，在木板上画上萧纪的图像，然后在图像的躯干和四肢上钉上钉子，希望用这种方法把弟弟诅咒死。接着，他让人押送侯景的俘虏到萧纪那里去，告知侯景已经平定了。

萧纪这才知道被萧圆照蒙蔽，就责备他。萧圆照振振有词地说："侯景之乱虽然平定，但湘东王并没有向您臣服呀！"萧纪一想也对，既然现在自己是皇帝了，怎么能向他人称臣呢，于是将错就错，继续攻打江陵。

出发前，萧纪为了鼓励将士们死战，特地将多年来攒下的金银财宝拿出来，命人做成一万个金饼，每个一斤重，足足装了一百箱；又装了五百箱银子，其他锦缎更是不计其数。将士们被刺激得热血沸腾，纷纷表示要战斗到底。

元帝见萧纪的军队来势凶猛，战船多得把宽阔的江面都填满了，不禁害怕起来，就写信给西魏的宇文泰，请求他出兵攻打萧纪的老巢益州。

宇文泰大喜："真是天助我啊，萧家兄弟内讧，这是我夺取益州、攻灭梁国的大好机会呀！"便派大将尉迟迥（jiǒng）前去讨伐益州。

元帝又把侯景的降将任约从监狱里放出来，对他说："你罪不容诛，我之所以不杀你，就是为了今天让你戴罪立功。"然后给了任约一支军队，要他协助大将陆法和抵抗萧纪。

一开始，由于有金饼的刺激，萧纪的将士都很拼命，几次战斗都取得了胜利。回营后，将士们都伸长了脖子，等着发金饼，没想到萧纪一点儿动静都没有，大家这才意识到所谓的金饼不过是画饼，就不肯再卖命了。以后几天，军队就连吃败仗。

偏偏这时又传来消息说，西魏的军队已经包围了成都，将士们更加没有斗志了。萧纪也担心老巢被端，便写信给元帝求和。元帝见形势对自己大大有利，哪里肯答应，派兵猛攻，并切断了萧纪的后路。萧纪没了退路，只好顺流东下。

元帝派大将樊猛急追，还给他下了死命令："如果让萧纪活着，这仗就算败了。"

樊猛追上萧纪的船，萧纪在船上绕着床跑，一边跑，一边把装金饼的口袋扔向樊猛，说："这袋金饼你拿去，只求你送我去见我哥哥。"樊猛冷笑说："天子怎么能随便让你见到？杀了你，金饼能跑到哪儿去？"说完一剑杀了他。

元帝得知萧纪已死，高兴得有点儿忘乎所以，兄弟侄子灭得差不多了，得考虑把都城迁回建康啦。不过，迁都是大事，得召集群臣商议一下。结果，反对的和赞成的各占一半。元帝也拿不定主意了，就让术士占卜，术士说迁都不吉利。元帝想着经过侯景之乱，建康已经凋敝残破，就打消了迁都的念头。

不迁都，元帝就要面对一个新问题。萧纪死后，西魏控制了益州，而荆州的重镇襄阳落到刚投降了西魏的萧詧手中。一旦西魏攻打荆州，只要顺着长江东下就行了。

想到这里，元帝非常不安，就给宇文泰写了封信，要求按过去的版图来划定边境线，措辞相当傲慢无礼。宇文泰读了信，对左右说："萧绎难道忘了自己是怎么灭掉他弟弟的？看来，天意要让梁国灭亡！"便秘密准备攻打南梁。

有个投降了西魏的南梁旧臣偷偷写信告诉元帝，让他防范西魏入侵。元帝却不相信，连连摇头说："不可能，不可能。"

西魏元钦三年（公元554年）十月，宇文泰派柱国大将军于谨、中山公宇文护、大将军杨忠[①]率领五万人马攻打南梁。这时，被西

---

① 隋文帝杨坚的父亲。

魏封为梁王的萧詧也写信请求攻打江陵，宇文泰便让他带兵和于谨会合一处。

和崇尚佛教的父亲梁武帝不同，元帝尊崇道教，经常亲自讲经论道，一讲就是好几天。接到西魏入侵的报告时，元帝正在讲论《老子》，他停下来问大臣们的看法。

大臣黄罗汉说："宇文泰和我们一向交好，过去相互间也没有发

生不愉快的事，他应当不会来攻打我们吧！"

侍中王琛（chēn）也附和说："我去年出使魏国时，宇文泰的态度相当友好，绝不可能发兵。"

元帝有点儿犹豫，便派王琛出使西魏打探情况。三天后，西魏大军抵达襄阳，元帝便宣布全城戒严。这时，王琛已经抵达边境，没有见到西魏的军队，就派人送急信报告元帝："边境上一片安宁，

谁说魏国要攻打我们，简直是儿戏之言。"

元帝将信将疑，又恢复讲《老子》，但让百官穿着军装听讲。大将陆法和听说西魏大兵压境，打算带兵从郢州前来抗敌。元帝连忙派人去拦住他，说："你好好镇守郢州，我这儿没问题。"陆法和只好作罢。

没多久，西魏军队渡过汉水，于谨让宇文护、杨忠率精锐骑兵先占领江津，切断元帝逃往建康的道路。元帝这才向四方求援，可是远水救不了近火，王僧辩和陈霸先的军队远在建康、京口，不能及时前来。元帝无奈，只好征召广州刺史王琳前去救援。

王琳的援军还在路上，西魏大军已经兵临城下。梁将朱买臣、谢答仁只得硬着头皮出城迎战，结果被打得落花流水。西魏军乘势向城内发射箭石，同时从四面八方攻城。城里的守军扛着门板当盾牌，大将胡僧祐冒着飞箭流石，昼夜督战，一次次击退魏军的进攻。后来，胡僧祐不幸被飞箭射死，城中军民顿时惊慌失措。西魏军队得知，便倾巢而出，发起最后的强攻。几名梁将眼见江陵不保，便打开城门迎接西魏军进城。

这天傍晚，江陵陷落。元帝躲进东竹殿，他命令大臣高善宝将自己收藏的古今图书十四万卷堆在一起都烧了。

高善宝大惊："这些书可是您几十年的心血……很多都是珍贵的孤本啊！"他见元帝面无表情，没有说话，只好点火。

火舌在书册上翻卷，旺盛而猛烈。元帝呆呆地看着自己一生的心血化为灰烬，突然纵身往火里跳去。左右大惊，死死地拉住了他。元帝气极了，挣脱他们，拔出宝剑砍向柱子。不料，宝剑折断。元帝看着手中的断剑，长叹道："书烧了，剑折了，文武之道，今天晚上全完了。"

谢答仁、朱买臣劝道："别灰心，城里的兵力还算强大，可以乘夜突围出去，再渡过长江去依靠任约的军队。"

元帝不善骑马，有点儿畏难地说："这个计划肯定不会成功的，只不过徒增羞辱罢了。事已至此，和谈吧。"说完，他派人送降书给于谨，还让太子去当人质。

人质刚送到西魏军中，元帝就改变主意，不想和谈了，他丢掉皇帝的行头，穿着素衣，骑着白马，逃奔东门。此时城门紧闭，他抽出宝剑一边砍门，一边恨恨地说："萧世诚①啊萧世诚，你怎么会落到这个地步啊！"西魏将士一窝蜂拥了上去，将他拉下马，押送到于谨的军营中。

于谨的左右有几个爱读书的人，质问元帝："你是一个读书人，为什么要毁了那么多书？"

元帝振振有词地回答："我读书万卷，还不是落得亡国的下场，读书有什么用？干脆烧了它！"几天后，元帝被梁王萧詧派去行刑的人用装满土的袋子活活压死了。

为了皇位，元帝残害自己的骨肉，导致南梁屡屡损失疆土，以致江陵无险可守，而对真正的敌人西魏却不防范，这些都注定了他迟早要覆灭。元帝到死都不明白自己亡国的原因，而归罪于书，从而引发了中国历史上继"焚书坑儒"之后又一次罕见的文化浩劫，成为千古罪人。

---

① 萧绎，字世诚。

罪 不 容 诛

罪恶极大，杀了也抵不了所犯的罪恶。

造　句	日本侵略者罪不容诛，他们在
	中国犯下累累罪行，尤其南京
	大屠杀，惨绝人寰（huán），
	令人发指。
近义词	十恶不赦、罪大恶极
反义词	功盖天地、功德无量

---

① 这个故事的原文里还有成语"援笔立就"（拿起笔立刻写成。形容才思敏捷）、"文武之道"（本指周文王、周武王治理国家的方法，后泛指治理国家要宽严相济）。

[报仇雪耻]

《资治通鉴·梁纪二十二》

武帝子孙甚多，唯孝元能复雠（chóu）①雪耻，其子何罪，而忽废之！吾与王公并处托孤之地，而王公一旦改图，外依戎狄，援立非次，其志欲何所为乎！

译文

梁武帝的子孙很多，只有孝元帝能平定侯景之乱，为祖宗报仇雪耻。他的儿子有什么罪，突然就废了他！我和王僧辩共同接受先帝托孤的重任，而王僧辩现在突然改变主意，对外依附戎狄之邦，不按次序立天子，他到底想干什么！

① 同"仇"。

312 / 313

陈霸先开创陈朝

梁元帝萧绎死后，王僧辩与陈霸先因为战功卓著，深得人心，便站出来主持大局。经过反复商量，他们决定拥立元帝的儿子萧方智为梁王，行使皇帝的权力。

此时，西魏虽然攻陷江陵，却无力一举消灭南梁，就扶立萧詧为皇帝，建立傀儡政权——后梁①，但只让他掌管荆州界内的一块狭长的土地，宽不超过三百里。萧詧原来据守的襄阳则由西魏掌控。

北齐文宣帝高洋见西魏抢先一步扶立了后梁皇帝，决心也在南方扶植一个政权，于是写信给王僧辩说："你们立的萧方智才十三岁，还是一个乳臭未干的小孩子，怎么能够承担复兴梁国的重担呢？贞阳侯萧渊明②年富力强，民望很高，是皇帝的最佳人选。只要你们拥立他为帝，以后我们保证不侵扰你们的边境。"

王僧辩看出高洋的险恶用心，果断地拒绝了。高洋一看软的不行，就来硬的，派重兵护送萧渊明回国即位。齐、梁两军在江北相遇，发生激烈的战斗。齐军痛击王僧辩的军队，还俘虏了不少南梁将士。王僧辩害怕了，就犹豫要不要接受高洋的条件。

这时，高洋不失时机地开出了诱人的条件，承诺拥立萧渊明之后，仍然由王僧辩主政，让萧方智当皇太子。

王僧辩动心了：只要我个人的利益可以得到保证，立哪一个姓

---

① 也称西梁。
② 梁武帝的侄子，寒山之战中被北齐（当时还是东魏）俘虏。

萧的当皇帝还不是一样？于是，他不顾陈霸先的苦劝，迎立萧渊明为皇帝，改立萧方智为皇太子。

这样一来，西魏与北齐就各自在南方立了一个傀儡皇帝，他们都以为自己控制住了南方的局势。然而，这次西魏与北齐都想错了，因为他们完全忽略了王僧辩的战友陈霸先。

当初，陈霸先和王僧辩并肩作战，共同平定侯景叛乱，结下了深厚的友情，双方约定成为儿女亲家。后来，王僧辩长期镇守建康，陈霸先则驻扎在京口，二人往来密切，无话不谈。王僧辩的哥哥认为要提防陈霸先，王僧辩总是不听，还说："我们关系好着呢！"

但是，一山不容二虎，随着政见上的分歧越来越多，他们之间的关系渐渐地发生变化，等到王僧辩迎立萧渊明为帝，二人的矛盾就彻底爆发了。

陈霸先担心王僧辩后面会有更不利于自己的动作，便私下对亲信说："武帝的子孙那么多，只有元帝能够平定侯景之乱，为祖宗报仇雪耻。元帝的儿子有什么罪，怎么能突然间就废了他？我和王僧辩共同接受先帝托孤的重任，而王僧辩现在突然改变主意，对外依附戎狄之邦，不按次序立天子，他到底想干什么！"

亲信们也担忧地说："您与王僧辩都是元帝的重臣，现在他擅作主张依附高洋，改立皇帝，根本没把将军您放在眼里，这……往后恐怕不妙啊！"

陈霸先沉思良久，毅然说道："既然如此，我们得抢先动手。"可是，王僧辩实力强大，如果正面交锋，自己未必是他的对手，这件事要想成功只能智取。这样想着，陈霸先就开始秘密准备起作战物资，又安排了一些士兵，乔装打扮成北齐兵，在齐、梁边境频繁活动，并散布北齐要攻打南梁的消息。

王僧辩果然上当，他派人到京口通知陈霸先："齐国大军将要进犯我国，请陈将军整顿军队，做好戒备。"

陈霸先心中窃喜，打算趁机袭击王僧辩。他留下侄子陈昙朗镇守京口，派部将徐度、侯安都率领水军直逼建康，自己率领步骑兵从另一条路线去与他们会合，对外则宣称是朝廷征调军队抵御北齐的进犯。

当天夜里，各路兵马都出发了，并在两天后顺利会合。侯安都正想指挥舟舰奔袭石头城，陈霸先却想试探一下将领们的意志是否坚定，便故意勒住缰绳，停马不前。

侯安都性情急躁，以为陈霸先事到临头下不了决心，就拍马追上来，对着陈霸先劈头盖脸就是一通骂："我们带兵造反，走到这一步，已经无法挽回了。您停在这里，到底在想什么？现在，是生是死，您必须马上做出决断！"

陈霸先故意沉默不语，侯安都又急又怒，继续骂道："这件事如果失败，我们大家都是死。您以为不前进就可以保命吗？"

"侯安都怪我不下决心，生我的气呢！"陈霸先心里暗自高兴，策马前进。

侯安都的军队到了石头城北，将士们弃船上岸。这里和山冈高坡相连，城墙容易攀爬，将士们披着盔甲，手握长刀，不方便攀墙。侯安都就想了个主意，对手下将士说："把我抬起来，用力抛到城墙上。"这个办法果然行。将士们就这样一个接一个地被抛上城墙，再跳入城中，一直进到王僧辩的卧室。与此同时，陈霸先的人马也从南门攻入。

王僧辩做梦也想不到陈霸先会突然对自己动手。此时，他正在处理公务，听到报告，连忙丢下笔，提上佩刀就冲出门来，与侯安都的将士们展开搏杀。终究寡不敌众，王僧辩只得且战且退，跑到南门楼上。他站在楼上往下看，打算找一个地方突围出去，却看到一支军容齐整、士气高昂的军队守在下面，为首的正是他昔日的战友陈霸先。

陈霸先命人点燃火把，对着门楼上的王僧辩喊话："快下来！否则我就烧了这座城楼！"

王僧辩只得下楼，刚到地面，就被陈霸先的人团团围住。王僧辩以为肯定有什么误会，正想开口，陈霸先抢先质问道："我犯了什么错，你要联合齐国军队一起讨伐我？"王僧辩不明就里，答不上话来。

陈霸先盯着王僧辩，又厉声逼问："齐国大军来犯，你毫无戒备，又是什么意思？"

王僧辩更觉得莫名其妙，答道："我派你驻扎在京口，守护建康城的北门，怎么能说我对齐军没有戒备？"

陈霸先知道问不出什么，他也不打算问出什么，当天夜里，就把王僧辩及其亲信绞杀了，并对外宣称："王僧辩阴谋造反，所以杀了他。"

萧渊明见靠山倒了，就识趣地说："这个皇帝我也不想当了。"他搬出宫廷，回到自己原来的府邸。陈霸先随即拥立萧方智即皇帝位，这就是梁敬帝。陈霸先因拥立有功，被封为尚书令，全权负责国家的军事事务。

虽然轻松灭掉王僧辩，但是陈霸先一刻也没有放松。他心里明白，王僧辩的旧部遍布江南各地，实力强劲，肯定不会服从自己，而北齐在南朝的布局就这样被自己给搅黄了，自然不会善罢甘休。

陈霸先只能硬着头皮，先对付北齐大军的进攻。经过数次艰难的战斗，他把北齐赶回了长江北岸。为了稳住北齐，陈霸先向高洋称臣，又把元帝的孙子萧庄送去当人质，双方订立盟约。之后，陈霸先才集中精力，平定王僧辩旧部的叛乱，剿灭了南方各地的割据势力，总算稳住了南梁的局势。

由于军功卓越，陈霸先先后得到丞相、太傅、相国、陈王等封号，又获得加赐黄钺、九锡等特殊待遇。于是，他逐渐有了非分之想。

公元557年，陈霸先逼梁敬帝禅位给自己，南梁自此灭亡。陈霸先登基称帝，建立陈朝，史称南陈，这也是中国历史上唯一以皇帝姓氏为国名的朝代。陈霸先就是陈武帝。

南陈立国的同一年，北方的宇文氏也逼迫西魏恭帝禅位，建立北周政权，加上早在七年前高洋建立的北齐政权，北朝两国与南陈仍然保持对峙的状态。不同的是，在侯景之乱发生之前，南朝与北朝实力基本相当，谁也消灭不了谁。侯景之乱时，北朝两国趁机吞并了南朝的大片国土，到了陈武帝建国，陈朝的版图已经相当狭小，国力衰弱，北强南弱的局面已无法逆转。

成语学习

报 仇 雪 耻

原文为"复雠雪耻"。"雠"同"仇"。报复冤仇，洗刷耻辱。

造　句：他一直想报仇雪耻，没想到机	
会这么快就来了。	
近义词：报仇雪恨	
反义词：忍辱负重	

〖 唯命是听 〗

《资治通鉴·陈纪一》

　　护遣贺兰祥逼王逊位，幽于旧第。悉召公卿会议，废王为略阳公，迎立岐州刺史宁都公毓。公卿皆曰："此公之家事，敢不唯命是听！"

译文

　　宇文护派贺兰祥进宫逼孝愍帝退位，把他幽禁在过去的旧府中。宇文护把全部公卿召集起来开会商议，把孝愍帝废为略阳公，把岐州刺史、宁都公宇文毓迎来立为皇帝。公卿们都说："这是您的家事，我们岂敢不听从您的命令呢！"

宇文护连杀三帝

大统二十年（公元556年），是安定公宇文泰主政的第二十二个年头。这些年，西魏的皇帝换了一个又一个：文帝元宝炬去世后，太子元钦继位。元钦不甘心做傀儡皇帝，试图杀死宇文泰，结果反遭毒杀，之后他的弟弟元廓被推上皇位。

无论西魏朝廷局势如何变化，宇文泰的地位如同磐石一般安然不动，这跟他创建了一支战斗力极强的军队密不可分。

早在掌权之初，为了对抗东魏，宇文泰创立了府兵制。他依照周朝的制度，设立六军，又采取鲜卑族旧有的八部制度，设置了八位柱国大将军：宇文泰自己、广陵王元欣、赵郡公李弼、陇西公李虎、河内公独孤信、南阳公赵贵、常山公于谨、彭城公侯莫陈崇。其中，宇文泰总揽全军，元欣代表皇室，只是象征性的，其他六位柱国大将军各统率一军。此外，这六位柱国大将军下面各有两位大将军，每位大将军又各统率两位开府将军，每位开府将军各领一军，一共是二十四军。然后，选拔才智和武力出众的人为府兵，他们平时种地，农闲时就操练武艺，一旦战争来临，就披甲上阵。

为了增强军队的凝聚力，宇文泰给大将军们统统改了姓，还要求每一军的士兵都随大将军的姓。比如，大将军杨忠因为战功卓著，被赐鲜卑姓——普六茹，他的部下就全都姓普六茹。

府兵制提高了六镇鲜卑人的身份和地位，使得府兵上下一心，战斗力也格外强悍，经常打胜仗。尽管如此，宇文泰却一刻也不敢松懈，因为东边有强大的北齐在虎视眈眈，长江以南的梁国也在垂死挣扎，要达成统一天下的宏愿，仍需不断努力。

这年四月，一向勤勉的宇文泰前往北方巡视，他万万没想到，这竟然是一条不归路。

九月，宇文泰在回程途中不幸染上疾病，这场病来得又急又重，他预感到留给自己的时间不多了，急忙召侄子、中山公宇文护前来交代后事。

等宇文护快马加鞭赶到时，宇文泰已经病入膏肓，他微微地睁开眼睛，对宇文护说："我几个儿子年纪都很小，外面的敌寇却很强大，以后啊……天下大事就全交给你了，你要努力实现我平生的志愿。"

宇文护悲不自胜，叫了声："叔父……"

宇文泰平静地看着他，说道："现在不是哭的时候。你照我说的去办吧。"

十月，宇文泰去世，世子宇文觉继承他的爵位，由宇文护辅佐政事。宇文护虽然是宇文泰的托孤大臣，但他没有立过显赫战功，才四十多岁，名望地位一向不高。当时于谨、赵贵、独孤信、侯莫陈崇等柱国大将军，分掌全国的府兵，还有不少王公大臣都想执政，谁也不肯服从宇文护。

宇文护就私下拜访于谨，向他请教对策。于谨是西魏的开国功臣，名望很高，为人却谦逊。他诚恳地对宇文护说："安定公生前对我恩情深重，这样的国家大事，我一定不惜一切为你争取。明天各位王公大臣商讨国策，到时候你千万不要退让。"

第二天，王公大臣们开会议事。于谨清了清嗓子，首先发言："我们魏国能有今天这样繁荣的局面，要归功于安定公。现在安定公突然去世，世子年幼，中山公受安定公的顾命之托，按理应该由他统一掌握军国大事。"

于谨说这番话时声色俱厉，众人大受震动，一时鸦雀无声。宇文护趁机接话："辅政之事，也是我们宇文家的家事。我虽然资质平庸，又怎么敢推辞呢？"

没等众人表态，于谨马上说："要是中山公您能出来主持大局，我们这些人就都有了主心骨。"说完，他向宇文护跪拜了两次。

在西魏，于谨与宇文泰一样享有崇高的地位，宇文护作为晚辈，平时都要向他行跪拜礼，这时他竟然反过来向宇文护跪拜。这给了其他王公大臣很大的压力，他们只好也向宇文护跪拜了两次。宇文护就这样顺利接管了军政大权。

安葬了宇文泰后，魏恭帝元廓把岐阳之地①赐给了宇文觉，并封他为周公。宇文护考虑到宇文觉幼弱，想趁宇文泰的影响力还在，早日夺取政权，便逼迫恭帝禅位给宇文觉。之后，宇文护派人杀死了恭帝。西魏至此灭亡。

公元557年，宇文觉即位，定国号为周，史称北周，他就是北周孝愍帝。宇文护担任大司马，封晋公，成为北周实际的主宰者。

柱国大将军赵贵对宇文护独掌政权很不满，便想联合另一位柱国大将军独孤信，谋划刺杀宇文护，却被独孤信制止。后来有人告发此事，宇文护就杀了赵贵。由于独孤信名望大，宇文护不愿公开杀他，就先以同谋罪免了他的职，后来又逼他自尽。

有个叫齐轨的大臣见宇文护随意诛杀功臣，非常气愤，逢人就说："国家的军政大权应该归天子掌握，怎么可以到现在还在权贵手里呢？"宇文护听说后，又杀了齐轨。

这些事情极大地刺激了孝愍帝。孝愍帝虽然才十六岁，还是个

---

① 岐山是陕西岐山县北部山脉，是周文化的发祥地，所谓岐阳，指岐山之南（山南为阳）。

半大的孩子，但是性格刚强果敢，对宇文护的霸道专权十分反感，更痛恨他滥杀功臣。大臣李植、孙恒平时就与宇文护不和，他们看出了孝愍帝的不满，便与孝愍帝的近臣乙弗凤、贺拔提一起，在孝愍帝的面前说宇文护的坏话。

李植、孙恒说："自从宇文护杀死赵贵与独孤信，他的权势就与日俱增，朝中大事小事，都由他一个人说了算，百官争相去讨好他。照这样下去，宇文护迟早会篡夺大位，希望皇上早做打算，以绝后患！"

乙弗凤、贺拔提也附和："宇文护常常把自己比成古代的周公，我听说周公摄政七年才归政，难道陛下要忍受七年那么久吗？"

这些话真是说到孝愍帝的心坎里了，他才不想忍七年呢，他现在就要当一个真正的君主！于是，孝愍帝亲自遴选了一批武士，每天督促他们在宫廷后园练习捉拿捆绑术，准备对付宇文护。

宫中处处是宇文护的眼线，很快就有人向他告密。宇文护得知孝愍帝竟然牵涉在内，吃了一惊，生怕处理不当会引发宫廷动荡，便找了个理由将李植、孙恒调到外地任职，以此瓦解他们的阴谋。

孝愍帝毕竟年少，体会不到宇文护的良苦用心，没过多久，他就对宇文护说："我想召见李植、孙恒两人。"

宇文护知道，如果放任他们聚到一起准没好事，便痛哭流涕地谏阻："兄弟亲情，可以说是天下最亲的。如果兄弟之间还相互猜疑，又有谁可以信任呢？太祖①因为陛下年幼，把后事托付给我，我对陛下的忠诚既包含兄弟亲情，又有君臣之义。我担心过早还政给您，会被奸臣利用，危害国家，那样的话将来我有什么面目见九泉之下的太祖呢？何况，我是天子的堂兄，官位也做到了宰相，还

_____

① 指宇文泰。

能有什么别的想法呢？请皇上不要相信谗言，疏远骨肉之亲。"

这番话说得合情合理，孝愍帝只好暂时放下召回李植等人的心思，不过，他仍不放心宇文护，想从他手中拿回权力。过了几天，他悄悄地与乙弗凤等人策划，准备趁群臣入宫参加宴会的时候，杀死宇文护。

不料，又有人向宇文护告密。宇文护非常愤怒，便把柱国大将军贺兰祥、领军尉迟纲等人找来，告诉他们事情的经过，最后委屈地说："我为国事日夜操劳，皇上却受奸人的挑唆想杀了我！"

贺兰祥便建议废黜皇帝，另立新君，尉迟纲等人也赞同这个做法。宇文护便与他们定下废立计划。

当时，尉迟纲掌管宫廷禁军，宇文护就派他入宫，把乙弗凤等人召来商议国事。乙弗凤等人并无防备，结果一到，就被抓了起来。与此同时，尉迟纲还把宫中的宿卫兵全部换掉了。

孝愍帝察觉到事情突变，躲在内殿不肯出来，命宫女太监们拿着刀枪站在殿前保护自己。这些宫人哪里是贺兰祥他们的对手？不过三两下，孝愍帝就被抓住，并幽禁起来。

随后，宇文护召集公卿大臣，当众痛诉孝愍帝企图谋杀自己的行径，然后说："事到如今，我是宁可辜负安定公，也不能辜负国家。我打算废黜昏君，另立明主，你们觉得怎么样？"

众大臣已经在赵贵与独孤信事件中领教过宇文护的厉害，现在哪里敢说半个不字，都说："哎呀，这是您的家事，我们岂敢不唯命是听呢！"

宇文护要的就是这句话，他提出立宁都公宇文毓为皇帝。接着，他将乙弗凤、孙恒、李植等人斩首。没过多久，宇文护又杀了孝愍帝。

明帝宇文毓聪明机敏，胆识过人，不肯什么都听宇文护的。宇文护担心他会像孝愍帝那样反抗自己，就试探着提出要归还朝政大权。明帝到底年轻，没有什么政治斗争经验，以为宇文护真心归政，就高兴地答应了，开始着手处理国事，还准备进行一番改革。

宇文护又惊又怕，就买通御膳房的一个厨子，让他在糖饼里下毒。明帝吃了糖饼，腹部如刀绞般疼痛，他意识到自己遭到暗算，就趁着还有一口气，口授了五百多字的遗诏，把帝位传给大弟弟宇文邕，并说："我的儿子年幼，不能负起治理国家的重任。我的弟弟宇文邕宽仁大度，天下闻名，一定能弘扬我家帝业！"

公元 560 年，宇文邕即皇帝位，他就是北周武帝。朝政大事继续由宇文护做主。

成语学习①

唯命是听

是命令就服从，不敢有半点儿违抗。

造　句：	在我们家，妈妈就是领导，爸
	爸对她唯命是听，让他向东，
	他不敢向西。
近义词：	俯首帖耳、百依百顺
反义词：	桀骜不驯、阳奉阴违

---

① 这个故事的原文里还有成语"宽仁大度"（为人宽厚，心胸豁达）。

【 犹豫不决 】

《资治通鉴·陈纪一》

甲寅，王至建康，入居中书省，安都与群臣定议，奉王嗣位，王谦让不敢当。皇后以昌故，未肯下令，群臣犹豫不能决。安都曰："今四方未定，何暇及远！临川王有大功于天下，须共立之。今日之事，后应者斩！"

译 文

甲寅（二十九日），临川王到了建康，入朝后住在中书省。侯安都与各位大臣商量，决定拥戴临川王继承皇帝位，临川王谦让不敢接受。皇后因为皇子陈昌还活着的缘故，不肯下这个命令，大臣们犹豫着不能做出决定。侯安都说："现在四方都不安定，哪有工夫想那么远！临川王为国家立有大功，我们必须共同拥立他为国主。今天这事，不立即答应的人一律斩首。"

王琳兵败降北齐

　　王琳原来是梁元帝萧绎的部将，跟着王僧辩一起讨伐侯景，后来又跟着打败萧纪，立下大功。梁元帝忌惮王琳手下兵势强盛，又得到民众拥护，就把他外放到广州当刺史。

　　当时王琳非常不满，对亲信李膺说："我以前只不过是一个平民小百姓，承蒙皇上的提拔，得到了今天这个位置。现在天下还没平定，皇上就把我赶到岭南去，如果形势有变，发生什么不测，我就是想出力只怕也够不着了！皇上之所以这样安排，应该还是对我不放心。其实我王琳一向没有远大的志向，难不成还能和皇上争帝位？为什么不给我一个雍州刺史，让我镇守在武宁，在那里带兵屯垦，捍卫梁国家的安全？"李膺虽然觉得他说得对，却不敢启奏元帝。王琳就这样不情不愿去了广州。

　　等到西魏进攻江陵时，梁元帝急急忙忙征召王琳前去救援。结果王琳的军队刚到长沙，元帝就被西魏人杀死，王琳只得据守长沙观望。后来，陈霸先诛杀王僧辩，王琳看出陈霸先的野心，有点儿畏惧，便盘踞在长江中下游，招兵买马，修造舟舰，摆出要与陈霸先对抗到底的架势。陈霸先对此很恼火，派部将侯安都与周文育兵分两路前去讨伐。

　　可是，还没等侯安都、周文育平定王琳，陈霸先就迫不及待地夺取皇位，建立了陈朝，从而把自己置于不义的境地。在前线的侯安都听说后，叹息道："原本我们是正义之师，前去讨伐不服从朝廷的贼寇，现在却变得师出无名，失败是必然的，因为不能服众了。"

更糟糕的是，侯安都和周文育之间缺乏明确的职权划分，一个是西道都督，一个是南道都督，谁也不能管辖谁，他们的部将也相互争执，两人的关系逐渐不和。王琳趁机进攻，把侯安都和周文育双双打败，并活捉了二人。

王琳轻松取得胜利，就不再将陈霸先放在眼里了，打算乘胜一举消灭他。永定二年（公元 558 年），王琳率领十多万大军，沿长江东下，攻打建康。

为了增加胜算，王琳还向北齐求援，请求迎回当初被陈霸先送到北齐当人质的萧庄，重新建立南梁朝廷。北齐皇帝高洋当然求之不得，马上派兵护送萧庄回到江南。于是，王琳拥戴萧庄登上了帝位。

如此一来，南方就有了三个政权：北周扶植的后梁，占据武昌一带；陈霸先建立的南陈，定都建康；北齐扶持的萧庄，都城在江陵。

后梁国主萧詧听说王琳讨伐建康，就趁机出兵夺取他控制的长沙、武陵、南平等郡。王琳被迫两边作战，十分被动。之前被俘的侯安都、周文育等人趁机买通看守，逃回了建康。陈霸先赦免了二人兵败之罪，并恢复了他们的官职，让他们去抵抗王琳。

不料，第二年六月，在位仅三年的陈霸先突然病逝。一个大难题摆在南陈大臣们面前，那就是谁来继承皇位。陈霸先的儿子陈昌在荆州陷落时被西魏俘虏，陈霸先曾经多次派使者前往北周① 要人，都没能如愿。因此，他一死，国内就没有嫡亲的皇位继承人了。

———————————

① 北周取代了西魏。

侯安都和大臣们经过商量，决定拥戴陈霸先的侄子、临川王陈蒨（qiàn）即位。可是，章皇后因为皇子陈昌还活着，不肯下这个命令，大臣们也犹豫不决。侯安都急了，厉声说道："现在四方都不安定，哪有工夫想那么远！临川王追随先帝四处征战，对国家有大功，今天我们必须共同拥立他为国主，不立即答应的人一律斩首。"说完他手执佩剑走到皇后跟前，要求她拿出玉玺，然后又亲手解开陈蒨的头发，推他站到了举办丧事时皇位继承人应该站的位置上。皇后无奈，只好下令由陈蒨继承帝位。陈蒨就是陈文帝。

王琳得知陈霸先去世，便想趁南陈国内新旧交替，人心浮动，一举消灭南陈，于是引兵东下，抵达濡须口。陈文帝考虑到侯安都是王琳手下败将，便命太尉侯瑱（zhèn）为都督，率领侯安都等人前去抵挡。

侯瑱出身巴蜀豪杰之家，曾经跟随王僧辩讨伐侯景，立下大功。王僧辩被杀后，他又归附陈霸先，受到重用。

天嘉元年（公元560年）二月，王琳的军队抵达栅口，侯瑱督率各路兵马驻扎在芜湖，与王琳对峙了一百多天，却没有决战。

王琳急于求胜，见江中水位涨高了一些，判断可以通航了，就让战船首尾相连，沿江而下。侯瑱闻讯，也率领军队向芜湖中一个叫虎槛洲的小岛进发。

第二天，双方就在江上展开了厮杀。两边的箭雨相互射向对方，不断有士兵掉落水中。惨叫声、呐喊声、战鼓声，充斥着整个战场。渐渐地，侯瑱这边稍占上风，将王琳的军队逼回到长江西岸。

这时，北周得知了王琳攻打陈朝的消息，趁机派兵袭击王琳的根据地——郢州。王琳听说后忧心如焚，一旦郢州丢失，军心就会动摇，必须抓紧时间消灭南陈，再回救郢州。于是，他率领水师继续东下。北齐也派出一万多人帮助王琳实施水战，另外还有两千铁骑屯驻在芜湖西岸助阵。

有了北齐的支持，王琳的军队信心倍增，士气大振。当晚，王琳军中巡逻打更的声音在夜空中回荡，一直传到南陈的军营里。陈军将士都惊恐不安，侯瑱却非常平静，他打听到北周正在攻打郢州，料定王琳想速战速决，脑子一转，就有了应对办法。

这天一大早，侯瑱命令军队做饭，让将士们吃饱喝足，严阵以待。当时西南风刮得又急又猛，长江在这一段的流向正好是由西南往东北。王琳觉得天公作美，就命令军队顺风径直开向建康。侯瑱看出王琳的意图，便不紧不慢地从芜湖出来，跟在王琳船队后面。

王琳好几次都想甩掉侯瑱，却没能如愿，不知怎的，他头脑一昏，竟然下令："扔火把，烧死他们！"士兵们就点燃火把，扔向陈军的战船。

结果，王琳的大火没烧着对方，却因为逆风烧向了自己。火势瞬间就蔓延开来，把天空和江水都映得通红，王琳的将士乱成一团。王琳也蒙了，不知所措。

侯瑱哈哈大笑，喊道："抄家伙！"陈军将士立即拿出早已准备好的拍竿①去拍王琳的战船，又用艨艟小舰去撞他们，还把熔化的铁水泼洒过去。王琳的士兵疼得鬼哭狼嚎，不是跳水溺亡，就是逃上岸被守株待兔的陈军砍死。

北齐的援军见王琳失利，也乱成一团，自相践踏，陷入泥沼之中，骑兵都扔下马匹逃跑，活下来的只有十之二三。

王琳见败局已定，便乘坐小船逃跑。半路上，他还想把溃散的兵士收拢起来再战，但是没有人愿意跟他了。此时，侯安都也带兵

_____

① 一种撞击战船的长竿。

追了上来，一心想雪上次被俘之耻。王琳只好带着萧庄与十几个亲信逃奔北齐，其他部将则纷纷投降南陈。至此，王琳在江南的势力基本瓦解。南陈大军乘势西进，打败围攻郢州的北周大军，占据了郢州、江州，进入湘州。

之后的几年，陈文帝东征西讨，平定了南方各地的割据势力，重新掌握了长江以南地区，稳固了南陈的政权。但是，此时南陈的国土面积，已经只有南梁时的一半了。

成语学习

犹 豫 不 决

拿不定主意，下不了决心。

造　句：认准了一件事，就要立刻去	
做，犹豫不决，往往坏事。	
近义词：举棋不定	
反义词：当机立断	

〖 宁为玉碎，不为瓦全 〗

定襄令元景安，虔之玄孙也，欲请改姓高氏，其从兄景皓曰："安有弃其本宗而从人之姓者乎！丈夫宁可玉碎，何能瓦全！"景安以其言白帝，帝收景皓，诛之；赐景安姓高氏。

译 文

定襄县县令元景安，是陈留王元虔的玄孙，他想请求改姓高以保全性命，其堂兄元景皓却说："怎么能抛弃自己的本姓而去跟随别人的姓呢？大丈夫在世，宁做玉器被打碎，怎么能做瓦器而保全呢！"元景安把他的话向文宣帝高洋说了。高洋就抓住元景皓，随后杀了他；赐元景安姓高。

疯子皇帝高洋

北齐文宣帝高洋一共当了十年皇帝。执政前期，他称得上是一位英主，对内，重用杨愔等有才能的汉人，推行改革，肃清吏治，编制齐律；对外，派兵攻取了淮南地区，并亲征柔然、突厥①、契丹，令其闻风丧胆。经过数年的精心治理，北齐的国力达到鼎盛。然而，到了执政晚期，高洋却跟个疯子似的，不仅行为怪异，还残暴滥杀。

有一次，太史上奏说："今年国家应当除旧布新。"

高洋听了若有所思，问彭城公元韶："汉朝的光武帝为什么能实现中兴大业呢？"

元韶不假思索地说："因为当时王莽没有把刘氏家族的人杀光。"

高洋点了点头："没错，不将旧的斩草除根，怎么能建立新的呢？"于是下诏杀掉京城所有姓元的人，预防像"光武中兴"那样的事发生。几天之内，杀了二十五家元姓的王公大臣，元韶等十九家则被关了起来。元韶没想到自己的一句话，竟然给元氏一族招来灭顶之灾，他悔恨交加，绝食而死。

京城里姓元的人杀得差不多了，高洋又来到晋阳，下令凡是祖父封过王，或家中曾经显赫富贵过的元姓人，一律斩首，连婴儿也不放过。于是，又有七百二十一人被杀，他们的尸体都被扔进漳河。

---

① 我国北方游牧民族。6世纪时游牧于今阿尔泰山以南。初属柔然，后大破柔然，建立突厥汗国。

那段时间，老百姓剖鱼时经常能在鱼肚子里看到死人的指甲，吓得很久都不敢吃鱼。

高洋还从飞鸟身上找到杀人的灵感，他让很多元姓囚犯从高台上乘着纸鸢飞下。绝大多数人都摔死了，只有一个叫元黄头的居然平稳落在地上，高洋就把他关起来，活活地饿死了他。

定襄县①县令元景安因为祖上封过王，打算通过向朝廷请求改姓高来避祸。他的堂兄元景皓怒斥道："怎么能为了活命，抛弃自己的本姓而跟随别人的姓呢？大丈夫宁为玉碎，不为瓦全！"元景安恼羞成怒，将他的话密奏给了高洋。高洋派人把元景皓抓起来杀了，随后准许元景安改姓高。

除了爱杀人，高洋晚年还嗜酒如命。他没有一天不喝酒，没有一次不喝醉，喝醉了不是通宵达旦地唱歌跳舞，就是披头散发，穿红挂绿，有时又赤身裸体，涂脂抹粉，或者让人牵来骆驼、大象，骑着到处溜达，连鞍子、勒绳也不用。他还会不分昼夜跑到大臣们家里耍酒疯，甚至跑到街市上游荡，累了就睡，也不挑地方。有一次，高洋问街上的一个妇人："你觉得当今天子怎么样啊？"这妇人不认识他，就随口道："听说他成天疯疯癫癫的，哪有天子样！"高洋大怒，当场就把她杀了。

有些正直的大臣站出来劝谏高洋，却都成了他的刀下鬼。太后娄昭君知道了，忍不住批评了高洋几句。高洋却仗着酒意，恶狠狠地说："老太婆你再管我，我就把你嫁给匈奴人！"娄太后恨极了，骂道："我怎么生出你这样的孽障！"

等到酒醒之后，高洋就跑到娄太后宫中痛哭流涕："母后，我只是喝糊涂了才胡言乱语，求您原谅，从今天起我一定戒酒！"娄太后

---

① 在山西省中部。

冷着脸，不再和他说话。

高洋发完誓，转头又喝得烂醉如泥，言行一次比一次更疯狂。这天，常山王高演进宫奏事，见高洋又在喝酒，便苦劝道："皇上，您成天这么喝，既伤身体，又耽误政事。希望您以天下为重，少喝点儿酒。"

高洋顿觉十分扫兴，命侍卫把高演的双手反剪过来按住，然后拔出刀架在他脖子上，骂道："你这浑小子知道什么？是哪个混蛋在背后教你劝我的？"

左右吓得大气都不敢出，高演却面无惧色，昂着头说："天下人都畏惧您的淫威不敢出声，除了我谁还敢劝谏！"

高洋怒极了，扔下刀子，抄起一根木棒，对着高演一顿暴揍。正揍得起劲，高洋突然往后一倒，直挺挺地躺在地上。侍卫们吓了一跳，小心翼翼地上前查看，发现他竟然睡着了，还打起了呼噜。

娄太后一向疼爱高演，听说他被暴打，气得一连几天绝食抗议。高洋吓坏了，苦求娄太后宽恕，还亲自去探望高演，事情才平息下去。

这样放纵狂饮了几年，高洋终于喝出病来了，他知道自己命不长了，便对皇后李氏说："人必有一死，我没有什么遗憾的，就是担心太子年纪还小，恐怕高演会夺他的皇位！"

太子高殷性格温和仁厚，待人谦恭，高洋却嫌他懦弱，一点儿不像自己。有一次，高洋为了试探太子的胆量，让他亲手杀死一名囚犯。太子面露难色，试了好几次，仍然不忍心下手。高洋勃然大怒："没出息的东西！滚！"说着扬起手中的马鞭就要打他。太子吓得魂飞魄散，从此就落下说话结巴、胆小怕事的毛病。

相比懦弱的高殷，高演才智超群，深得人心，又有娄太后在背后撑腰，的确是皇位的最大威胁。高洋对此心知肚明，便直截了当地对高演说："要夺皇位你就夺吧，但是千万别杀我儿子。"高演流着泪说："皇上请放心，我一定竭尽全力辅佐太子。"高洋虽然不相信这番话，可是有娄太后在，他到死都不敢对高演下狠手。

北齐天保十年（公元559年），高洋暴亡，年仅三十四岁。随后，太子高殷即位，尊娄太后为太皇太后，皇后李氏为皇太后，高演任太师，高演的弟弟、长广王高湛任大司马。

顾命大臣杨愔、燕子献怕高演兄弟会对新皇帝不利，便时时提防他们。当时，北齐虽然定都邺城，但晋阳才是国家的根本之地，所以高氏父子一直据守晋阳。等到高殷去邺城继位，杨愔等人先是让高演、高湛兄弟跟着去了邺城，后来又想让高湛返回晋阳，高演留在邺城，试图将他们分开，以削弱他们的权势，然后再将支持高演的太皇太后安置到邺城的北宫①，由李太后掌管朝政。

谁知消息泄露，高演、高湛将计就计，和大将斛律光等人密谋，打算在次日的辞别宴上除去杨愔、燕子献等人。

第二天，杨愔等人准时赴宴，众人推杯换盏，好不热闹。高湛端着酒杯依次敬酒，来到杨愔等人面前时，他大声说道："举杯！"杨愔等人都端起酒杯，一饮而尽。高湛让人斟满酒，又大声说："举杯！"就在几人愣怔时，高湛厉声喝道："为什么不举杯！"他话音刚落，斛律金等人就带着几十名侍卫冲了进来，三下五除二将杨愔、燕子献等人绑了起来。

杨愔大叫："您想杀害忠良吗？我等尊奉天子，削弱诸侯，赤胆忠心为国家，有什么罪？"高演听了，受到触动，态度有所缓和，高湛却不为所动，让人用拳头、棍棒痛打杨愔等人。

随后，高演进宫找太皇太后。当时，太皇太后坐在大殿正中央，

---

① 北魏离宫。在今山西大同市北孤山之北、方山之南。

高殷和李太后站在两侧。高演一边叩头一边哭诉："臣与皇上是至亲骨肉，却遭到杨愔等人的无端猜忌。杨愔等人作威作福，满朝文武无不重足屏气。他们想独揽朝权，因此互相勾结，已经成了动乱的祸根，如果不早日诛除，必定会成为宗庙社稷的大害。为了国家的安危，我不得已才抓住这些人，现在将他们交给皇上处置。事先没有请示就行动，臣实在罪该万死。"

事发突然，高殷有点儿不知所措。当时走廊里站着两千名卫兵，都披着甲胄、拿着兵器，等待高殷的诏令。

太皇太后见状，喝道："众卫兵退下。"卫兵们不动，一齐看着高殷。高殷却怯懦得故意不去看他们。

太皇太后大怒："你们这些奴才，胆敢抗命，立刻就让你们脑袋搬家！"卫兵们这才退下。她又转头责备高殷："杨愔等人心怀叛逆，想杀害我的两个儿子，接下来就要谋害我了，你为什么纵容他们？"

高殷本就结巴，这下更吓得说不出话来了。

太皇太后又指着李太后，气愤地说："怎么可以让我们母子受这汉族老太婆的算计？"李太后吓得连连叩头谢罪。

接着，太皇太后又说："高演并没有夺位之心，他只是想自保，除掉针对自身的威胁罢了。"

李太后只好对高殷说："还不赶快安慰你叔叔！"

高殷这才说出话来："只要留侄儿一条命，我自己下殿走开，这些人都交给叔叔处治。"

高演等的就是这句话，他立即下令斩杀杨愔等人。几天后，高演被封为大丞相，高湛则当上太傅。不久，高演回到晋阳，此后朝中所有军政大事都要先禀告他，再上报朝廷。

高演把持朝政后，不少心腹大臣劝他乘势称帝。高演也有此意，就把他们劝进的话告诉了太皇太后，希望得到她的支持。

太皇太后本来就疼爱高演，高洋死后她就动过立高演为帝的念头，便答应了，不过提了一个要求："你当皇帝之后，不能杀高殷。"高演满口答应。

北齐乾明元年（公元560年），太皇太后发布敕令，废黜高殷为济南王，迁到邺城的别宫居住。随后，高演在晋阳即位，他就是北齐孝昭帝。

高演当皇帝后，勤勉励志，虚心纳谏，大力推行汉文化，对高洋时期的弊政进行了彻底的革除。他见局势平稳，对诸王都很友善，就连高殷也不例外。可是，有一个会望气的术士却在高演跟前搬弄是非，说："邺城有天子之气笼罩！"高演非常忌惮，派人给高殷送了壶毒酒。高殷不肯喝，那人就把他掐死了。高殷死后，高演又很懊悔，心情一直不平静。

有一次，高演外出打猎，突然窜出一只兔子，惊吓了他的坐骑，他被掀倒在地，摔断了肋骨。太皇太后前去探望他时，问起高殷的下落。高演支支吾吾。太皇太后怒骂道："被你杀了吧，不听我的话，死了也活该！"说完，头也不回地走了。

打那以后，高演就精神恍惚，总是梦见高殷的冤魂前来索命，他用尽了各种驱鬼的办法，却都无济于事，很快被折磨得形销骨立，病重而死。临终前，为了避免儿子高百年重复高殷的命运，高演做了一个出乎所有人意料的决定：传位给弟弟高湛。

公元561年，高湛即位，他就是北齐第四位皇帝——武成帝。

宁为玉碎，不为瓦全

　　原文为"宁可玉碎，何能瓦全"。宁做玉器被打碎，不做瓦器而保全。比喻宁愿为正义事业牺牲，不愿丧失气节、苟且偷生。

造　句：	连长说："宁为玉碎，不为瓦全，如果这次突围不出去，咱们就和敌人拼个你死我活。"
近义词：	宁死不屈、视死如归
反义词：	苟且偷生、忍气吞声

---

① 这个故事的原文里还有成语"重足屏气"（重足，两脚并拢站着，不敢迈步；屏气，止住声息。指十分畏惧）。

〖 肠肥脑满 〗

《资治通鉴·陈纪四》

执其手，强引以前，请于帝曰："琅邪王年少，肠肥脑满，轻为举措，稍长自不复然，愿宽其罪。"帝拔俨所带刀环，乱筑辫头，良久，乃释之。

译　文

斛律光抓住他的手，硬拉他到齐后主跟前，请求道："琅邪王年少无知，成天就知道吃得饱饱的，养得胖胖的，行为举止轻率，等他长大了，自然不会这样，希望皇上能宽恕他的罪过。"齐后主拔出高俨所带的佩刀，用刀环对他的头一通乱凿，过了很久，才放了他。

高俨为国锄奸

北齐武成帝高湛还是王爷时，很宠幸一个叫和士开的下属。和士开是西域胡人的后代，长相俊美，能言善辩，还擅长弹琵琶和握槊（shuò）[1]。他曾经奉承高湛说："您不仅是天上的仙人，还是天上的皇帝。"高湛听了心花怒放，也说："你不仅是世间的人，还是世间的神仙。"

高湛一当皇帝，就升和士开为侍中。每次高湛外出视察，或在宫中举办宴会，都要召和士开来陪，只要一会儿工夫见不到他，就会派人去找；有时候一天要召他进宫好几次；或者和士开刚走，立刻派人追他回来，人若没到，就接二连三派人骑马去催促；有时干脆留他住在宫里，一住就是好几天。

和哥哥高洋一样，高湛也嗜酒如命。不过，他患了气喘病，一喝酒就会发作。和士开多次劝高湛戒酒，他只当耳边风。有一次，高湛病情发作，却想喝酒。和士开也不说话，只是哽咽着站在旁边。高湛见他满脸泪水，叹道："士开呀，你这是不说话的劝谏。好吧，我不喝了。"

打那以后，两人的言谈举止更加亲密，渐渐逾越君臣之间的礼节。和士开甚至劝高湛说："自古至今，那些当皇帝的，都成了灰土。这样看来，尧舜和桀纣，有什么分别呢？皇上您正当盛年，应

---

① 古代的一种博戏。自天竺（印度）传入，南北朝时盛行，后演变为双陆博弈。

当及时行乐，不必有太多顾忌。俗话说，快乐一天，抵过千年。您不如将国事交给信任的臣子，自己无牵无绊地享乐！"

高湛听了非常高兴，就放权给和士开、赵彦深、元文遥、冯子琮等亲信大臣，他自己呢，三四天才上一次朝，在公文上批几个字，也不说什么话，不一会儿就退朝。

中书侍郎祖珽虽然博学多艺，却品行低劣，削尖了脑袋想往上爬。他见和士开受宠，就想方设法巴结，所以也受到高湛的宠信。

一次，祖珽对和士开说："圣上对我们的宠幸，自古以来无人能比。可是，圣上一旦驾崩，我们该如何保持荣华富贵呢？"

和士开也担忧起来：高湛虽然立长子高纬为太子，但是高湛和胡皇后都更宠爱小儿子、琅邪王高俨，一直让他住在宫里，衣食住行的规格完全与太子一样……

想到这里，和士开连忙问祖珽："你有何妙计？"

祖珽压低声音说："应当让太子早点儿登上皇位，这样他就会感激您，宠幸您，这才是万全之计。您常在宫中，有机会就劝圣上，我也会上表说这件事。"

正巧那几天出现了彗星，史官奏报说："彗星是除旧更新的迹象，预示有皇帝传位的事情发生。"祖珽趁机上书说："皇上虽是天子，但还不是最尊贵的，应该传位给太子，以顺应天道。"他还讲了北魏献文帝拓跋弘禅位给儿子，自己当太上皇的故事。

高湛打算接受他的劝告，传位给高纬。高俨很不服气，说："我大哥生性懦弱，怎么能当如此大任呢？"高湛听了，也觉得高俨比高纬更聪明能干，就想废高纬立高俨，却遭到许多大臣的反对。高湛无奈，只得作罢。

北齐河清四年（公元565年），高纬受禅即位，他就是北齐后主。齐后主对谋划此事的祖珽感激不尽，让他做了秘书监。祖珽却不满足，想当宰相。然而，要当宰相，和士开、赵彦深、元文遥就成了拦路虎，因为他们肯定不会让祖珽骑在他们头上。

于是，祖珽找到和自己关系好的黄门侍郎刘逖，要他上疏告发和士开等人。刘逖吓坏了，一直拖着不敢写。慢慢地，这事就泄露出去了。高湛气得要命，派人抓来祖珽，诘问他："你为什么要毁谤我的士开？"

祖珽毫不畏惧，厉声说："既然您问了，我便如实相告。和士开、元文遥这些人仗着您的宠爱，在朝中拉帮结派，出卖官职，您却不当回事，再这样下去，齐国就要完了。"

高湛瞪圆双眼，喝道："你是在诽谤我！"

祖珽说："臣哪敢诽谤您，但是您曾经强娶民女为妃是事实吧？"

高湛辩解道："那是因为她们遭受饥荒，我出于善意才收养她们。"

祖珽反驳道："那您为什么不开仓放粮赈济她们，反而把她们买进后宫？"

高湛被当众揭了老底，恼羞成怒，命人用刀把上的铁环凿祖珽的嘴，再用鞭子抽他。祖珽受不住，大叫起来："太上皇不要杀臣，臣能给您炼长生不老的金丹。"

高湛眼睛一亮，命人住手，气氛有所缓和。然而，祖珽却埋怨起来："您有一个像范增那样的人，却不能好好用他。"

高湛又怒了："怎么？你把自己当作范增，把我当作项羽吗？"

祖珽不紧不慢地说："项羽一介平民，率领乌合之众，只用五年时间便成就霸业。而您呢，只是倚仗着父兄的名望与地位才有今天。所以，千万不能小瞧项羽。"

高湛震怒，对卫士说："快用土塞住他的嘴，看他还说不说！"

祖珽却边吐边争辩，结果又被痛打了二百鞭。

隔了几天，高湛将祖珽发配到武器坊做工，不久又把他外放到光州，囚在地牢里。地牢暗无天日，祖珽只好点燃蔓菁子油来照明，眼睛被烟火熏多了，从此失明。

赶走祖珽后，高湛继续忙着享乐，毫无节制，没过几年就病死了，将身后事托付给了和士开。

齐后主才十几岁，他宠信乳母陆令萱，任命她为女侍中，成天和她的儿子穆提婆、高阿那肱（gōng）混在一起，朝政大事则交给和士开、赵彦深等八人负责，时人称他们为"八贵"。

远在光州的祖珽听说太上皇死了，觉得自己重返京城的机会来了，就写信给陆令萱，托她向和士开求情。和士开虽然权倾一时，可是和其他"七贵"的关系不太好，他担心将来自己在朝中孤掌难鸣，希望祖珽为自己出谋划策，就不计前嫌，召他回京任秘书监。

眼见和士开等人把朝政搞得乌烟瘴气，琅邪王高俨非常愤怒。在一次朝会上，他握紧拳头，一言不发地盯着和士开，把和士开吓出了一身冷汗。退朝后，和士开悄悄找到穆提婆，说："琅邪王目光如电，咄咄逼人。我们做的事肯定逃不过他的眼睛，必须尽早除掉他。"于是，二人在齐后主面前进谗言，把高俨弄去北宫住，让他五天上朝一次，也不准他随便见胡太后。

血气方刚的高俨咽不下这口气，就对一向信任的侍中冯子琮说："和士开胡作非为，我想除掉他，你觉得怎么样？"

冯子琮早有废黜齐后主、另立高俨为帝的想法，自然支持他的想法。二人便安排大臣上表弹劾和士开，请求将他收押审问。冯子琮将这份奏表夹杂在其他文书里一同上奏，齐后主没有仔细看，就都批准了。冯子琮心中狂喜，出来对禁军将领库狄伏连说："皇上命你将和士开收押到台省①。"

库狄伏连吃惊不已："事关重大，麻烦冯大人重新奏报圣上，以免弄错。"

冯子琮指了指齐后主签字的奏章，说："圣上已经批准了。"

库狄伏连便不再怀疑，征调军士，将和士开押送到台省。刚到那里，高俨就命人杀死了和士开，然后打算收兵。冯子琮等人却说："事情已经这样了，干脆杀光朝中所有奸臣。"高俨被这话一激，又率领三千军士打到了千秋门。

齐后主闻讯，命贴身侍卫刘桃枝带着八十名卫兵去召高俨。高俨勇武过人，刘桃枝远远地见了他就惶恐起来，恭恭敬敬地向他施礼。高俨命人把刘桃枝反绑起来，准备杀掉。

卫兵们吓得逃回宫中报告，齐后主又让冯子琮去召高俨。高俨回复说："和士开罪该万死，臣是不得已才杀他的。如果皇上要杀臣，臣不敢逃避罪责。如果皇上能宽恕我，希望您派陆令萱出来迎接，臣就去见皇上。"其实，高俨是想把陆令萱骗出来杀掉。当时，陆令萱拿着一把刀躲在齐后主背后，听了这番话，吓得双腿发软。

齐后主也很害怕，便集结了四百名全副武装的卫士，准备与高俨决一死战，同时急召皇后的父亲、名将斛律光进宫。

没想到，斛律光听说高俨杀了和士开，拍手大笑道："琅邪王真是龙子的做派！"他匆匆进宫，正好在长巷遇见齐后主及其卫士，就摆了摆手，劝道："皇上，您让这四百个小孩子去对付三千卫士，恐怕他们一交手就会乱了阵脚。俗话说：'奴仆见主人，心里直发毛。'您应该亲自去千秋门，琅邪王见了，一定不敢行动。"说完，他就引着齐后主往外走，还让人一路高喊："天子来了。"

---

① 东汉至隋、唐对中央中枢官署尚书台（省）、中书省、门下省、御史台等的简称及其合称。

果然，高俨的人吓得丢了刀剑，四散逃窜，齐后主在桥上勒住马，远远地叫住他们，高俨则呆呆地杵在那里，不敢上前。

斛律光对高俨说："天子的弟弟杀了一个人，有什么好害怕的！"说着上前抓住他的手，硬拉他到齐后主身边，然后说道："琅邪王年少无知，肠肥脑满，做事过于轻率，等到长大一点儿就懂事了，希望皇上能宽恕他。"齐后主抽出高俨的佩刀，用刀环对着他的头乱凿了一通，才放了他。

胡太后得知事情前因后果，狠狠地责备了高俨一通，并处死了冯子琮。她怕齐后主不肯罢休，就把高俨留在宫中，她还担心有人毒死他，每顿饭都要亲自先尝一尝。

过了几天，陆令萱劝齐后主说："琅邪王聪明勇敢，深得太后宠爱，皇上应当早做打算。"齐后主的几名宠臣也主张杀掉高俨。

齐后主犹豫不决，就派人用车子悄悄地把祖珽接来，询问他的意见。

祖珽慢悠悠地说："从前周公诛杀了管叔，使周室得以安定；季友除去庆父，维护了鲁国的安宁。"齐后主这才下定决心。

一天清晨，齐后主依祖珽之计，召高俨一起打猎。高俨犹豫着不肯去，陆令萱催促道："你哥叫你去，你为什么不去！"高俨只好出去，刚走到长巷，就被埋伏在那里的刘桃枝杀死，时年十四岁。

肠肥脑满

肠肥，指身体胖，肚子大；脑满，指肥头大耳。形容不劳而食的人吃得饱饱的，养得胖胖的。

造　句：这家伙以前骨瘦如柴，现在却肠肥脑满的，变化太大了。	
近义词：养尊处优、肥头大耳	
反义词：骨瘦如柴、尖嘴猴腮	

【 言必有中 】

《资治通鉴·陈纪二》

鲁公幼有器质，特为世宗所亲爱，朝廷大事，多与之参议；性深沉，有远识，非因顾问，终不辄言。世宗每叹曰："夫人不言，言必有中。"

译文

鲁公宇文邕打小就有才识，特别受北周明帝宇文毓宠爱，凡是朝廷大事，多与他商量。宇文邕性格深沉，有远大的识见，如果不是明帝询问，他就不会随便说话。明帝每每慨叹说："这个人要么不说话，一说就必定有切中事理的精辟见解。"

聪明的傀儡皇帝

北周武帝宇文邕年少时就很有才识，明帝宇文毓生前特别器重他，每次遇到大事，都要和他商量。宇文邕性格沉稳，如果明帝不主动询问，他就不会随便说话。因此，明帝经常慨叹："这个人要么不说话，一开口就言必有中。"

宇文邕登基后，许多老臣都对他寄予厚望，希望他扳倒晋国公宇文护，重掌皇权。可是，宇文邕对宇文护言听计从，任命他为都督中外诸军事，凡是军队的调动，必须有宇文护的手令才行，朝中无论大事小事，都先交给他决定，再上奏皇帝。朝臣们观察了一段时间后，都失望地叹道："新皇帝就是一个傀儡！"

柱国大将军侯莫陈崇一向厌恶宇文护，好几次私下找方士占卜他的死期。有一次，宇文护跟随宇文邕去原州①，因为宇文邕当晚就返回了长安，朝臣因此议论纷纷。侯莫陈崇自作聪明地对亲信说："我最近听方士说，宇文护今年流年不利，圣上今晚突然赶回来，肯定是因为宇文护死了。"

其实宇文护没有死，宇文邕连夜返回是因为有别的急事。后来这件事情被人告发，宇文邕立刻召见群臣，狠狠责骂侯莫陈崇："你身为柱国大将军，怎么能散布这种谣言？"侯莫陈崇诚惶诚恐，不住地叩头谢罪。当天晚上，宇文护就派人到侯莫陈崇家里，逼他自杀。

---

① 今宁夏固原市。

堂堂柱国大将军被逼死了，宇文邕不仅没有怪罪宇文护，还特地下诏说："晋国公是我的兄长，是朝廷的首要大臣。为了表示对他的尊重，今后所有诏令诰书和官署的文书里，都不准直呼其名。"

从此，宇文护的地位尊崇到了极点，府中的卫兵数量甚至超过皇宫，他的儿子和心腹官吏都贪婪残暴、恣意横行。朝野上下深感担忧，宇文邕却不闻不问。

宇文护早年与母亲阎氏失散，后来阎氏被北齐人找到，宇文护便请求迎回母亲。当时，北周已经联络突厥人，约好时间一起进攻北齐，北齐朝廷很害怕，当即把阎氏送回长安。

北周满朝欢庆，宇文邕为此在国内大赦，又赏赐给阎氏无数珍奇异宝、绫罗绸缎。以后每逢节日，宇文邕都会带领所有皇亲国戚，恭恭敬敬地向阎氏行家礼，举杯祝她健康长寿。

宇文护迎回母亲后，本来不想再攻打北齐，突厥方面却要求北周按约定发兵。宇文护生怕惹恼突厥人，引起边患，只好率领柱国将军尉迟炯、齐公宇文宪、同州刺史达奚武等人去攻打洛阳。

北齐得知后，迅速派并州刺史段韶、兰陵王高长恭、大将军斛律光组成左、中、右三军，前来救援洛阳。

北周军见齐军严阵以待，暗自心惊。段韶远远地向北周人喊话："宇文护刚迎回母亲，就发兵侵扰我国，这是为什么？"

北周军回答说："是上苍派我们来的，有什么好问的！"

段韶说："天道惩恶扬善，一定是让你们送死来了！"

双方立时展开激烈的交战。段韶的左军且战且退，把北周军引诱到山上，等对方兵力疲竭时，便下马进攻。北周军顿时崩溃，很多人丧命于山谷。

高长恭则率领五百名敢死队员冲开北周人的包围，旋风般来到洛阳西北的金墉城下。城上的齐人喝问："来者何人？"高长恭脱去甲胄，露出面孔。城上的人大喜："是兰陵王！我们有救了！"便派弓箭手下来迎他，然后一起击溃围城的北周人。

斛律光的右军却遇到一点儿麻烦。北周骁将王雄策马冲入斛律光的阵营，左冲右突，斩杀了不少齐兵。斛律光急忙退走，王雄紧追不舍。渐渐地，斛律光的左右都溃散了，只剩下一名老奴和一支箭。

在距离斛律光一丈多远的时候，王雄手按长矛，冲斛律光喊道："我爱惜你是一名勇将，今天就不杀你了。我要活捉你去见我们天子。"他两腿一夹身下的坐骑，正想加速追上斛律光，没想到，斛律光回身就是一箭，正中他的额头。王雄大叫一声，忍痛抱住马颈逃回军营，当晚就死了。北周将士大为惊恐，宇文宪和达奚武只得退兵。

北周朝野一片怨言，大家都认为宇文护损兵折将且无功而返，宇文邕一定会治他的罪。谁知，宇文邕不仅没有这么做，还客客气气地安抚他，大臣们失望透了。

宇文护暗自高兴："天子懦弱无能，比他的两个哥哥差远了！"从此放松了对宇文邕的戒备，并产生了称帝的想法。他希望可以从星象上得到一些预兆，就问负责星象的大臣庾季才："最近天文星象怎么样啊？"

庾季才恭恭敬敬地说："您对我恩泽深厚，我一定知无不言。刚才上台星有所变化，意味着晋公您应该归政给天子，请求回家养老，博得周公、召公那样的美名。这样的话，您的子子孙孙都能保住荣华富贵。"

宇文护没有得到想要的答案，就悻悻地说："你说的这些，就是我心里想的呀。可是我再三推辞，圣上就是不同意我归政哇。"

庾季才的话让宇文护意识到，朝中还有不少皇权的忠实拥护者，他必须立下战功，洗刷上次战败的耻辱，才有可能当皇帝。

正好南陈的叛将华皎前来求援，宇文护便不顾劝阻，命宇文邕的同母弟弟宇文直率兵前往沌（dùn）口[①]，与陈将吴明彻等人交战，结果大败而归。宇文护非常恼怒，将责任推到宇文直身上，免了他的官。

过了几年，贼心不死的宇文护再次出兵，与北齐争夺宜阳，又被击溃。宇文护连年出兵，连战连败，在国内真是威风扫地。但是宇文邕对他跟从前一样，军政大事都交给他掌控，自己则致力于推行周礼、教化民众，闲下来就与大臣下下棋，看起来与世无争。

而宇文直被免官之后，就恨起了宇文护，希望扳倒他，就经常跑进宫找宇文邕吐苦水。这天，宇文直又对宇文邕说："宇文护打了这么多次败仗，却没受到一丁点儿惩罚，仍然专横跋扈，把朝政搞得乌烟瘴气。如果不除掉他，早晚他要对您下手。"

宇文邕问："你是真心想除掉他吗？"

宇文直胸膛一挺，说："那是当然！"

宇文邕微微一笑，说："你去把宇文孝伯找来。"

宇文孝伯是宇文泰的族子，和宇文邕同一天出生，又曾经同窗学习，关系非常亲密。两人经常在一起以探讨儒家经书为名，商讨机密事情。朝政的得失，外面的大小事情，宇文孝伯都会告诉宇文邕。因此，宇文邕虽然久居深宫，却没有什么事情是不知道的。

等到宇文孝伯进宫后，他们几个人谋划了很久，最终定下诛奸计划。

过了几天，宇文护从外地回到长安。宇文邕在文安殿召见他，照旧向他行了兄弟之礼，再带他到含仁殿参见太后。

[①] 今湖北武汉市蔡甸区东南沌口镇。

宇文护见宇文邕双眉紧锁，就问："皇上，您为什么事情烦恼啊？"

宇文邕一边走路一边叹气："还不是为了母后的事！真是烦死了！"

宇文护停下脚步："皇上能否说一说，让我替您分忧呢？"

宇文邕说："也不是什么大事，但这件事只有兄长您才能解决。母后年纪大了，却喜欢上了喝酒，经常喝醉。我劝了她很多次，她不但不听，还责骂我。唉！饮酒伤身，我真担心她的身体。待会儿

见了母后，还请兄长劝劝她，母后看在您的面子上，兴许以后会少喝点儿。"

宇文护哈哈一笑，说道："这种小事哪里值得皇上忧心？等我劝劝太后，保证没问题。"

"那就有劳兄长了！"宇文邕从怀里掏出一篇文章，"这是我专门为母后写的《酒诰》，兄长进殿后，也不必多费唇舌，直接将这篇文章诵读给她听，她定会明白其中的良苦用心。"

宇文护笑道："那就更好了！"他接过文章进了殿。

宇文护行过礼，太后赐座给他，宇文邕则站在他身边。宇文护问了问太后的身体状况，然后就拿出《酒诰》诵读起来。宇文护刚读到一半，只听"咣"的一声闷响，他"啊"了一声，随即抱住头，从座位上跌倒在地。

原来，宇文邕趁宇文护读得聚精会神时，用玉笏猛击了他的后脑勺。见宇文护抱头倒地，宇文邕朝太监何泉喝道："拿刀砍！"何泉持刀上前就砍。可宇文护毕竟是把持北周朝政多年的权臣，何泉心里害怕，几刀下去都没砍中要害。宇文护趁机爬起来往外跑，躲在门内的宇文直急得冲了出来，一刀结果了他的性命。

太后吓呆了，张着嘴，说不出话来。宇文邕连忙叩头谢罪，简单讲明原委，让人护送她离开。

"宇文护死啦！"大臣们奔走相告，聚在一起谈论事情的经过，都说："我们误解主上了！"原来，宇文邕早就想除掉宇文护，可是两位哥哥的惨死让他明白，如果莽撞行事，不但达不到目的，还可能重复他们的老路。所以，这十二年来，他装成一个听话的傀儡，慢慢地积蓄力量，终于除去了心腹大患。

宇文护死后，北周的朝政大权第一次掌握在皇帝手中，宇文邕最想做的事情就是统一北方。可是，这时国库空虚，兵源匮乏，宇文邕就派大臣到各地巡察，了解原因。

原来，从拓跋氏开始，北朝就盛行起了佛教，遍地都是寺庙，到处都是教徒，他们侵占良田，逃避租税与兵役，这才导致兵源不足，国库空虚。宇文邕本就尊奉儒家思想，认为老百姓信佛之后就不尽君臣之道，也缺乏人伦之心，担心影响国运，听了巡察大臣的汇报，就起了灭佛的决心。

于是，宇文邕亲自主持辩论大会，让群臣和僧人、道士辩论儒、佛、道三教的次序。经过激烈的争论，最后朝廷决定以儒教为第一，其次是道教，佛教第三。为了彰显公平，宇文邕下令佛教、道教一起禁止，让军队拆除寺院、道观，摧毁佛像，焚烧经书，强令僧人、道士还俗，归于军民户。这就是历史上有名的"周武帝灭佛"。

之后，北周拥有了充足的兵源和生产力量，经济得以蓬勃发展，整体国力大大提升，与北齐的力量对比也由弱转强。

成语学习 ①

言 必 有 中

中，正对上。指一说话就能说到点子上。

造　句：	别看她平时不言不语，其实她
	挺有想法，每次开口，就言必
	有中。
近义词：	一语破的、一针见血
反义词：	废话连篇、语无伦次

---

① 这个故事的原文里还有成语"赏善罚恶"（指赏赐善人善事，惩罚恶人恶事）。

〖 贵极人臣 〗

《资治通鉴·陈纪五》

光虽贵极人臣，性节俭，不好声色，罕接宾客，杜绝馈饷，不贪权势。每朝廷会议，常独后言，言辄合理。或有表疏，令人执笔，口占之，务从省实。

译 文

斛律光虽然在臣子中地位极其尊贵，但生性节俭，不喜欢歌舞和女色，很少接待宾客，也不肯接受馈赠，更不贪图权势。每当朝廷集会议事，他总是最后发言，说的话合情合理。遇到要上表或奏疏，他就口述，叫人拿笔写下来，语言务求简短真实。

名将死于一首歌谣

北齐权臣和士开死后，祖珽靠巴结女侍中陆令萱当上了尚书左仆射，相当于副宰相。当时，胡太后因为私生活不检点，被齐后主幽禁在北宫。祖珽想让陆令萱当太后，就向她说起北魏保太后^①的往事，并四处宣扬："别看陆令萱是个女人，她可是豪杰，自从女娲以来，还没有这样的人。"陆令萱听了很开心，也称祖珽为"国师""国宝"，推举他当了仆射，专管朝廷机要大事。

齐后主患有口吃病，讨厌见朝臣，即使见了面，如果不是亲近的人，他也不愿意多说一句话。他也不喜欢别人看他，就连朝廷的公卿向他奏事时，也不能抬头看他，每次他们都是简明扼要地说完，便惊恐地离去。但是，齐后主对祖珽很特别，经常安排几位侍从扶着他进出，有时还和他坐在御榻上讨论政事，甚至将掌控骑兵、征调外兵等大事都交给他负责。

祖珽能力出众，也一心想干大事，便向朝廷举荐了许多有名望、有才能的人，一改和士开掌权时任人唯亲的坏风气，因此获得朝野内外一致的称赞。

不过，有一个人的心里却相当不痛快，那就是齐后主的岳父、左丞相斛律光。斛律光十分厌恶祖珽，老远看到他，就要骂："这个败坏国家、贪得无厌的小人！"斛律光曾经对部下说："以前关于军

---

① 北魏明元帝拓跋嗣去世后，太武帝拓跋焘的乳母窦氏受封为保太后。

事兵马的处理，尚书令赵彦深常常和我们一起坐下商讨。自从这个瞎子掌管机要以来，完全不和我们说，真担心他会误了国家大事。"

一次在朝堂上，斛律光坐在帘子后面，祖珽不知道，骑着马经过他面前。斛律光大怒："这个瞎子，好大的胆子！"又有一次，祖珽去门下省办公，说话的声调尖锐又傲慢，碰巧被经过那里的斛律光听到，斛律光又大怒。祖珽察觉之后，重金贿赂斛律光的随从，询问原因。随从说："自从您当权以来，相王每天夜里都双手抱膝，叹气说：'瞎子入朝，国家必毁。'"

祖珽愤恨极了，决心报复。他打听到斛律皇后不受宠，就趁机挑拨齐后主和她的关系，但是因为斛律家族树大根深，此举并没有撼动斛律光的地位。祖珽不死心，又去找穆提婆商议。

穆提婆曾经向斛律光提亲，想娶他的另一个女儿做妻子，却遭到拒绝。齐后主曾经赐给穆提婆一片位于晋阳的田地，斛律光却当众说："这些地从神武帝①以来一直是种谷物的，饲养着几千匹战马，以对付外敌入侵。现在赏赐给穆提婆，恐怕会影响国家的军务吧！"从此，穆提婆对斛律光恨之入骨。

所以，二人一拍即合，准备联手对付斛律光，可是商量了很久，却始终找不到下手的地方。原来，斛律光虽贵极人臣，却勤勉节俭，不喜欢歌舞与女色，很少接待宾客，也不接受馈赠，更不贪图权势。每次朝廷集会议事，他都是最后发言，说话不紧不慢，有条不紊。遇到要上表时，他就叫人拿了笔，根据自己的口述，一字一句写下来，要求语言简洁真实。行军时，士兵的营房没建好，他就不进帐篷，有时候一整天都穿着铠甲，打仗时，总是身先士卒，冲锋陷阵。如果士兵犯了罪，他只用大棒敲打脊背，从不随意杀人。因此，他

---

① 指高欢。

在军中威望很高，深受将士爱戴，大家争相为他效命。而且，自从他统兵以来，几乎没有打过败仗，北周的将士一听到他的名字就吓得心惊胆战。

对于这样一位近乎完美的名将，用什么办法才能除掉呢？正当祖珽和穆提婆绞尽脑汁时，北齐的仇敌——北周送来了一个机会。

原来，北周名将韦孝宽几次跟斛律光交战，都落了下风，就想用反间计除掉这个强劲的对手。他让人编了一则暗喻斛律光想篡位的歌谣："百升飞上天，明月照长安。高山不推自崩，槲（hú）木不扶自举。"然后派人在邺城到处散布。

祖珽受到歌谣的启发，直接在后面加了两句："盲老公背受大斧，饶舌老母不得语。"然后让人故意说给齐后主听，他算准了齐后主一定会找自己问歌谣的意思。

果然，当天齐后主就召他进宫询问。祖珽故作为难地说："皇上，臣不敢说。"

齐后主不耐烦地说："让你说，你就说！"

祖珽这才慢吞吞地说："百升，就是'斛'的意思[①]；明月，正是左丞相斛律光的字；高山，指高氏皇族。'盲老公'这一句，似乎指我和国家同忧愁。'饶舌老母'，好像说女侍中陆令萱。斛律家族几代都是大将，斛律光声震关西，弟弟斛律羡威慑突厥。斛律家的女儿是皇后，儿子娶了公主，这首童谣好像是说他要造反……"

斛律家族从斛律金开始，一直忠心耿耿地追随高家，为北齐江山立下了汗马功劳，在北齐的地位极其尊贵，斛律光怎么可能谋反呢？可是这些歌谣也不会空穴来风……

齐后主的心里泛着嘀咕，祖珽走后，他悄悄地问近臣韩长鸾：

---

① 斛是古代计量单位，十升为斗，十斗为斛。

"这事你怎么看啊？"

韩长鸾小心翼翼地说："只是一首歌谣罢了，没必要小题大做。"齐后主想想也有道理，便不想追究了。

谁知祖珽不甘心，第二天又去见齐后主，并请求屏退左右，只留下齐后主宠信的胡人何洪珍，然后又说起这首歌谣。

齐后主就说："韩长鸾认为这件事不必大惊小怪。"祖珽还没有回答，何洪珍就说："皇上，如果本来没有这种意思就算了；既然有这种意思而不去处理，万一事情泄露出去，那可怎么办？"

恰好这时丞相府上了一道密奏，上面说："斛律光上次西征回来，皇上下令解散军队，他却打算率军进逼都城，看样子要谋反，只不过后来停止了。他家里私藏着无数弓弩和铠甲，蓄养了数以千计的奴仆，如果不趁早处理，恐怕会出大乱子。"

齐后主这才下定决心，指着密奏对何洪珍说："人的直觉就是灵啊，我以前就怀疑他要造反，看看，到底给我猜中了！"顿了顿，他又问祖珽："我打算召斛律光进宫，又怕他生疑不肯来。你有什么办法吗？"

祖珽的两只瞎眼一动不动，脑子却转得飞快："赐给斛律光一匹上等骏马，对他说您明天要去东山游玩，让他骑上这匹马一同前往。他一定会亲自前来谢恩。"

第二天，斛律光果然进宫谢恩。他刚走进凉风堂，侍卫刘桃枝就从他背后扑上来。斛律光听到异动，敏捷一闪，刘桃枝扑了空。斛律光回头看到刘桃枝，顿时明白这是一个陷阱，说："刘桃枝常常干些残杀忠良的勾当。我没有辜负国家！"

这时，又跳出来三名大力士，他们与刘桃枝合力将斛律光按倒在地，然后用弓弦缠住他的脖子，活活勒死了他。接着，齐后主下诏说斛律光造反，将他满门抄斩。

　　祖珽仍不解恨，派大臣邢祖信查封斛律光的家产。查抄完毕，邢祖信前来汇报，说："一共查得十五张弓、一百支箭、七把刀，还有朝廷赏赐的两杆长矛。"

　　这显然出乎祖珽的意料，他厉声问："还有呢？"

　　邢祖信回答说："还有二十捆枣木棍。斛律家的奴仆只要与别人发生斗殴，斛律光不问是非曲直，先用此棍打自家奴仆一百下。"

　　祖珽听了，面有愧色，转身离去，走前撂给邢祖信一句话："朝廷已经对他处以重刑，你就不要多管闲事为他洗雪冤屈！"

　　同僚们都很害怕，埋怨邢祖信："你说话怎么这么耿直呢？得罪了祖珽，只怕引火烧身啊。"

　　邢祖信悲愤地说："贤良的宰相尚且被杀，我又何必顾惜自己的余生！"

　　斛律光被杀后，北齐人都扼腕叹息，周武帝宇文邕却高兴地说："齐国这是自毁长城啊！"他命令北周的将士们加紧训练，准备灭掉北齐。

　　以前，每到冬天，北周人都会凿断汾河上的冰，防止北齐人踏冰前来攻打。斛律光被冤杀后，换成了北齐人到汾河凿冰，防备北周军队入侵了。

成语学习

贵极人臣

君主时代指大臣中地位最高的人。

造　句：南宋时期，秦桧是权倾朝野、
贵极人臣的宰相，可在历史的
定论里，他却是遭人唾骂的千
古罪人。
近义词：一人之下，万人之上

〖 誓同生死 〗

《资治通鉴·陈纪五》

及穆后爱衰，其侍婢冯小怜大幸，拜为淑妃；
与齐主坐则同席，出则并马，誓同生死。

译 文

等到穆皇后失宠，她的侍婢冯小怜大受齐后主
的恩宠，封为淑妃。她和齐后主坐在同一张席子上，
出去时则同乘一匹马，两人发誓要同生共死。

"无愁天子"的忧愁

北齐武平七年（公元 576 年）十月的一个清晨，树木刚刚披上晨晖，天池的狩猎场上，十几只凶猛的猎犬正在追逐猎物。在一阵阵狂吠声中，飞禽走兽四处逃窜。良久，林子里平静下来，只听一个声音说："为了冯淑妃，朕可以从早到晚打猎。"说话的正是北齐后主高纬。

齐后主继承了武成帝高湛无心治国、一心追求奢侈放纵生活的作风。他宠信奸臣，冤杀高俨、斛律光之后，又逼死兰陵王高长恭，导致朝政日益腐败，国家摇摇欲坠。

不过，齐后主虽然在治国上昏庸无能，在艺术方面却有很高的造诣，他既是丹青妙手，又擅弹琵琶。他曾经亲自谱写了一支乐曲，取名叫《无愁》，让宫中上百名侍从学着唱和，事情传开后，老百姓便称他为"无愁天子"。此外，齐后主还贪恋美色，立了两名皇后，昭仪以下的妃子更多，后来他竟然喜欢上了穆皇后的侍婢冯小怜。冯小怜长相出众，能歌善舞，尤其弹得一手好琵琶，被齐后主视为知音，封为淑妃。齐后主每天和她坐则同席，出则并马，两人誓同生死。这次出城打猎，二人也是形影不离。

狩猎营外，一位使者从晋州赶来，慌慌张张地要往林子里冲，宠臣高阿那肱一把拦住了他，问："什么事？"

使者报告说："周国的大军打到晋州了。"

高阿那肱皱着眉头说："主上正玩得高兴呢。两国边境有小小的军事摩擦，再稀松平常不过了，何必大惊小怪。你先回去吧！"

中午时分，使者再次跑来，气喘吁吁地说："平阳①已经被周军包围，快撑不住了。"高阿那肱又不耐烦地打发他走了。

天色将晚，使者第三次跑来，上气不接下气地说："平阳陷落了！"高阿那肱这才引他去见齐后主。

晋州是高氏起家之地，也是北齐的军事重镇，现在竟然被北周的军队攻陷，齐后主急得立刻要回京。冯淑妃却伸出纤纤玉手一把拉住他，央求道："皇上，打猎太好玩了，咱们再玩玩嘛！"齐后主一听，骨头都要酥了，便说："好好好，那就再玩一会儿。"便又围猎一圈，才匆匆返回。

几天以后，齐后主亲自披挂上阵，率领北齐大军围攻平阳，试图夺回城池。

北周大军攻陷平阳后，宇文邕为了避开齐军的锋芒，命令主力军撤出晋州，退到涑（sù）川②一带，所以此时平阳城内只有一万北周将士。经过数轮交战，城上的楼墙都被夷平，残存的城墙只有六七尺高。城内的将士见齐军仍不断发起攻击，自己的援兵也迟迟不到，不禁害怕起来，一个个退缩不前。

守将梁士彦急了，站到高台上，慷慨地说："兄弟们，如果大家今天战死，我一定会死在你们之前！"将士们受到激励，就拿起武器，奋力与齐军搏杀，并最终逼退齐军。梁士彦趁机带着大家连夜抢修城墙。

齐后主心想："看你修得快，还是我挖得快。"他让人在城墙下方挖地道。没多久，只听"轰隆"一声巨响，一处城墙坍塌了，露出一个巨大的豁口。北齐将士大喜，正准备通过豁口冲入城中，却

---

① 晋州的治所。
② 山西西南部涑水河，是黄河的支流。

听齐后主大喝一声："等一等！"

将士们都停住脚步，疑惑地望着齐后主，只听他豪迈地说："如此壮观的攻城场面，怎能少了我的爱妃！"说完，转身去找冯淑妃。

冯淑妃高兴地说："我最喜欢看打仗了，我得好好打扮一下再去。"说着就坐下来对着镜子描眉画眼。等容颜修饰好了，她又将一套闪闪发亮的珠饰戴在头上，最后换了一套华丽的衣裳，这才随着齐后主来到城墙下。

可是，由于冯淑妃打扮的时间太久，北周人已经争分夺秒堵上了豁口。当时正值寒冬，北风怒吼，冬雪飘落，等待多时的北齐将士互相抱怨道："白白丢失攻城的好机会！"

冯淑妃没瞧着攻城的好戏，嘟着嘴很不高兴。齐后主为了博取她的欢心，下令强行攻城。将士们小声嘀咕道："现在去强攻，不知道又要赔上多少兄弟的性命！"他们不情愿地拿起武器，却很快被周军击退。

就在这时，传来周武帝宇文邕的八万援军就要到达的消息，北齐人为了阻断援军，在城南挖了一条长长的护城河。两军隔河对峙。

齐后主见北周援军声势浩大，不禁有些懊恼：段韶病死了、斛律光和高长恭先后被杀，要是他们还在，哪用得着他这个皇帝上前线啊！现在形势紧张，要不要与周军拼死决战呢？他心里没底，便问左右："现在这种情况，朕是和他们决战呢，还是不决战？"

高阿那肱说："我们军队的人数虽多，但能上战场的不过十万人，其中生病负伤、打柴做饭的又占三分之一。臣以为不能打，应当退守高梁桥①，再做打算。"

齐将安吐根不屑地说道："不过是一小撮贼寇，有什么好怕的。

_____

① 在今山西临汾市。

待我上马将他们捉住，一个个都扔到汾水中！"

齐后主仍在犹豫，旁边的小太监们就说："他们有天子，我们也有天子。他们能从老远的地方前来，我们为什么只能当个胆小鬼，守着护城河不敢出战呀！"齐后主被这话一激，豪迈地说："好，我们就与他们打一场！"他下令填平护城河，准备决战。

北周人正愁没办法过河呢，北齐人居然主动填平了河道，宇文邕高兴极了，统率各路军队发起攻击。

齐后主和冯淑妃一起骑马观战。东面的北齐军队调整阵势，稍稍往后退了一点儿，冯淑妃就害怕地说："不好啦，我们败了！"穆提婆一听，也叫起来："这里危险，皇上快跑！"齐后主和冯淑妃便狂奔起来，一直退到了高梁桥。

随行的大臣奚长劝阻道："打仗时军队半进半退，这很正常。目前我军阵形完整，将士们斗志旺盛，并没有打败仗。皇上您怎么能丢下大军，自己往后退呢？希望您迅速返回，以安定军心！"

这时，齐将张常山从后边追来，劝齐后主说："我军很快就收拢完毕，围城的士兵也没有动摇。皇上最好马上返回，以安抚将士。"

穆提婆却拉着齐后主的胳膊说："这些人的话不可信。"齐后主便带着冯淑妃继续向北退到了晋阳。

皇帝临阵逃跑，北齐军心大乱，很快就在与周军的交战中溃败。宇文邕率军进入平阳城，死守数日的梁士彦憔悴不堪，上前拉着宇文邕的胡子，哭得像个小孩子，一边哭一边说："我差点儿就见不到皇上了。"宇文邕听了，感动得直流泪。

考虑到北周将士已经很疲惫，继续作战过于辛苦，宇文邕就命令军队回国休整。梁士彦急了，一把拦住他的马，苦劝道："机不可失，时不再来啊。为了灭掉齐国，我们准备了这么多年，现在齐军溃散，人心浮动，此时若进攻晋阳，一定可以歼灭他们。"

宇文邕坐在马上思索了好一会儿，才下定决心，他握住梁士彦的手说："没错，我现在得到了晋州，已经有了平定齐国的根基，不能前功尽弃。"不少将领都劝宇文邕班师，他却斩钉截铁地说："如果这次放过了齐军，再想重来就难了。你们不去，我就自己一个人去追。"

齐后主逃到晋阳后，慌得不知如何是好，大臣们劝他安抚民众，拼死抗敌。齐后主却想留下安德王高延宗等人守城，自己继续逃跑，如果晋阳也守不住，他就投奔突厥。第二天，齐后主一口气封了高延宗许多官职，打算把这个烂摊子扔给他。

高延宗劝道："国难当头，您应该替国家着想，怎么只顾自己逃走呢？臣愿意为皇上拼死一战，一定能打败他们。"

穆提婆瞪了高延宗一眼："天子主意已定，安德王您就不要阻挠了！"当天晚上，齐后主带着十几名亲信，仓皇逃回邺城。

留在晋阳的将士们都不愿意再为齐后主卖命，他们拥立高延宗为皇帝。高延宗亲自慰劳将士，使北齐将士重新振作起来。

几天后，穿着黑色军服、举着黑色旗帜的北周大军，如黑云一般逼近晋阳城。宇文邕命令骑兵、步兵一齐攻城。高延宗挥舞着长矛来回督战，身手敏捷得像飞一般，他指向哪里，哪里的周军就一片溃败。宇文邕见形势严峻，就率军从东门攻入城中，却遭到高延宗和齐将莫多娄敬显的两面夹击。在两名部将的掩护下，宇文邕艰难地逃出了城。

北齐将士以为北周大败而逃，欢欣鼓舞，当晚就摆酒设宴，庆祝胜利，一个个喝得烂醉如泥，睡在地上。正当他们睡得迷迷糊糊时，耳边突然响起刺耳的喊杀声和刀剑"乒乒乓乓"的撞击声，他们下意识地想爬起来抵挡，可是浑身软绵绵的，使不出半分力气。

原来，宇文邕逃出城后，不甘心就此罢休，便集合军队，趁齐军将士醉得一塌糊涂时发起袭击。最终，周军轻而易举地夺下晋阳，又乘胜攻向邺城。

齐后主闻讯大惊，下令重赏战士，让他们拼死抵抗。可是经过多年挥霍，北齐国库空虚，根本拿不出财物赏赐。广宇王高孝珩建议齐后主把私人财物拿出来犒赏。齐后主拉长着脸，老大不高兴。

大臣斛律孝卿请求齐后主亲自慰问将士，并精心撰写了文章，对他说："待会儿您读文章时，一定要慷慨流泪，这样才能激励大家！"

齐后主老大不情愿地走出宫，来到将士们面前。他拿出文章，正想读，看到将士们一个个表情严肃，感到很有趣，不禁大笑起来，左右侍从也跟着笑了。将士们愤怒极了，互相说道："他自己都这样，我们何必替他卖命！"

齐后主没办法，只好传位给年仅八岁的太子，自己带着冯淑妃、高阿那肱等人向青州逃窜，准备投降南陈。

北周大军不费吹灰之力攻破邺城，派人追捕齐后主。高阿那肱很害怕，就暗中投降北周，协助他们活捉了齐后主。北齐就此灭亡。

成语学习

誓同生死

立誓同生共死。形容关系十分密切，不可拆散。

造 句：	三国时，刘备、关羽、张飞三人誓同生死的交情令人感佩。
近义词：	同生共死、生死与共
反义词：	同室操戈、你死我活